Português Avançado:
O Negócio da Banca

高级商务葡语：
银行业

宋雅楠 [葡]若昂·席尔瓦 编著
(João Carlos. Marques Silva)

中国财经出版传媒集团
经济科学出版社
Economic Science Press

图书在版编目（CIP）数据

高级商务葡语：银行业/宋雅楠，（葡）若昂·席尔瓦编著.
—北京：经济科学出版社，2020.10
ISBN 978 – 7 – 5218 – 1830 – 7

Ⅰ.①高⋯　Ⅱ.①宋⋯ ②若⋯　Ⅲ.①商务 – 葡萄牙语 – 教材　Ⅳ.①F7

中国版本图书馆 CIP 数据核字（2020）第 164324 号

责任编辑：刘　莎　张庆杰
责任校对：杨晓莹
责任印制：邱　天

高级商务葡语：银行业
Português Avançado：O Negócio da Banca

宋雅楠　［葡］若昂·席尔瓦（João Carlos. M. Silva）编著
经济科学出版社出版、发行　新华书店经销
社址：北京市海淀区阜成路甲 28 号　邮编：100142
总编部电话：010 – 88191217　发行部电话：010 – 88191522
网址：www.esp.com.cn
电子邮件：esp@esp.com.cn
天猫网店：经济科学出版社旗舰店
网址：http://jjkxcbs.tmall.com
北京时捷印刷有限公司印装
787×1092　16 开　20.75 印张　500000 字
2020 年 10 月第 1 版　2020 年 10 月第 1 次印刷
ISBN 978 – 7 – 5218 – 1830 – 7　定价：72.00 元
（图书出现印装问题，本社负责调换。电话：010 – 88191510）
（版权所有　侵权必究　打击盗版　举报热线：010 – 88191661
QQ：2242791300　营销中心电话：010 – 88191537
电子邮箱：dbts@esp.com.cn）

作者简介

宋雅楠博士,女,副教授,现任教于澳门科技大学商学院。主要研究方向为国际贸易与投资、葡语国家国别研究、"中国与葡语国家商贸合作平台"研究、"一带一路"与澳门经济适度多元研究等。代表作品有"商务葡语教材系列":《中级商务葡语》(经济科学出版社,2019)、《初级商务葡语》(经济科学出版社,2018);"葡语国家投资环境研究系列":《安哥拉投资环境报告》(主编,经济科学出版社,2020)、《巴西投资环境报告》(主编,经济科学出版社,2019)、《葡萄牙投资环境报告》(主编,经济科学出版社,2018);葡语国家蓝皮书《中国与葡语国家关系发展报告·巴西》(社会科学文献出版社,2016)、*BRICS: Institutionalization & Macau*(社会科学文献出版社,2016)等。同时,在国内外 SCI、CSSCI 等学术期刊和学术报告中发表论文六十余篇。

若昂·卡洛斯·M·席尔瓦(João Carlos. M. Silva),男,助理教授,现任职于葡萄牙里斯本大学学院(ISCTE – IUL)。毕业于里斯本技术大学(IST),曾在麦肯锡公司担任战略管理业务顾问,主要从事国际商务和技术管理相关领域的研究。

前　言

为配合国家发展战略及"中葡平台"的角色定位,中国澳门近年来正不断深化"中葡平台"内涵,积极将澳门打造为"中葡金融服务平台"。"中葡金融服务平台"的搭建离不开中葡双语人才的培养,特别是熟悉葡语国家金融市场、具备金融专业知识的中葡双语人才的培养。

因此,为配合澳门特区作为"中国与葡语国家金融服务平台"的搭建,响应澳门特区政府"促进本澳迈向亚太地区葡语人才培训基地"和推动"一带一路"建设中葡语教研合作,商务葡语系列教材之《高级商务葡语：银行业》由澳门特别行政区高等教育基金支持出版。

本教材是继《初级商务葡语》《中级商务葡语》之后的第三部商务葡语系列教材,主要围绕近年来澳门作为"中葡商贸服务合作平台"发展热点的"金融服务平台"所需的银行业知识展开编写。同时,为了让葡语学习者更加了解和熟悉葡语国家的金融业市场,本教材特别介绍了葡萄牙的银行业体系与发展,尤其撰写了新银行(Novo Banco)和葡萄牙电力公司(EDP)两个详细案例,以方便读者结合实例了解葡萄牙银行业的运营。本教材更加有利于葡语学习者了解、强化银行业专业知识和应用,满足涉及"中葡金融平台"建设的银行业知识需求和专业葡语的使用需求,有利于推动澳门作为中葡双语人才培育基地的形成,以达到培育具备一定金融专业知识的中葡双语人才的目的。

本教材分为10章,内容包括：银行业概述,银行业务,银行监管,银行风险管理,二级银行工具,葡萄牙银行体系,葡萄牙金融危机,银行与科技,新银行(Novo Banco)案例分析,葡萄牙电力公司(EDP)案例分析。教材内容全面实用,贴合葡语使用者在"中葡金融服务平台"中需要的银行业知识与葡语表达应用。每章除了商务知识课文外,还配有难点解析与商务知识补充、商务词汇等内容,帮助葡语学习者快速掌握相关商务知识,进行复合式、葡语和商务两方面的知识储备和学习。此外,本教材一至八章还搭配了商务短案例,涉及葡萄牙的银行业发展、中葡银行业合作、澳门特区与葡萄牙金融合作等情况,帮助葡语学习者理论联系实际,深入了解葡语国家的金融业发展和中葡金融合作情况。

本教材作为专业葡萄牙语教材的补充教材，读者主要面向大学葡萄牙语专业高年级学生，以及有一定葡语读写基础的从业人员提升银行业的专业知识与葡语表达，提升葡语学习人员的商务应用能力。

宋雅楠

2020 年 10 月

Índice

Capítulo I   Sector Bancário a Nível Mundial 1
1   Texto 1
   1.1   História da Banca 1
   1.2   As Primeiras Inovações Financeiras 6
   1.3   Inovações Financeiras Posteriores & Atuais 9
   1.4   A Exploração de Falhas 11
   1.5   Principais Produtos e/ou Serviços 12
2   Análise de dificuldade e suplemento de conhecimento 18
   2.1   As Origens da Banca 18
   2.2   A Origem do Banco Central 19
   2.3   Desenvolvimento da Banca Moderna 19
3   Terminologia de negócios 20
4   Exercícios 21
5   Caso de Estudo: História do Banco Nacional Ultramarino – Um Banco Emissor para as ex – Colónias 21
   5.1   Fundação e Expansão 21
   5.2   As Emissões de Papel – Moeda do BNU 23

Capítulo II   O Negócio Bancário 24
1   Texto 24
   1.1   O Dinheiro e a Banca 24
   1.2   A Transformação de Ativos Inerente ao Negócio Bancário 28
   1.3   O Balanço para os Bancos Comerciais e a Conta – T 31
   1.4   Princípios de Gestão Bancária 38
   1.5   Taxas Bancárias Cobradas ao Mutuário 48
2   Análise de dificuldade e suplemento de conhecimento 49
   2.1   Tipos de Serviços Bancários Comerciais 49
   2.2   Balanço Patrimonial de um Banco Comercial 50
   2.3   Negócios Extrapatrimoniais 53

3	Terminologia de negócios	53
4	Exercícios	56
5	Caso de Estudo：Banco de Portugal autoriza sucursal do Haitong em Macau(China)	56

Capítulo III Regulação Bancária ··· 58
1 Texto ··· 58
  1.1 História dos Bancos Centrais ··· 58
  1.2 A Política Monetária ··· 63
  1.3 Supervisão Bancária ··· 77
2 Análise de dificuldade e suplemento de conhecimento ··· 81
  2.1 Regulamento Bancário ··· 81
  2.2 Banco Central Europeu ··· 81
  2.3 Acordo de Basiléia ··· 83
  2.4 Mecanismo Único de Supervisão ··· 84
3 Terminologia de negócios ··· 84
4 Exercícios ··· 86
5 Caso de Estudo：Banco de Portugal – Governador diz que emissão de dívida em moeda chinesa foi "um sucesso" ··· 87

Capítulo IV Gestão de Risco Bancário ··· 88
1 Texto ··· 88
  1.1 Risco de Crédito ··· 88
  1.2 Risco da Taxa de Juro ··· 93
  1.3 Risco de Responsabilidade ··· 106
  1.4 Risco Operacional ··· 107
  1.5 Risco de Liquidez ··· 107
2 Análise de dificuldade e suplemento de conhecimento ··· 111
  2.1 Gestão de Risco dos Banco Comerciais ··· 111
  2.2 Conteúdo da Gestão de Riscos Bancários Comerciais ··· 111
  2.3 Sistema de Reserva de Depósitos ··· 113
3 Terminologia de negócios ··· 113
4 Exercícios ··· 114
5 Caso de Estudo：CGD tem novo responsável pelo risco após saída de diretor para Macau(China) ··· 115

| Índice

Capítulo V　Instrumentos Bancários Secundários ·················· 117
1　Texto ··· 117
　1.1　Risco e Retorno de Projetos e Aplicações Financeiras ············ 117
　1.2　Instrumentos Derivativos ································· 120
　1.3　A Internet como instrumento de minimizar custos ············· 140
2　Análise de dificuldade e suplemento de conhecimento ·············· 144
　2.1　Os Derivados ·· 144
　2.2　Tipos de Derivativos Financeiros ·························· 145
　2.3　CAPM ·· 147
3　Terminologia de negócios ······································ 148
4　Exercícios ·· 150
5　Caso de Estudo：Macau(China)quer captar serviços financeiros nas relações entre China e Portugal ······························· 150

Capítulo VI　O Sistema Bancário Português ········· 153
1　Texto ··· 153
　1.1　Breve História da Banca em Portugal ······················ 153
　1.2　Enquadramento da Banca Portuguesa no Sistema Bancário Europeu ············ 158
　1.3　A Situação Atual(2019)dos Bancos Portugueses ············· 160
　1.4　Os Principais Bancos Portugueses ························· 165
2　Análise de dificuldade e suplemento de conhecimento ·············· 172
　2.1　Banco de Portugal ····································· 172
　2.2　Visão Geral do Setor Bancário Português ·················· 173
　2.3　Principais Bancos Comerciais de Portugal ·················· 173
3　Terminologia de negócios ······································ 174
4　Exercícios ·· 175
5　Caso de Estudo：Macau considerada "relevante" para sistema bancário Português ··· 176

Capítulo VII　A Crise Financeira em Portugal ·················· 177
1　Texto ··· 177
　1.1　Breve História de Portugal ······························· 177
　1.2　A Crise Financeira Portuguesa de 2010-2014 ················ 181
　1.3　Austeridade em Portugal ································ 188
　1.4　Término do Resgate Financeiro ··························· 193

2 Análise de dificuldade e suplemento de conhecimento 197
  2.1 Visão Geral do Desenvolvimento Económico Português 197
  2.2 Portugal Sob a Crise da Dívida Europeia 198
  2.3 Investimento da China em Portugal 199
  2.4 Participação de Macau(China)na Cooperação Financeira Sino–Portuguesa 200
3 Terminologia de negócios 201
4 Exercícios 201
5 Caso de Estudo:É difícil encontrar bons projetos para investir em Portugal 202

Capítulo VIII A Banca e a Tecnologia 204
1 Texto 204
  1.1 A evolução da banca dos últimos anos 204
  1.2 As tecnologias disruptivas 208
  1.3 Exemplo – Plataforma P2P 218
  1.4 Conclusão 223
2 Análise de dificuldade e suplemento de conhecimento 224
  2.1 FinTech 224
  2.2 Aplicações Fintech no Setor Bancário Europeu 224
  2.3 Plano de Três Anos para o Desenvolvimento de Fintech da China 225
3 Terminologia de negócios 226
4 Exercícios 228
5 Caso de Estudo:Das fintechs ao blockchain e à computação ubíqua em Portugal 228
  5.1 A miragem blockchain 229
  5.2 A luta contra o tempo na personalização de produtos e serviços 229

Capítulo IX Estudo de Caso – Novo Banco 231
1 Texto 231
  1.1 A Solução Inicial 232
  1.2 Revisão do Novo Governo e da Estratégia 238
  1.3 Stakeholders do Novo Banco 240
  1.4 O que vem a seguir? 241
  1.5 Dados Financeiros e KPIs 242

2　Antecedentes ········· 250
3　Terminologia de negócios ········· 251
4　Exercícios ········· 252
　　4.1　Estratégia ········· 252
　　4.2　Finanças ········· 252
　　4.3　Marketing ········· 253
　　4.4　Ética nos Negócios ········· 253
　　4.5　Política ········· 254
5　Anexos ········· 254
　　5.1　Anexo A：Marketing para o Novo Banco ········· 254
　　5.2　Anexo B：Mensagem do Conselho de Administração do BES no final de 2014 ········· 255

Capítulo X　Estudo de Caso – EDP ········· 261
1　Texto ········· 261
　　1.1　Os Anos Iniciais ········· 261
　　1.2　Os Subsidiários de Energia Iniciais ········· 262
　　1.3　Liberalização do Mercado ········· 264
　　1.4　Os Subsídios de 2007 em diante ········· 264
　　1.5　A EDP age como se fosse um Banco ········· 271
　　1.6　Últimos Desenvolvimentos Significativos (2014–2017) ········· 272
　　1.7　Acionistas da EDP & Mindmap ········· 278
　　1.8　Considerações Finais ········· 279
2　Antecedentes ········· 280
3　Terminologia de negócios ········· 281
4　Exercícios ········· 282
　　4.1　Estratégia ········· 282
　　4.2　Finanças ········· 282
　　4.3　Ética ········· 282
　　4.4　Política ········· 282
　　4.5　Marketing ········· 283
　　4.6　Gestão de Negócios Internacionais ········· 283
5　Anexos ········· 283
　　5.1　Anexo A：Crescimento Internacional da EDP ········· 283
　　5.2　Anexo B：Dados Financeiros e KPI's ········· 284
　　5.3　Anexo C：China Three Gorges Corporation (Companhia das Três Gargantas da China) ········· 295

5.4　Anexo D：Relações Portugal/China em 2017 ······················· 297
5.5　Anexo E：Componentes CIEG Explicados ························ 298

Apêndice Ⅰ　Vocabulários ··· 301
Apêndice Ⅱ　Respostas dos Exercícios Quantitativos ······················ 314
Referências ··· 316

Capítulo I Sector Bancário a Nível Mundial

1 Texto

Este livro tem como objetivo ilustrar os principais conceitos inerentes ao mundo da Banca e Finanças, particularizando para o caso Português. Vários tópicos serão abordados, nomeadamente a origem e história da banca, mecanismos de gestão, avaliação de risco, análise ao reporte financeiro, a função do banco central e as novas tecnologias no mundo financeiro. Para terminar, o leitor poderá ler sobre dois casos Portugueses envolvendo negócios financeiros.

Este capítulo introdutório irá abordar o contexto histórico e funções principais da banca a nível mundial.

1.1 História da Banca

O conceito de banca/operações bancárias existe já há muito tempo e está registado ao longo da história, seja com operações de emissão de moeda e/ou com reservas de riqueza. Mesmo antes do surgimento da moeda, começando com as primeiras moedas cunhadas e adicionando o que era conhecido como notas de banco e papel-moeda, os bancos estavam por perto para gerir a acumulação de ativos/riqueza.

Para gerir um império, mesmo nos primórdios, era necessária alguma forma de operações bancárias para gerir o comércio e manter o fluxo de bens e serviços em movimento, tanto dentro do império como para outros impérios.

Após o surgimento da moeda, as trocas de valor tornaram as operações financeiras/comerciais muito mais fáceis e eficientes, tornando a ser possível trocar coisas como moedas ou ouro por outros bens. Não se pode ter nenhuma forma de moeda sem serviços bancários para geri-la, sendo que mesmo a simples emissão da mesma exige gerenciamento bancário de algum tipo.

Assim, as primeiras formas dos bancos eram uma espécie de bancos centrais, operados pelos governos dos territórios abrangidos, para ajudar a administrar as suas economias, embora o conceito geral de banco para a pessoa comum seja a de banco comercial/varejo, onde se deposita e empresta dinheiro. Os bancos centrais, porém, estão no topo da hierarquia bancária de uma economia e fornecem a gestão e supervisão de toda uma economia, para que os bancos comerciais possam operar com eficiência e prosperar.

À medida que o setor bancário evoluiu, surgiu a necessidade de a população ser atendida pelos bancos no varejo. Como as pessoas acumulavam riqueza(na forma de moeda), esse dinheiro tinha de ser armazenado em algum lugar, e a casa pessoal do detentor desse dinheiro não era o local ideal para o fazer, especialmente se fosse uma quantia significativa. Nos tempos antigos, essa função era geralmente desempenhada pelos templos e, além de armazenarem dinheiro e fornecer segurança aos depositantes, existem evidências que sugerem que nesses templos também se emprestava dinheiro, embora a sua função principal fosse o armazenamento de ativos. Estavam criados os ingredientes principais do primeiro sistema bancário de varejo, de onde os bancos, tal como os conhecemos hoje, evoluíram. A maior parte dos empréstimos de dinheiro durante esse período foi efetuada por indivíduos, conhecidos como emprestadores de dinheiro, o que seria semelhante ao que poderíamos chamar de agiotagem hoje, sendo esse o único empréstimo comercial disponível na altura.

1.1.1　Influência do Império Romano

Os romanos foram a primeira cultura a institucionalizar os bancos, levando-os dos templos aos bancos formais, apoiados pelo poder da lei. A lei estavam do lado dos banqueiros nos primeiros tempos, considerando o não pagamento de dívidas como crime, sendo as dívidas repassadas aos descendentes; às vezes por várias gerações. Os emprestadores pessoais de dinheiro ainda faziam bons negócios naquela época, mas os bancos de varejo dos romanos faziam-lhes uma concorrência séria, embora esses bancos tendessem a atender maioritariamente interesses comerciais e outros negócios de meios mais significativos, deixando os emprestadores pessoais de dinheiro lidar com os problemas de crédito das pessoas comuns.

Essa é uma segmentação que ainda hoje constatamos, com as pessoas/organizações de maior poder financeiro e maior reputação tendo acesso a serviços bancários superiores, enquanto as operações financeiras de menor valor são lidas por instituições financeiras com termos menos amigáveis e maior tolerância a riscos.

Os termos de empréstimo de dinheiro sempre tiveram a ver com risco e, quanto maior o risco envolvido ou percebido, menos favoráveis eram os termos, incluindo taxas de juros mais altas para compensar taxas de incumprimento mais elevadas. Embora a banca organizada, desenvolvida pelos romanos, tenha caído junto com seu império, a ideia persistiu, especialmente aquela em que o poder da lei era usado liberalmente para proteger as instituições bancárias. Os bancos podiam apreender terras com o não pagamento de dívidas e, embora isso nem sempre fosse visto como uma coisa boa pelos credores, esses e outros poderes foram fundamentais para permitir que os bancos, como instituições, se tornassem seguros e lucrativos, duas condições necessárias para um sistema bancário eficaz. A preocupação com uma eventual falência bancária era maior do que em qualquer outro negócio, tal como o é nos dias de hoje, no nosso ambiente bancário altamente regulamentado. Os regulamentos e normas ajudam, mas o mais importante é a capacidade de um banco preservar os seus ativos de maneira responsável, onde as perdas potenciais são mantidas num nível aceitável, permitindo que o banco permaneça sempre solvente.

Poucos se preocupam com os passivos de um banco, mas os ativos do banco são os seus passivos e, em essência, quando temos ativos depositados num banco, estamos a emprestar-lhe dinheiro e queremos cobrar essa dívida da mesma forma que o banco deseja cobrar o dinheiro que emprestou a outros. Portanto, ao proteger a capacidade de um banco cobrar suas dívidas, estamos protegidos em cobrar as suas dívidas para connosco, e é por isso que fornecer poder legal aos bancos é tão necessário.

1.1.2　A Maturação da Banca

Com o tempo, à medida que os bancos realmente amadureceram e, em particular, se tornaram mais eficientes na gestão dos seus ativos e riscos, as condições bastante adversas dos primórdios da banca diminuíram, e não se está mais sujeito a processo criminal pelo não pagamento de dívidas, nem tais dívidas são passadas para os filhos; sendo agora possível declarar falência e invocar a proteção da lei à pessoa falida.

A relação de credores e devedores dos romanos serviu bem ao setor bancário por muitos séculos. Nos tempos subsequentes, o empréstimo de dinheiro institucional foi assumido pela Igreja Católica, quando passámos do Império Romano para o Sacro Império Romano. Os emprestadores pessoais de dinheiro ainda floresceram, mas foram criticados pela Igreja por cobrar taxas de juros excessivas, sendo invocado o pecado da usura, uma vez que as taxas eram geralmente muito mais altas do que as que a Igreja Católica cobrava. Os bancos, como instituições, cresceram em poder e âmbito ao longo dos anos, a ponto de crescerem o suficiente para emprestarem dinheiro a reinos inteiros.

Muitos desses reinos solicitaram empréstimos de forma excessiva, muitas vezes entrando em falência, como foi o caso da Espanha no século XVI. Era frequente os bancos emprestarem a ambos os lados no contexto de uma guerra, como foi o caso com o Rothschilds durante a Guerra Napoleônica entre França e Inglaterra. Escusado será dizer que, quando países como estes são devedores de montantes excessivos, isso transmite bastante poder aos bancos, podendo levar a que os mesmos se envolvam nas questões políticas e de gestão desses mesmos países. Apesar de isso ter acontecido no passado, hoje em dia a dívida pública está disseminada por vários credores, evitando tais situações. Claro que, no caso dos Países endividados na União Europeia, o papel e força do Banco Central Europeu pode ser questionado, mas isso será analisado em capítulos posteriores.

1.1.3　O Mercado Livre

O setor bancário moderno, tal como o conhecemos hoje, teve as suas raízes na filosofia do "laissez-faire" (deixar fazer) do economista britânico Adam Smith, que defendia uma abordagem do mercado bancário muito mais livre, sendo governado pela "mão invisível" das forças do mercado. Isso foi por volta da época da Revolução Americana, e o jovem país estava ansioso por adotar essa abordagem mais centrada no mercado no setor bancário, apesar de levar a um número alarmante de falências bancárias nos primeiros anos. O governo americano veio em socorro aos bancos, pois estava claro que os bancos precisavam de alguma ajuda para atender às exigências dos negócios. Na época, os próprios bancos emitiam toda a moeda, pelo que se um deles falisse, os depositantes perderiam todos os seus depósitos, assim como a moeda emitida por esse banco deixava de existir.

Porém, o banco nacional interveio e criou uma associação bancária. Tal permitiu que as pessoas pudessem trocar as suas moedas e notas de bancos associados, tendo isso proporcionado uma segurança e confiança acrescidas, uma vez que, na época, uma corrida aos depósitos de um banco geralmente significava a morte desse banco.

Eventualmente, as notas emitidas pelos bancos foram substituídas inteiramente pela moeda nacional, tal como é o caso nos dias de hoje, tendo o dólar americano se tornado na única moeda legal nos Estados Unidos da América, bem como a moeda mais predominante no mundo.

Na altura, o setor bancário ainda não possuía uma regulamentação adequada, e os bancos bem-sucedidos que cresciam e se tornavam poderosos, envolviam-se frequentemente noutros setores, tal como o envolvimento da J. P. Morgan em vários negócios de grande dimensão. Isso levou à criação de leis anti-confiança para proteger contra a restrição do comércio que frequentemente surge com esses relacionamentos, onde os mercados se tornam restringidos com a abolição da concorrência, pelo que as forças normais do mercado deixavam de ter permissão para atuar e fazer o mercado florescer.

Em 1907, uma crise financeira foi evitada pelas ações de Morgan, que exercia um poder tão grande que foi capaz de controlar a situação sozinho. Tal evento perturbou várias pessoas, o que levou à criação da Reserva Federal em 1913, como supervisor dos bancos e da economia.

Ao contrário da crença popular, a Reserva Federal não é puramente uma instituição governamental, mas sim uma associação de banqueiros, operando sob o poder que lhes é concedido pelo Congresso, estando sujeito à sua supervisão, embora reduzida. Porém, são os bancos membros que são proprietários da Reserva Federal e não o governo, e inclusivamente recebem dividendos das suas participações na mesma.

O principal banco central da Reserva Federal e os seus 12 bancos regionais servem para proporcionar uma estabilidade suplementar à economia e ao sistema bancário que, de outra forma, não seria possível se isso fosse deixado ao mercado. Um dos principais objetivos da administração económica é esmorecer os ciclos normais de negócios e, em particular, aliviar as forças económicas descendentes, sendo que a Reserva Federal geralmente faz um bom trabalho nesse alisamento de mercado, dentro da medida do possível.

Outros países também têm bancos centrais e, embora o mercado opere de maneira um tanto eficiente, muitas vezes é necessário gerir ativamente a economia e o suprimento de dinheiro, para manter encarrilados tanto os bancos quanto as pessoas.

O setor bancário percorreu um longo caminho desde os dias dos bens agrícolas depositados nos tempos antigos, e agora está muito mais regulamentado e organizado, inspirando muita confiança, algo que é absolutamente necessário para os bancos.

1.2 As Primeiras Inovações Financeiras

Inovação financeira é o ato de criar novos instrumentos financeiros, assim como novas tecnologias financeiras, instituições e mercados. Por detrás das maiores aventuras do homem através dos séculos-a abertura de rotas de comércio, os projetos de construção mais arrojados, a criação de vastas redes de transporte-foram inovações financeiras. Os mercados de capitais proporcionaram financiamento flexível, absorveram riscos e resistiram a períodos turbulentos. Existem três categorias onde podemos enquadrar cada inovação financeira: institucional, produto e processual (Schneider 1997).

1) Inovação Institucional – Tais inovações podem afetar o setor financeiro como um todo, estando relacionadas com mudanças nas estruturas de negócios, ao estabelecimento de novos tipos de intermediários financeiros ou a mudanças na es-

trutura legal e de supervisão. Exemplos importantes incluem o uso do mecanismo de grupo para serviços financeiros de retalho, formalizar sistemas financeiros informais, reduzir as barreiras de acesso para mulheres, ou o estabelecimento de uma estrutura de serviço completamente nova.

2) Inovação Processual – Tais inovações cobrem a introdução de novos processos de negócios, que levem a um aumento de eficiência, expansão de mercado, etc. Exemplos incluem a automação de processos de negócio e o uso de computadores com software de gestão de dados contabilísticos e de clientes.

3) Inovação de Produto – Estas inovações incluem a introdução de novos tipos de créditos, depósitos, seguros, leasings, compra de alugueres e outros produtos financeiros. As inovações de produto são introduzidas para responder melhor às mudanças na procura do mercado ou para melhorar a eficiência de produtos existentes.

As primeiras inovações financeiras consistiram nas peças básicas que sustentaram a possibilidade de existirem pequenos mercados de capitais, nomeadamente o registo de ativos. Objetos usados para manutenção de registos, "bulla"[1] e fichas, foram recuperados de escavações na região da Mesopotâmia (que atualmente é maioritariamente constituída pelos Países do Iraque, Kuwait e parte oriental da Síria), datadas de um período que começa em 8000 aC e termina em 1500 aC, como registos da contagem de produtos agrícolas. Começando no final do quarto milénio, eram usados símbolos mnemónicos por membros de templos e palácios para registar quantidades de produtos. Tipos de registos contabilísticos usados para registar trocas comerciais de pagamentos começaram a ser usados por volta de 3200 aC. Uma escrita muito antiga sobre uma tábua de argila chamada "Código de Hamurabi", refere-se à regulamentação de uma espécie de atividade bancária que data de 1700 aC, pelo que nessa altura os bancos estavam suficientemente desenvolvidos para justificar leis que regem as operações bancárias. Mais tarde, durante o Império Aquaménida (depois de 646 aC), são encontradas mais evidências de práticas bancárias na região da Mesopotâmia).

Na Grécia, a primeira casa do tesouro que servia o templo de Apolónio foi

---

[1] Uma bulla era uma espécie de mealheiro de fichas, que identificava através das fichas nela contida, a quantidade e tipos de bens registados, para posteriormente ligar os bens registados aos respectivos donos.

construída antes do fim do século 7 aC. Entidades privadas e civis dentro da antiga sociedade grega já realizavam transações financeiras. Os templos eram os lugares onde o tesouro era depositado para guarda. Os três templos que se acham ter sido os mais importantes foram o templo de Ártemis em Éfeso, o templo de Hera em Samos, e o templo de Apolo em Delfos. As transações consistiam em depósitos, câmbio, validação de cunhagem e empréstimos. Posteriormente, foram também usadas umas caixas para guardar dinheiro(chamadas caixas de dinheiro), que eram construídas de forma semelhante a uma colmeia, e foram encontradas nas tumbas de Mycenae, que datam dos anos 1550−1500 aC.

Também na Roma antiga, as atividades bancárias ocorriam dentro dos templos. É dito que o império Romano herdou o espírito do capitalismo da Grécia (Parker 1991). O templo Juno Moneta servia também para o fabrico de moedas.

O império romano eventualmente formalizou o aspeto administrativo do sistema bancário e instituiu uma maior regulação das instituições financeiras e práticas financeiras. Cobrar juros sobre empréstimos e pagar juros sobre depósitos tornou-se prática comum. O desenvolvimento dos bancos romanos foi limitado, no entanto, pela preferência romana por transações em dinheiro. Durante o reinado do imperador romano Galiano(260−268 dC), houve um colapso temporário do sistema bancário romano depois dos bancos terem rejeitado as moedas de cobre produzidas pelas casas da moeda de Galiano. Com a ascensão do Cristianismo, o sistema bancário ficou sujeito a restrições adicionais, já que a cobrança de juros era considerada imoral. Após a queda de Roma, o conceito de banca terminou temporariamente na Europa e não foi reavivada até à época das cruzadas.

A maioria dos sistemas religiosos primitivos do antigo Oriente e os códigos seculares que foram produzidos a partir desses sistemas, não proibiam a usura. Essas sociedades consideravam a matéria inanimada como viva, como plantas, animais e pessoas, e capaz de se reproduzir. Assim sendo, se alguém emprestasse 'dinheiro de comida' ou fichas monetárias de qualquer espécie, seria legítimo cobrar juros(Johnson, 1987).

Uma maneira sensata/justa de descontar o juro dos depositantes em relação ao que poderia ser obtido com o investimento do seu dinheiro no comércio logo se desenvolveu; dessa forma, passou-se a vender um "juro" aos depositantes, superando assim a objeção da usura. Com isto, surgiu o conceito de letra de câmbio, que eram documentos resgatáveis em troca de moeda e que, se fossem resgatáveis em data futura, essas letras seriam descontadas por um valor comparável a uma taxa de juro. Estas letras possibilitaram a transferência de grandes somas de dinheiro sem as complicações de transportar grandes baús de ouro e contratar guardas armados para proteger o ouro de ladrões.

1.3 Inovações Financeiras Posteriores & Atuais

O pano de fundo para toda a inovação financeira das últimas quatro décadas tem sido a inovação do dinheiro "fiduciário"-moedas consideradas como moeda legal, mas não apoiadas por reservas (geralmente de ouro). O dinheiro não é mais do que apenas um meio de troca ou armazenamento de valor, mas uma fonte potencial de crescimento económico. Os bancos centrais do mundo continuam a inovar no campo da flexibilização quantitativa-imprimir dinheiro para comprar ativos na esperança de incentivar a tomada de riscos e estimular a economia.

Para muitos leigos, o melhor que o sector financeiro nos ofereceu nos últimos 25 anos foi a caixa multibanco, ou o chamado ATM. Claro que não nos poderemos esquecer também da banca online e o atendimento bancário via telefone, que veio poupar aos clientes dos bancos bastante tempo (tempo é dinheiro!) e aumentando em muito a transparência de todas as operações. As inovações financeiras permitiram que houvesse crédito hipotecário (comprar um bem dando como garantia esse bem, usado muito no imobiliário) e empréstimos para venda de viaturas automóveis, elevando a qualidade de vida para as grandes massas.

Porém, houve muitas outras inovações financeiras; demasiadas para ser possível mencionar todas neste capítulo. Podemos, todavia, falar na generalidade, e categorizar as principais inovações financeiras consoante os seus propósitos (Llewellyn, 2009, p. 5-7):

1) Transferência de risco-a redução de risco ou proteção contra todos os tipos de risco de mercado: risco do preço; risco cambial; risco inerente à taxa de juro ou risco de crédito-para estes casos, foram criados os derivativos (titulo financeiro cujo valor depende ou é derivado de um ativo subjacente ou grupo de ativos, como ações, moedas, índices de mercado, taxas de juros, etc) e processos de securitização ou colateralização. Os processos de securitização consistem em agre-

gar vários tipos de dívida tais como dívidas de imobiliário, hipotecas comerciais, empréstimos automóveis ou dívidas de cartões de crédito, e vender os seus fluxos financeiros associados a investidores como valores mobiliários, que podem ser descritos como obrigações, títulos de repasse ou obrigações de dívida garantidas (*CDOs* em inglês). Juntamente com os CDOs, podemos falar em produtos financeiros com garantia de ativos(*ABS* em inglês), que são uma espécie de CDOs sem hipotecas imobiliárias.

2) Quantificação de risco-os riscos incorporados num instrumento financeiro podem ser eliminados, quantificados, mantidos e negociados separadamente dos outros riscos deste instrumento (por exemplo, pelas transações em mercados secundários para CDOs ou ABSs).

3) Alteração de liquidez-aumento da liquidez dos ativos ou instrumentos financeiros (por exemplo, através do processo de titularização em que os empréstimos podem transacionar nos mercados secundários e a melhoria da estrutura dos ativos das instituições de crédito.

4) Aumento da geração de crédito-ampliação do acesso aos mercados de crédito ou aumento da capacidade de crédito tanto para os tomadores de empréstimos quanto para os credores(por exemplo, pelo uso de CDOs ou CDSs). Os *CDSs – Credit Default Swaps* em inglês (em Português poderemos chamar de Seguro de dívida creditária, embora no mundo financeiro todos se refiram ao termo em Inglês) são uma espécie de seguro contra o risco; é um instrumento financeiro para especular caso uma empresa entre em incumprimento na sua dívida (risco de crédito).

5) Alteração de capital próprio-aumentando a avaliação do financiamento de capital próprio juntamente com a maior flexibilidade da estrutura de capital (por exemplo, pelo uso de trocas financeiras entre dívida e capital próprio ou conversíveis). As trocas financeiras são denominadas de *swaps*, neste caso debt/equity swap em inglês. Estas trocas geralmente permitem a uma empresa trocar parte do seu capital próprio por uma sua dívida de valor equivalente.

6) Seguros de crédito – Advém da possibilidade de minimizar o risco em troca do pagamento de um prémio (por exemplo, o risco de créditos mais duvidosos pode ser assegurado pela emissão de uma CDS).

7) Gestão de ativos e passivos-ampliar o escopo para administrar ativos e pas-

sivos (ex: securitização, CDSs, CDOs).

8) Financiamento de instituições financeiras-ampliar as fontes de financiamento das instituições financeiras (por exemplo, a securitização permite diversificar as fontes de recursos utilizados pelas instituições financeiras para financiar as suas atividades).

As inovações financeiras devem trazer benefícios ao nível da redução dos elementos negativos do sistema financeiro, nomeadamente: diminuindo o nível de risco, diminuindo a lacuna de informação, diminuindo o custo da transação e minimizando os pagamentos de impostos. Simultaneamente, devem reforçar os elementos positivos do sistema financeiro, tais como: manter a sua estabilidade, aumentar a sua eficiência no desempenho das suas funções principais, fornecer serviços e instrumentos mais adequados às necessidades e objetivos dos participantes do sistema.

1.4 A Exploração de Falhas

O problema, conforme revelado pela crise das hipotecas do subprime (mercado de alto risco) dos EUA em 2008, é que o processo de securitização é facilmente abusado quando empréstimos cada vez mais duvidosos são vendidos como títulos opacos (caixas negras) para pessoas que não sabem o que estão a comprar-fazendo com que posteriormente os investidores se tenham tornado claramente mais cautelosos com tais títulos (CDOs). Um forte candidato à pior e mais perigosa inovação financeira seria o chamado "CDO ao quadrado"-essencialmente CDOs construídos a partir de outros CDOs. Alguns podem colocar os swaps de taxa de juros ou de seguro de dívida creditaria na mesma categoria. Apesar de tais derivativos fornecerem um seguro contra mudanças nas taxas de juros ou contra o risco de falência de um governo ou empresa, eles também são negociados puramente por ganho especulativo. Assim sendo, é possível que estes instrumentos possam ir sendo negociados em alta sem grande conhecimento do seu conteúdo, e eventualmente gerar um efeito de bola de neve que vai crescendo até que se constate que realmente o ativo financeiro não tem o valor que lhe foi atribuído (porque os fluxos financeiros que gera são muito inferiores ao esperado).

A AIG, seguradora dos EUA, exigiu uma ajuda do governo de US $ 180 bilhões depois de ter problemas com posições em swaps de crédito. Warren Buffett, o famoso investidor norte-americano, descreveu os derivativos como "armas financeiras de destruição maciça".

1.5　Principais Produtos e/ou Serviços

Nesta secção iremos falar sobre os principais produtos da banca, sendo que os poderemos separar pelos segmentos de retalho e de negócio.

1.5.1　Segmento de Retalho

1) Conta poupança-é uma conta que rende juros, mas que não pode ser utilizada para pagamentos; apenas serve para constituir poupança.

2) Depósito recorrente-um depósito regular de valor fixo na conta poupança.

3) Conta de depósito fixo-equivalente a uma conta poupança, mas sem a possibilidade de mobilização antes do termo.

4) Conta do mercado monetário-conta que paga juros de acordo com as taxas de juro dos mercados financeiros.

5) Certificado de depósito (CD)-parecido com uma conta poupança, em que um certificado de depósito tem um termo fixo e uma taxa de juro fixa.

6) Plano Poupança Reforma-plano de reforma individual disponibilizado por muitas instituições financeiras, que providenciam vantagens fiscais e que podem investir o dinheiro em produtos financeiros de baixo e/ou médio risco.

7) Cartão de crédito-cartão de pagamento emitido ao seu portador para permitir que este pague a um comerciante por bens e serviços com base na promessa desse mesmo portador pagar à entidade emissora do cartão o valor em dívida mais os outros encargos acordados, num prazo pré-estipulado.

8) Cartão de débito-cartão de pagamento instantâneo, em que o dinheiro da conta do titular é imediatamente transferido aquando da compra para a conta do comerciante.

9) Hipoteca – Um empréstimo hipotecário ou, simplesmente, hipoteca é usado pelos compradores de imóveis para obter fundos para adquirir imóveis ou, alternativamente, por proprietários de imóveis existentes para levantar fundos para

qualquer finalidade, enquanto providenciam uma garantia sobre a sua propriedade.

10) Fundo mútuo – Um fundo mútuo é um fundo de investimento gerido profissionalmente que reúne dinheiro de muitos investidores para comprar títulos financeiros. Esses investidores podem ser de retalho ou institucionais. Os fundos mútuos têm vantagens e desvantagens em comparação ao investimento direto em títulos individuais. As principais vantagens dos fundos mútuos são que proporcionam economias de escala, um nível mais elevado de diversificação, fornecem liquidez e são administrados por investidores profissionais. Do lado negativo, os investidores num fundo mútuo devem pagar várias taxas e despesas, inerentes à gestão do próprio fundo.

11) Empréstimo pessoal – Empréstimo financeiros concedido a troco de uma taxa de juro (geralmente elevada, consoante o nível de risco do tomador do empréstimo) e de prazo fixo.

12) Depósitos a prazo – É um depósito que rende juros, mas que acarreta penalizações caso seja mobilizado.

13) Cartão Multibanco – É um cartão de pagamento emitido por uma instituição financeira que permite ao cliente aceder à caixa multibanco para realizar operações financeiras (pagamentos, transferências, levantar dinheiro, etc).

14) Contas correntes – É a conta no banco (ou outra instituição financeira) onde todos os capitais que estejam na mesma estão disponíveis de forma imediata, quer pelo dono da conta, quer por alguém indicado pelo dono para tal.

15) Livros de cheques – Os cheques são um meio de pagamento, que possibilita a movimentação dos montantes que se encontram disponíveis à ordem nas contas dos respetivos titulares. Utilizam-se em alternativa a outros meios de pagamento, hoje em dia mais frequentes, como é o caso dos cartões, transferências bancárias.

16) Caixa Automática (ATM) – Em Portugal estas caixas são denominadas de caixas multibanco, e servem praticamente a totalidade da banca de retalho Portuguesa. Uma caixa automática ou terminal bancário é um dispositivo eletrónico que permite que clientes de um banco retirem dinheiro e verifiquem o saldo das suas contas bancárias sem a necessidade de um funcionário do banco. Para além destas funções iniciais, as caixas automáticas evoluíram em termos de funcionalidades, permitindo também efetuar transferências, depositar dinheiro ou cheques, efetuar

pagamentos, etc. São os principais equipamentos da era inicial da automação bancária.

1.5.2 Segmento de Negócio

1) Empréstimo de negócio-empréstimo concedido a uma empresa, mediante o pagamento de juros, com prazos de pagamento estabelecidos.

2) Levantamento de capital(capital próprio/dívida/solução híbrida)-uma empresa pode recorrer à venda de ações próprias e/ou emissões de dívida (obrigações), de forma a obter liquidez para o seu negócio.

3) Crédito rotativo-é um tipo de crédito que uma empresa pode usar consoante as suas necessidades(com limites máximos pré-estabelecidos e taxas de juros geralmente mais elevadas). Neste tipo de crédito, a empresa paga assim que puder, sem ter nenhum número fixo de pagamentos ou prazo associado. Um exemplo comum é o crédito associado aos cartões de crédito.

4) Gestão de risco (através do câmbio, taxas de juros, investimento em matérias primas, derivativos, etc.) – A gestão de risco trata a identificação, quantificação e priorização do risco, seguido de uma aplicação de recursos económicos, de forma a minimizar, monitorizar e controlar a probabilidade de ocorrerem eventos que possam originar perdas, e de maximizar a captação e ganhos de oportunidades financeiras.

5) Empréstimo a prazo-o mesmo que um empréstimo pessoal, mas desta feita concedido a uma empresa.

6) Serviços de gestão de caixa(serviço de caixa de bloqueio, captura remota de depósitos, processamentos de documentos de/para comerciante) – Muitos bancos já disponibilizam às empresas alguns serviços de gestão inerentes à parte financeira do negócio, lidando com faturas, pagamentos, elaboração de relatórios, etc.

7) Serviços de crédito-diferentes tipos de crédito concedido às empresas pelos bancos.

1.5.3 Instrumentos Financeiros

Uma empresa em fase de desenvolvimento precisa não só de fontes de receita, mas também de financiamento. Existem vários instrumentos financeiros que uma empresa pode utilizar para obter financiamento junto do mercado (para além de empréstimos diretos pedidos a uma instituição bancária, por exemplo).

Uma vez que os bancos querem ser os principais "parceiros" das empresas suas clientes, os bancos evoluíram o seu negócio, passando também a prestar serviços de investimento em instrumentos financeiros. Dessa forma, podem auxiliar os seus clientes a obter as melhores soluções financeiras para as suas pretensões, e cobrar comissões de intermediação financeira.

Nesta secção iremos analisar os três instrumentos principais, nomeadamente as obrigações, as ações e as opções.

1.5.3.1 Obrigações

Já estamos na condição de conseguir avaliar como funcionam as obrigações, sejam de empresas ou do governo (Obrigações do Tesouro – OTs). As obrigações são empréstimos pedidos por uma entidade (privada ou públicos), em que o emissor das obrigações compromete-se a pagar periodicamente um valor (juro ou cupão) até ao termo da obrigação, altura em que restitui o Valor de Maturidade (VM) da mesma (esse é o conceito clássico de obrigação de taxa fixa, embora hajam muitos outros tipos de obrigações, mais complexas e imaginativas).

A taxa da obrigação depende da perceção do risco inerente à mesma; quanto maior o risco, maior a taxa e menor o valor da obrigação. Os países (assim como entidades subnacionais e empresas, especialmente bancos) geralmente são avaliados por agências de notação financeira na sua capacidade de pagar as suas dívidas, e probabilidade de fazer aumentar a inflação da sua moeda, de forma a avaliar o risco das OTs emitidas pelos mesmos, e consequentemente quais os juros a pagar para compensar adequadamente os investidores.

As classificações das agências de notação financeiras são dadas em notas (como na escola), e variam um pouco de agência para agência, mas geralmente vão desde AAA (praticamente sem risco), descendo posteriormente para categorias B e C, que já têm um risco muito elevado e são consideradas como notas de "lixo". Para cada nota, existe uma taxa de juro associada. A inflação da moeda é algo a ter em conta em qualquer projeto, e naturalmente um País que costume injetar muito dinheiro na sua economia como forma de fazer face aos seus compromissos irá ter uma inflação elevada, desvalorizando a sua moeda e aumentando o risco de retorno para o investidor, fazendo com que o mesmo exija grandes taxas de retorno.

1.5.3.2 Ações

Outro instrumento financeiro muito comum são as ações. Quando um investidor adquire uma ação de uma empresa, está a adquirir parte do capital social da empresa, tornando-se efetivamente um sócio da empresa. Dessa forma, corre os riscos dos negócios juntamente com a empresa, tendo participação nos lucros e prejuízos da mesma. Existem dois tipos principais de ações; ordinárias-com direitos de votos nas assembleias gerais e participação nos lucros; e preferências-habitualmente sem direito de voto, mas com um dividendo superior ao dividendo ordinário, e com compensação preferencial em caso de falência da empresa.

O valor das ações já se torna algo difícil de definir; tudo depende da oferta e procura no mercado, que por sua vez é ditada pela situação da empresa no mercado, as expectativas de desempenho geradas em torno da mesma, e pela expectativa de distribuição de dividendos, seja a curto, médio ou longo prazo. Uma empresa que esteja em crescimento geralmente reinveste os seus lucros em si própria, não distribuindo dividendos, mas desde que aumente o seu valor, isso irá traduzir-se em dividendos futuros(no limite pode nunca pagar dividendos, sempre justificando reinvestir os lucros para um crescimento *ad eternum*); por outro lado, uma empresa já madura no mercado, sem grandes projetos de crescimento futuro, geralmente distribui os seus rendimentos periodicamente, sendo este tipo de empresas preferidas por quem prefere ter um rendimento periódico (empresas conhecidas como "*cash cows*"em inglês).

1.5.3.3 Opções

Resta-nos abordar as opções. As opções são direitos adquiridos por um determinado valor, de comprar (*call* em inglês) ou vender (*put* em inglês) determinado ativo a um valor previamente fixado. Tal instrumento já se assemelha muito a uma aposta(embora em finanças o mais correto será falar em especulação)que usa ativos financeiros, sendo na prática um instrumento financeiro criado a partir de um outro instrumento (e. g. ações). Assim sendo, tem o nome de um "derivado". As opções são abordadas nesta secção devido à sua popularidade em grandes empresas Americanas e Europeias, em que parte da remuneração é dada em "*stock options*" em inglês, geralmente a opção que é dada ao trabalhador de adquirir ações da empresa após algum tempo predefinido por um valor previamente estabelecido (geralmente o valor é o valor das ações de quando o empregado chegou à empresa). Assim sendo, essa opção de compra de ações valerá tanto mais quanto mais as ações da empresa subirem de valor, promovendo a vontade dos trabalhadores fazerem com que o valor da empresa aumente o mais possível.

Na nomenclatura das opções, temos que, num *call*, existe a opção do detentor da opção exercer a compra (*go long* em inglês) da ação, e consequentemente a obrigação do vendedor da opção de vender essa mesma ação (*go short* em inglês). Da mesma forma, num *put*, existe a opção do detentor da opção exercer a venda da ação e a obrigação do vendedor da opção de comprar a mesma.

Nas opções existem vários aspetos a ter em conta: qual o valor a que é permitido ao detentor da opção de comprar (ou vender) o ativo financeiro (*exercise price* em inglês). Nas opções existem vários aspetos a ter em conta: qual o valor a que é permitido ao detentor da opção de comprar (ou vender) o ativo financeiro e em que altura é que a opção é exercida (note-se que na *call* Americana,) e em que altura é que a opção é exercida (note-se que na *call* Americana, a opção de compra pode ser exercida em qualquer altura até à data de maturidade, enquanto que na *call* Europeia, a opção só pode ser exercida na data de maturidade). O valor da opção depende então de múltiplos fatores, sendo os principais o *exercise price*, o preço do ativo financeiro quando a opção é vendida (maturidade), do risco das ações, dos dividendos pagos e da taxa de juro sem risco. O risco da opção depende do risco da ação. Sempre que o risco da ação muda, o risco da opção muda, o que torna impossível estimar um custo do capital que reflita o risco da opção. Daí que se use a rendibilidade do ativo sem risco, sendo o risco da opção refletido de forma especial na distribuição probabilística do preço das ações.

2　Análise de dificuldade e suplemento de conhecimento

2.1　As Origens da Banca
银行业的起源

　　银行是经营货币(moeda)和信用(crédito)业务的金融机构,通过发行信用货币(moeda em crédito)、管理货币流通(circulação de moeda)、调剂资金供求、办理货币存贷与结算,充当信用的中介人。银行是现代金融业的主体,是国民经济运转的枢纽。

　　银行一词最早始于意大利语 Banko,葡萄牙语为 Banco。历史上的银行是由货币经营业发展而来的。最早的银行业发源于西欧古代社会的货币兑换(câmbios)业。

　　公元前 200 年,古罗马是地中海的经济和文化之都,商业的繁荣促进了金融体系的发展。商人存贷款的需求催生了钱商这一职业,信用的积累又让钱商开始实行部分准备金制度,只预留少量资金应对提款而将大部分资金贷出,出现了银钱商和类似银行的商业机构。

　　近代银行的出现是在中世纪的欧洲,在当时的世界中心意大利首先产生。意大利于 1171 年设立的威尼斯银行是最早成立的近代银行。1407 年设立的热亚那银行是早期的存款银行(banco de depósito)。此后相继成立的一些银行,主要从事存、放款业务,大多具有高利贷(usura)性质。

　　在 17 世纪,一些平民通过经商致富,成了有钱的商人。他们为了安全,都把钱存放在国王的金库里。这里要注意,那个时候还没有纸币,所谓存钱就是指存放黄金。因为那时实行"自由铸币"(moeda grátis)制度,任何人都可以把金块拿到铸币厂里,铸造成金币,所以铸币厂允许顾客存放黄金。但是很不幸,这些商人没意识到,铸币厂是属于国王的,如果国王想动用铸币厂里的黄金,根本无法阻止。

　　1694 年英国成立的英格兰银行是世界上第一个资本主义股份银行。18 世纪末至 19 世纪初,资本主义商品经济的不断发展,现代银行得以普遍建立。它的主要职能是经营货币资本,发行信用流通工具,充当信用中介和支付中介。

　　英格兰银行的建立开启了现代银行金融融资的篇章,也是整个现代银行体系形成的起点,为后来英国完善的金融市场的建立奠定了基础。在现代金融产业中发挥重要作用的中央银行就是从英格兰银行演变而来。

　　中国的第一家银行是 1845 年英国在香港成立的丽如银行,即后来的东方银行。1857 年成立的英国麦加利银行(即渣打银行),1865 年成立的英国汇丰银行,1889 年成立的德国德华银行,以及 1894 年成立的法国东方汇理银行都是当时几家主要的外资银行。1897 年在上海成立的中国通商银行,是中国自己创办的第一家银行,标志着中国现代银行的产生。

2.2 A Origem do Banco Central
中央银行的起源

随着资本主义经济的进一步发展,政府对社会经济生活的干预不断加强,产生了建立中央银行的需要。1668 年,瑞典政府将成立于 1656 年、由私人创办的欧洲第一家发行银行券的银行改组成瑞典国家银行,使瑞典国家银行成为最早的中央银行,但直到 1897 年才独占货币发行权。

而 1844 年改组后的英格兰银行则被普遍认为是真正中央银行的开始。英格兰银行于 1833 年取得法偿货币发行者的资格,即英格兰银行发行的银行券,由政府赋予无限法偿资格。1844 年,英国通过"英格兰银行条例",即皮尔法案,英格兰银行获得独占货币发行的权力,成为真正的中央银行。到 19 世纪,各资本主义国家相继成立了中央银行,美国到 1913 年才开始建立联邦储备体系。1920 年布鲁塞尔国际金融会议决定,凡未成立中央银行的国家应尽快成立,这直接推动了世界上几乎所有国家中央银行的成立。

2.3 Desenvolvimento da Banca Moderna
现代银行业的发展

1913 至 2013 年,全球经济格局的演变导致了金融格局的重大演变。"一战"后全球范围内金融活动的主导权开始向美国转移。随着国际贸易融资业务和外国证券发行业务的迅速发展,美国大型银行的规模与实力渐次强大。"二战"前后以英镑为核心的国际金本位制货币体系开始崩溃。随着 1944 年布雷顿森林体系的形成,美元确立了在国际货币体系中的核心地位。凭借日益强大的经济实力、美元的国际地位以及快速增长的对外投资等,美国银行业实力迅速增长,美国的金融在全球金融格局中主导地位得以巩固,从全球货币、金融规则、金融市场、跨国银行等诸多方面主宰了世界金融。

一国经济实力变化受到政治经济体制、战争、危机、技术进步以及经济周期等多方面的影响,而金融是经济的折射,银行是经济的共生体。大银行的规模实力通常与母国的经济体量相匹配,而银行业的排名变化基本反映了一国经济实力的变迁。

19 世纪到 20 世纪初期,银行挤兑现象非常普遍,导致大量银行倒闭。后来通过建立作为最后贷款人的中央银行制度、存款保险制度以及更加严格的监管措施,银行挤兑现象逐渐减少,银行系统也得以稳定运行。

尽管如此,由于银行经营管理层的错误决策和风险偏好,银行易于受到外部政治、政策环境干预和金融市场波动影响,银行资产组合的潜在风险、资产与负债结构的难以完全匹配以及自身资本比率的限制等因素,决定了银行作为货币经营信用机构具有内在的脆弱性。因此,每次经济危机或金融危机爆发时,银行都是最薄弱的环节,并伴随着大量银行的倒闭。也说明了稳健性经营对于银行业发展的重要性。

3 Terminologia de negócios

comprar	买
vender	卖
letra de câmbio	本票
ativo financeiro	金融资产
Caixa Multibanco	自动柜员机
obrigações de dívida garantidas	债务抵押债券
produtos financeiros com garantia de ativos	资产支持证券
Seguro de dívida creditária	信用违约掉期
Troca de dívida por capital próprio	债务/股权掉期
Flexibilização quantitativa	量化宽松
Mercado de alto risco	次级市场
Conta corrente	支票账户
Conta poupança	储蓄账户
Prémio de desconto (Taxa que bancos pagam ao banco central)	折扣率
Produto Interno Bruto	国内生产总值
Prémio sem risco (Taxa para empréstimos sem risco)	最优惠利率
Taxa interbancária	银行间利率
Taxa interbancária nos EUA	联邦基金利率
Letra de câmbio	汇票
Reserva Federal	美国联邦储备
Anti-confiança	反托拉斯
moeda em crédito	信用货币
banco	银行
moeda	货币
crédito	信用
moeda em crédito	信用货币
circulação de moeda	货币流通
câmbios	货币兑换
banco de depósito	存款银行

usura	高利贷
moeda grátis	自由铸币
go short	卖空
go long	买空
exercise price	行使价

4 Exercícios

1) O que é um banco central?
2) Que tipo de inovações financeiras é que conhece?
3) O que é um "CDO"? Para que serve?
4) Acha que uma política de "dinheiro fiado" é melhor face a uma política de uma base monetária ligada a reservas de ouro?

5 Caso de Estudo: História do Banco Nacional Ultramarino – Um Banco Emissor para as ex – Colónias[1]

5.1 Fundação e Expansão

O Banco Nacional Ultramarino foi criado em Lisboa por Carta de Lei de 16 de maio de 1864, sendo seu fundador Francisco de Oliveira Chamiço. Ao longo da atividade (1864 – 2001), instalou a sua primeira Sede no Largo das Duas Igrejas, hoje Largo do Chiado, a segunda na Rua Augusta e a terceira, a partir de 1989, na Avenida de 5 de Outubro. Criado como Banco Emissor para as ex-colónias portuguesas exerceu também funções de Banco de Fomento e Comercial no país e no estrangeiro. Da redação dos primeiros Estatutos do BNU consta que o selo do Banco terá por emblema um navio a vapor com a legenda na parte superior "Banco Nacional Ultramarino" e na inferior "Colónias, Comércio e Agricultura" e que o capital social será de 12.000:000$000 réis, dividido em 120:000 ações de 100$000 réis cada uma, ou 133: 333 1/3 de 90$000 réis.

---

[1] Retirado e adaptado de: https://www.cgd.pt/Institucional/Patrimonio – Historico – CGD/Historia/Pages/Historia – BNU.aspx.

Dando cumprimento ao estabelecido na Carta de Lei, o BNU instalou sucessivamente sucursais e agências – Angola e Cabo Verde (1865), S. Tomé (1868), Moçambique (1877), Guiné (1903), Macau (China) (1902), Índia (1868) e Timor (1912). Depois da abertura das Agências nas ex-colónias de África e do Oriente, o BNU deu início, a partir de 1917, à segunda fase da sua expansão, com a implementação de uma rede de Agências no Continente, Madeira e Açores, tendo constituído uma das maiores redes bancárias portuguesas.

No século XX, o BNU foi um dos primeiros bancos portugueses presentes nas principais praças financeiras mundiais através de Filiais, Agências, escritórios de representação e correspondentes, nomeadamente:

- ÁFRICA DO SUL – 1884 – abertura de uma agência em Pretória. Em 1965 foi fundado o Bank of Lisbon and South Africa Ltd, em cujo capital o BNU participou com 42%.

- HONG – KONG – 1904 – nomeação do primeiro correspondente em Hong Kong (China) e em 1984, abertura de um escritório de representação.

- BRASIL – 1913 – abertura da uma filial no Rio de Janeiro. A rede de Agências no Brasil cresceu desde então até que em 1953, por força de nova legislação naquele país, foi integrado num novo banco, o Banco Ultramarino Brasileiro, o qual, em 1970, foi incorporado no Banco Andrade Arnaud do Rio de Janeiro.

- REINO UNIDO – 1919 – abertura de uma Agência em Londres que em 1929 se transformou no Anglo Portuguese Colonial & Overseas Bank, cuja designação foi em 1955 encurtada para Anglo Portuguese Bank. ltd. Na década de 70, o BNU abriu um escritório de representação nesta cidade, que transformou em sucursal em 1991. Em 1977 a designação passou a ser A P Bank Ltd e em 1987 foi mudada para Riggs A P Bank Limited.

- FRANÇA – 1919 – , abertura de uma Agência em Paris a qual é convertida em 1929 no Banque Franco Portugais e d'Outre – Mer, atualmente Banque Franco Portugaise, no qual o BNU, após uma reestruturação do capital, manteve uma participação residual de 9%, que vendeu no ano 2000 à CGD, acionista a 100% do Banque Franco Portugaise.

- CONGO RD (EX – CONGO BELGA) – 1919 – abertura de uma dependência em Kinshassa, o qual passou para o Banco de Angola em 1926.

- ÍNDIA – 1921 – abertura de uma dependência em Bombaím (antiga Índia Inglesa) encerrada em 1952. Em 1998, inaugurou um escritório de representação em Bombaím, com extensão em Pangim.

- EUA – 1920 – abertura de uma agência em Nova Iorque, a qual deu lugar em 1924 ao Trust Company of North America, que passou a fazer a representação do BNU.

- ALEMANHA – 1970 – O BNU, juntamente com o grupo português Bulhosa, fundou o Lissabon Bank AG. , em Dusseldorf, detendo 1/3 do capital, que veio a alienar em 1977.

- LUXEMBURGO – 1978 – participação do BNU no capital do Banque Interatlantique,

conhecido depois por Banque Portugaise à Luxembourg. Em 1986 o BNU cedeu a sua posição à União de Bancos Portugueses (Luxemburgo), Sa.
- CHINA – 1993, abertura de uma sucursal em Zhuhai (Região Económica Especial).
- TIMOR – LESTE – 1999 – abertura de uma sucursal em Dili.

5.2 As Emissões de Papel – Moeda do BNU

As emissões de papel-moeda do BNU constituíram um marco na história da circulação fiduciária das ex-colónias, uma vez que conseguiram disciplinar progressivamente a circulação monetária, acabando com a enorme variedade de moedas que corriam localmente (pesos, florins, marias teresas, águias, soberanos, luízes, etc.) e passando a ter curso legal exclusivo. Foram ainda as emissões do BNU que retiraram da circulação as esporádicas e insuficientes emissões das Juntas da Fazenda, instituições que até então, detinham o monopólio da impressão do papel-moeda em giro.

As Emissões de Papel-moeda do BNU foram emitidas em diversas unidades monetárias-réis, escudos, patacas, rupias e libras esterlinas, conforme o tempo e o espaço onde circularam. A primeira emissão impressa pelo Banco foi para a Sucursal de Luanda, em 1865. Esta emissão também circulou em Cabo Verde, S. Tomé e na Ilha de Moçambique, mas com sobrecarga do nome de cada uma das citadas províncias.

Em Angola o BNU foi emissor até 1926, ano em foi criado o Banco de Angola que recolheu do BNU o privilégio da Emissão de notas naquele território e que tomou as suas agências para prosseguimento da atividade bancária normal, tendo-se então integrado neste novo banco, a agência que o BNU tinha em Leopoldville. Nas restantes ex-colónias africanas, permaneceu como único Banco emissor até aquelas se transformarem em países independentes, tendo continuado as suas emissões até as respetivas Repúblicas emitirem notas próprias.

Nas ex-colónias do Oriente-Índia, Macau (China) e Timor a circulação das emissões do BNU acompanhou a soberania que Portugal sobre elas deteve: Na Índia, manteve-se até 1952, em Timor até 1975. Em Macau (China) o BNU manteve o exclusivo da emissão de notas em Patacas até 1989, ano a partir do qual passou a emitir na qualidade de Agente do Território até 1995, altura em que deixou de ter o exclusivo da Função emissora, a qual passou a partilhar em partes iguais com o Banco da China.

Capítulo II   O Negócio Bancário

1   Texto

Neste capítulo iremos entrar diretamente para o negócio da banca e enumerar os princípios de gerenciamento bancário. Iremos posteriormente ver alguns aspetos básicos da contabilidade financeira, nomeadamente a folha de balanço para um banco comercial, após a qual iremos focar nos princípios de gestão bancária. Ficará patente qual a gestão de equilíbrio orçamental que um gestor bancário/financeiro tem de efetuar, de forma a tirar o máximo partido do capital que é depositado e/ou investido no banco.

1.1   O Dinheiro e a Banca

É indispensável definir o que é o dinheiro, pois tudo gira em volta deste. Uma definição tradicional diz-nos que são todos os ativos financeiros que possam ser usados para efetuar transações de mercado, e sirvam como meio de troca e um registo de valor.

O dinheiro de hoje em dia é dinheiro "fiado" (mais conhecido como *FIAT Money* em inglês). A ligação direta entre o ouro e o dinheiro já não existe. É o governo de cada País que define que uma determinada moeda tem valor, e que pode ser usado em relações comerciais. O valor da moeda pode subir ou descer, consoante a lei da oferta e procura (ou por outras palavras, consoante o mercado). Um governo que sistematicamente imprime dinheiro para pagar as suas dívidas acaba por injetar muito dinheiro na economia e desvaloriza a moeda, causando inflação e prejudicando as poupanças feitas pelas pessoas.

O estoque de dinheiro é o montante total de bens monetários disponível para uma economia num dado instante. Cada país tem a sua própria maneira de classificar o tipo de dinheiro existente na sua economia. Geralmente usa-se o sistema dos "M"s, em que normalmente variam desde M0 até M3 ou M4, consoante a liquidez do dinheiro (velocidade e facilidade com a qual um ativo pode ser convertido em dinheiro). Nos EUA, geralmente "M0" (por vezes também denominada por "C") diz respeito à moeda física-moedas e notas em circulação, emitidas pelo banco central. M1 representa M0 acrescido de depósitos a prazo, cheques e outro tipo de depósitos facilmente convertíveis em liquidez. O M2 representa M1 acrescido de depósitos a prazo, obrigações e fundos, certificados de depósito de baixo montante. O M3 agrega M2 com todos os restantes tipos de certificados de depósito e, dependendo do país em questão, o papel comercial, bilhetes do tesouro, opções de ações e promessas de compra e venda, pode estar também contido em M3 ou englobado no M4. Na Europa, usa-se M1, M2 e M3.

Geralmente os bancos funcionam num processo chamado de reservas fracionárias (ou internacionalmente conhecido por *"fractional reserve banking"* em inglês), em que são obrigados pelo regulador a manter uma fração dos seus depósitos como reservas. O montante da reserva a reter é dado pelo coeficiente de *"reserve requirement"* (rr) em inglês, que geralmente é um valor entre 5% a 10%. Assim sendo, um banco que opere num país com um rr de 10%, pode conceder empréstimos de 90% do montante dos seus depósitos, injetando assim dinheiro na economia (esta é a forma principal de criação de dinheiro, curiosamente, visto que os bancos emprestam a um ritmo muito superior à efetiva criação de moedas e notas por parte do banco central). Assim sendo, com um $rr = 10\%$, temos que alguém que meta um depósito de 1.000€ no banco, permite ao banco criar um empréstimo de 900€ a quem precise (mantendo o rr de 100€ respetivos). Enquanto não faz o empréstimo dos 900€, diz-se que o banco tem 900€ em reservas excedentárias. A partir do momento que faz o empréstimo, são criados 900€ numa conta de quem contraiu o empréstimo, e a economia fica com mais 900€ em circulação. Se a pessoa que contraiu o empréstimo pegar nesse dinheiro e o depositar noutro banco, este poderá conceder um empréstimo de 90% dos 900€ = 810€. Se este efeito cascata se prolongar, temos uma injeção continuada de capital na economia com uma progressão geométrica com razão $q = 0,9$, sendo que esses 1.000€ iriam conseguir criar, no limite, um total de 10.000€.

O banco que aceitou o depósito dos 1.000€ podia simplesmente ter concedido um empréstimo de 9.000€, produzindo o mesmo efeito (mas felizmente o método não funciona assim, senão os bancos iriam entrar em incumprimento com o *rr* caso quem tivesse pedido emprestado fizesse um levantamento para colocar o dinheiro noutro banco, ou para pagar um bem/serviço, como por exemplo uma casa). No fundo, temos um valor chamado multiplicador de depósitos igual a $d = 1/rr$, que no caso de $rr = 10\%$, é igual a 10. Na figura seguinte podemos ver os passos que um banco comercial iria registar ao a) aceitar o depósito dos 1.000€, b) conceder o empréstimo dos 900€ e c) quando o montante do empréstimo sai do banco (Tabela 2.1).

Tabela 2.1 Registo contabilístico bancário

a) Banco Comercial		b) Banco Comercial		c) Banco Comercial	
R=1.000€	D=1.000€	R=1.000€	D=1.900€	R=100€	D=1.000€
C=0€		C=900€		C=900€	

Como nem sempre todo o dinheiro é emprestado, devido aos bancos terem reservas excedentárias, e às pessoas quererem dinheiro físico na carteira, temos que um valor mais fidedigno, denominado "*money multiplier*" (*mm*) em inglês, que é, pela própria definição $mm \leq d$. Para definir o *mm*, temos primeiro que conhecer o coeficiente de circulação $CC = \dfrac{C}{D}$,

em que C = circulação monetária e D = depósitos. Dessa forma, temos:

$$mm = \frac{M1}{H} = \frac{C+D}{C+R} = \frac{cc+1}{cc+rr+re},$$

em que H é a base monetária, $H = R + C$, em que R são as reservas monetárias ($R = rr + re$, sendo re as reservas excedentárias). Note-se que H é vulgarmente conhecido por dinheiro potenciado "*High Powered Money*" em inglês, pois é a base monetária (basicamente é o dinheiro emitido pelo banco central) que vai ser "alavancada" pelo *mm* para chegar a M1.

O banco central pode alterar a política monetária via as taxas de juro e as reservas obrigatórias dos bancos. Assim sendo, as ferramentas da política monetária podem ser divididas em três categorias; Operações de mercado aberto, valores impostos no prémio de desconto *"discount-rate"* e o coeficiente *rr*.

- As operações de mercado aberto consistem na compra e venda de dívida nacional pelo banco central europeu (no caso europeu) ou pelos bancos reguladores, no mercado aberto, de forma a influenciar o fornecimento de dinheiro e as taxas de juro. Desta forma podem influenciar a política económica de modo expansionista ou contracionista. Ao comprar dívida nacional no mercado aberto, é injetado dinheiro na economia, fazendo com que as taxas de juros desçam, com que as reservas bancárias aumentem e com que os empréstimos aumentem e o PIB (Produto Interno Bruto) cresça (o PIB representa a totalidade de todos os bens e serviços (em valores monetários) produzidos no País durante um ano). Ao contrário, quando a dívida nacional é vendida no mercado aberto, é retirado dinheiro da economia, diminuindo as reservas bancárias e aumentando as taxas de juros, fazendo com que o PIB desça.

- O prémio de desconto *"discount-rate"* é a taxa à qual os bancos privados podem pedir emprestado ao banco central, de forma a aumentarem as suas reservas. Assim sendo, se a taxa for elevada, vai contrair a economia, enquanto uma taxa baixa vai permitir uma expansão da mesma.

- O coeficiente de reservas *rr*, que já foi discutido previamente, também serve para ajustar o ritmo de crescimento da economia. Ao aumentar o valor de *rr*, os bancos poderão emprestar/criar menos dinheiro, pelo que a economia irá ter tendência a contrair. Pelo contrário, ao baixar o valor de *rr*, mais empréstimos poderão ser concedidos (criação de dinheiro), e mais a economia poderá crescer.

Como os bancos comerciais definem qual a grande maioria de dinheiro que é posto a circular (o banco central emite moeda física, mas em muito menos quantidade), há quem advogue que todos os bancos deveriam ser públicos, e que deveria ser o estado a definir as taxas de juro e as condições necessárias para conceder mais ou menos empréstimos, de forma a ter controlo sobre a inflação e evitar crises. Assim sendo, poderia ser criado um modelo em que certos impostos e subsídios poderiam ser substituídos por juros mais altos ou mais baixos.

Para rematar esta secção, convém também mencionar outros termos que se poderão encontrar com alguma frequência:

- Prémio sem risco *"prime-rate"*, a taxa de referência para empréstimos sem risco, e
- Taxa interbancária *"interbank-rate"*: taxa de juro de empréstimos de curta duração entre bancos (nos EUA chama-se *"federal funds rate"*).

1.2 A Transformação de Ativos Inerente ao Negócio Bancário

Os bancos comerciais possuem reservas de dinheiro e depósitos junto ao banco central; reservas secundárias de títulos públicos e outros valores mobiliários líquidos; empréstimos a empresas, consumidores e outros bancos; e outros ativos, incluindo edifícios, sistemas de computador e outras coisas físicas. Cada um destes ativos desempenha um papel importante na estratégia geral de negócio do banco. Os ativos físicos de um banco são necessários para conduzir seus negócios, seja um banco tradicional de retalho, um banco completo de comércio eletrónico (existem servidores e sedes algures) ou uma instituição híbrida com presença física e online.

As reservas permitem que os bancos paguem os depósitos dos seus clientes e outros passivos. Em muitos Países, os reguladores exigem um nível mínimo de reservas, chamado de reservas obrigatórias. Quando os bancos detêm mais do que a exigência de reserva, as reservas extras são chamadas de excesso de reservas. Os bancos geralmente gostam de manter as reservas em excesso no mínimo, preferindo manter reservas secundárias como títulos do Tesouro e outros títulos seguros, líquidos e com juros.

Os ativos principais dos bancos são, naturalmente, os seus empréstimos. Os obtêm a maior parte dos seus rendimentos através dos empréstimos, pelo que devem ter muito cuidado a quem emprestam e em que condições. Os bancos podem também emprestar dinheiro a outros bancos, não só diretamente, mas também através do processo de compensação de cheques, que são chamados de "itens em caixa em processo de cobrança". A maioria de seus empréstimos, no entanto, vai para entidades privadas, pessoais ou coletivas.

Alguns empréstimos não são garantidos, mas muitos são garantidos por imóveis (caso em que os empréstimos são chamados de hipotecas), contas a receber de clientes (facturamento) ou títulos financeiros.

Onde é que os bancos obtêm os meios para comprar esses ativos? Como já foi referido anteriormente, o lado direito do balanço lista os passivos de uma empresa (neste caso, o banco) ou as fontes de seus fundos. Os depósitos de transação incluem ordens negociáveis de contas à ordem/de saque (*NOW – Negotiable Order of Withdrawal accounts* em inglês) e contas de depósito no mercado monetário (*MMDAs – Money Market Deposit Accounts* em inglês), além dos depósitos à ordem vulgares de clientes. Os bancos gostam de depósitos de transação porque podem evitar pagar juros sobre eles (se houverem juros a pagar, geralmente são quase nulos). Alguns depositantes acham que a liquidez que as contas de à ordem proporcionam é tão conveniente que até pagam pelo privilégio de manter seu dinheiro no banco através de várias taxas, algumas das quais eles são alheios. Os bancos justificam as taxas, ressalvando que é caro manter os livros, transferir dinheiro e manter reservas de caixa suficientes para atender às eventuais retiradas de dinheiro dos clientes.

Os custos administrativos dos depósitos a prazo (não transacionais) são menores, de modo que os bancos pagam juros para que esses fundos sejam depositados na sua instituição. Os depósitos a prazo variam da conta tradicional de caderneta de poupança a certificados de depósito negociáveis (*NCDs – Negotiable Certificates of Deposits* em inglês) com valores elevados. Os cheques não podem ser sacados das contas a prazo, mas os depositantes podem retirar ou adicionar fundos à conta à vontade. Por serem mais líquidos, estes depósitos pagam taxas de juros mais baixas do que os depósitos a prazo de termo fixo (também conhecidos como certificados de depósito), que impõem duras penalidades às retiradas antecipadas de capitais.

O valor líquido do banco é determinado pela diferença entre o valor dos ativos do banco e os seus passivos. O capital próprio do banco advém dos *stockholders* quando estes compram ações do banco aquando da sua entrada em bolsa (*IPO – Initial Public Offering* em inglês) ou posteriormente à sua entrada em bolsa (*DPO – Direct Public Offering* em inglês). Posteriormente, os lucros que ficarem retidos podem vir a ser acrescentados ao capital próprio. Os reguladores monitorizam o capital próprio dos bancos constantemente, uma vez que, quanto mais capital próprio o banco tiver, menor as hipóteses de este entrar em falência. Hoje em dia, derivado às duras lições do passado, os reguladores irão fechar um banco muito antes do seu capital próprio chegar a zero, embora saibamos que esse capital próprio pode descer muito rapidamente de um memento para o outro, especialmente se o banco tiver alavancado em produtos no mercado dos derivativos, que podem alterar de valor de forma muito brusca, devido à sua volatilidade.

Num sentido mais lato, os bancos e outros intermediários financeiros atuam na transformação de ativos. Por outras palavras, eles vendem o seu passivo com determinada liquidez, risco e retorno, e usam esse dinheiro para comprar ativos com um conjunto de características diferentes. Os agentes intermediários ligam os investidores (compradores do passivo do banco) aos empreendedores (vendedores dos ativos dos bancos).

Podemos dizer que os bancos (ou instituições de depósitos) podem encetar em três tipos diferentes de transformação de ativos, cada um a criar um certo tipo de risco. Em primeiro lugar, os bancos transformam depósitos de curta duração em empréstimos de longa duração. Podemos dizer que os bancos pedem emprestado em "short" e emprestam em "long". Isto potencia o risco de taxa de juro. Em segundo lugar, os bancos transformam os depósitos, que são líquidos na sua essência, em ativos ilíquidos, como hipotecas, criando assim o risco de liquidez. Em terceiro lugar, os bancos pegam em depósitos, que são seguros (a maioria tem a garantia de capital) e usam esse dinheiro para investir em ativos com risco (como por exemplo, empréstimos), pelo que criam risco de crédito.

Outros intermediários financeiros transformam os ativos de outras maneiras. Empresas financeiras geralmente pedem emprestado durante grandes períodos de tempo (*long*) e emprestam a curtos períodos de tempo (*short*), fazendo com que a sua gestão seja mais fácil do que a dos bancos. Empresas de seguro de vida vendem contractos que pagam dinheiro à família do segurado quando o segurado morre (isto durante o período coberto pelo seguro). Outros tipos de seguradoras vendem seguros que pagam quando ocorre um incidente específico, tal como um acidente automóvel, no período de vigência do contrato. As responsabilidades das companhias de seguro dizem-se contingentes uma vez que só são ativadas em caso de um evento específico, ao invés de um determinado período de tempo.

1.3 O Balanço para os Bancos Comerciais e a Conta – T

1.3.1 O Balanço para os Bancos Comerciais

Os documentos financeiros são essenciais para informar todas as partes interessadas da empresa do estado financeiro da mesma. Esta informação é compilada num relatório anual, o qual se designa de relatório e contas. Os dados são dispostos de forma normalizada, pelo que não só permite saber qual o estado da empresa, como também permite analisar a evolução anual das contas da empresa e a comparação contra outras empresas semelhantes.

A nível nacional, as normas estão descritas no Sistema de Normalização Contabilística (SNC). Este sistema baseou-se nas normas internacionais de contabilidade (vulgo *International Accounting Standards Board – IASB* em inglês), pelo que nos vamos concentrar neste último órgão emissor de normas. O IASB tem por objetivo formular e aplicar, no interesse público, normas de contabilidade de elevada qualidade que devem ser observadas na preparação e apresentação das demonstrações financeiras. Outro objetivo complementar a este é promover a utilização e aplicação rigorosa daquelas normas.

Como se percebe, este organismo internacional emite normas de modo a que seja possível que a informação seja a mesma independente da localização da empresa. Assim as empresas apresentam os seguintes mapas financeiros:

- Balanço (Demonstração da posição financeira) - permite ter informação sobre a posição financeira da empresa. Mostra os ativos da empresa, assim como os passivos e os capitais próprios;
- Demonstração de resultados (Demonstração do rendimento integral) - informa o desempenho da empresa (rendimentos menos gastos) num determinado período;
- Demonstração dos Fluxos de caixa - apresenta as entradas e saídas de caixa e seus equivalentes da empresa num determinado período;
- Demonstrações das alterações de capital próprio - apresenta as alterações ocorridas no capital próprio da empresa durante um determinado período.
- Anexo (Notas) - onde são apresentadas informações complementares e adi-

cionais às outras demonstrações financeiras.

Nesta seção iremo-nos debruçar sobre o balanço para um banco comercial, apoiando-nos num balanço real, neste caso do Banco Comercial Português, disponível publicamente. O Balanço faz parte dos mapas financeiros que as empresas apresentam aos seus acionistas e outras partes interessadas. Este mapa é uma imagem da empresa onde ser pode analisar o que a empresas possui(os ativos), os capitais da empresa(capital próprio) e a dívida que a empresa tem(passivo).

Sendo este mapa uma imagem da empresa, essa imagem é estática no tempo, e desde o momento que se tira a "foto" e o momento em que a mesma é apresentada, ocorrem situações que alteram a empresa. Assim este mapa, apesar de ser um mapa que nos permite olhar para a empresa, tem o "handicap" de não ser a imagem real da empresa quando este é apresentado. Não obstante do dito anteriormente, este mapa é aquele que mais se aproxima do estado da empresa, e sendo este mapa referente a períodos específicos no tempo, permite ir analisando a evolução da empresa. O balanço também tem a particularidade de facilmente analisarmos o que sustenta a empresa, por sustentar a empresa entenda-se os ativos da mesma.

Antes de mais vamos ver como se apresenta o balanço e o que o compõe(presente na Tabela 2.1). O balanço tem uma equação fundamental em que o ativo é igual à soma entre o passivo(empréstimos) e os capitais próprios(dinheiro dos acionistas da empresa). Ou seja, os ativos da empresa foram adquiridos pelo capital dos acionistas e pelos empréstimos contraídos junto dos credores.

$$Ativo = Capital\ Próprio + Passivo$$

Pelo que podemos representar graficamente o balanço da seguinte forma (Figura 2.1).

Figura 2.1   Representação gráfica do Balanço contabilístico

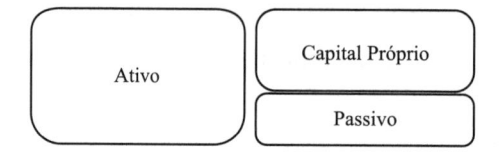

Para o caso específico do Banco Comercial Português(BCP), temos uma estrutura encabeçada pelos Ativos, seguido pelo Passivo e Capital Próprio (ou Património Líquido, ver abaixo). É comum as grandes empresas mostrarem também no seu balanço diversos valores para diferentes instantes temporais:

Tabela 2.2 O Balanço contabilístico do BCP

Encerramento do Exercício	2019 30/09	2019 30/06	2019 31/03	2018 31/12
Total do Ativo Circulante	—	—	—	—
Total do Ativo	81.359,12	80.873,24	77.118,35	75.923,05
Caixa e Bancos	4.744,44	4.557,27	3.313,65	3.643,87
Outros Ativos Operacionais, Total	20.595,55	19.562,19	20.959,71	20.369,43
Empréstimos Líquidos	49.418,84	49.564,36	45.971,78	45.155,49
Imobilizado – Líquido	723,10	712,38	621,89	461,28
Imobilizado – Bruto	723,10	1.804,16	1.693,99	1.520,04
Depreciação Acumulada, Total	—	1.091,78	−1.072,10	−1.058,77
Ágio, Líquido	—	145,93	116,14	116,36
Intangíveis, Líquido	219,91	68,77	54,72	58,04
Investimentos de Longo Prazo	429,17	421,96	444,38	405,08
Outros Ativos de Longo Prazo, Total	4.143,30	3.002,67	3.060,75	3.268,48
Outros Ativos, Total	1.084,81	2.837,70	2.575,32	2.445,02
Total do Passivo Circulante	—	—	—	—
Total do Passivo	74.953,37	74.524,93	70.703,10	70.142,58
A Pagar/Acumulado	—	229,46	219,25	419,00
A Recolher/Auferidos	—	—	—	—
Investimentos de Curto Prazo	—	—	—	—
Total de Depósitos	64.124,60	64.089,28	60.703,93	60.401,53
Outros Passivos Onerosos, Total	—	—	—	—
Empréstimos de Curto Prazo	—	19,60	15,19	15,96
Parcela Circulante das Obrigações de Arrendamento Mercantil	—	—	—	—
Outros Passivos Circulantes, Total	8,71	9,17	14,66	18,55
Total de Endividamento de Longo Prazo	3.437,43	3.046,40	2.884,14	2.744,20
Endividamento de Longo Prazo	3.437,43	3.046,40	2.884,14	2.744,20
Obrigações de Arrendamento Mercantil	—	—	—	—
Total de Endividamento	3.437,43	3.066,00	2.899,33	2.760,16
Imposto de Renda Diferido	11,36	10,58	6,70	5,46
Participação de Acionistas Não Controladores	1.229,74	1.216,82	1.173,46	1.183,43
Outros Passivos, Total	6.141,54	5.903,62	5.685,77	5.354,45
Total do Património Líquido	6.405,75	6.348,30	6.415,25	5.780,47

Contínuo

Encerramento do Exercício	2019 30/09	2019 30/06	2019 31/03	2018 31/12
Ações Preferenciais Resgatáveis	—	—	—	—
Ágio, Líquido	—	—	—	—
Ações Ordinárias, Total	4.725,00	4.725,00	4.725,00	4.725,00
Capital Social integralizado Adicional	16,47	16,47	16,47	16,47
Lucros Retidos (Prejuízos Acumulados)	1.261,46	1.204,00	1.270,93	1.036,15
Ações em Tesouraria – Ordinárias	−0,10	−0,09	−0,07	−0,07
Garantia de Dívida de Opções de Compra de Ações	—	—	—	—
Ganho/(Perda) não Realizado(a)	—	—	—	—
Outros Patrimônios Líquidos, Total	402,92	402,92	402,92	2,92
Total do Passivo e Patrimônio Líquido	81.359,12	80.873,24	77.118,35	75.923,05
Ações Ordinárias em Circulação	15.113,67	15.113,67	15.113,67	15.113,67
Ações Preferenciais em Circulação	—	—	—	—

* Em Milhões de EUR (exceto dados por ação)

Vamos então analisar o balanço, começando pelo ativo. Um ativo tem de cumprir integralmente três condições:

1) Tem de ter sido consequência de um acontecimento passado;
2) Do ativo deverão fluir benefícios económicos futuros:
3) Ser um recurso controlado pela empresa.

Os ativos de um banco são os itens a partir dos quais o banco obtém a sua receita e lucro. Para uma melhor compreensão vamos ver algumas rubricas que compõem o ativo:

1) O dinheiro líquido é constituído por moedas e notas que estão reservadas a ele e às suas filiais. Essa é uma certa percentagem do seu passivo total, que é exigida por lei. As reservas de caixa não geram receita ao banco, mas são essenciais para satisfazer as reivindicações de seus depositantes.

2) Saldos com o banco central e outros bancos: os bancos comerciais devem manter uma certa percentagem dos seus depósitos à ordem e a prazo junto do banco central. São ativos do banco, pois o mesmo pode sacar esses ativos em dinheiro no caso de emergência ou quando a procura sazonal por dinheiro for alta.

3) Dinheiro de plantão e de curto prazo: refere-se a empréstimos de curto

prazo concedidos a corretores, casas de desconto e casas de aceitação. Eles são reembolsáveis sob pedido dentro de quinze dias ou menos. Os bancos cobram taxa de juros baixas sobre esses empréstimos.

4) Notas descontadas e compradas-o banco obtém lucro descontando letras de câmbio e letras do tesouro com duração de 90 dias.

5) Investimentos do banco em títulos públicos, títulos estaduais e ações industriais, geram um rendimento fixo para os bancos. O banco pode vender os seus títulos quando houver necessidade de mais dinheiro.

6) Empréstimos e adiantamentos-esta é a fonte mais lucrativa de ativos bancários, uma vez que o banco cobra juros a uma taxa superior à taxa bancária. O banco faz adiantamentos com base em créditos em dinheiro e descobertos e empréstimos com base em títulos reconhecidos.

7) Passivos dos clientes do banco-são as garantias que o banco aceitou e endossou em seu nome. Eles são os ativos do banco porque os passivos dos clientes permanecem sob custódia do banco. O banco cobra uma comissão nominal por todas as aceitações e endossos, que é uma fonte de rendimento.

8) Valor do ativo permanente do banco na forma de bens imobiliários, móveis, utensílios etc. Eles são mostrados no balanço patrimonial após permitir a depreciação inerente a cada ano.

9) Lucros retidos pelo banco após o pagamento do imposto sobre as sociedades e dos lucros aos acionistas.

Claro que, se olharmos para o balanço (real) do BCP não vemos todas estas rubricas descritas desta forma; porém, ao ler as notas incluídas no relatório e contas, poderemos ver o que cada rubrica engloba.

Do lado direito da equação temos o capital próprio e o passivo. O Capital Próprio corresponde ao valor residual dos ativos da empresa após a dedução de todos os passivos. Podemos dizer que se trata do património líquido da empresa (o capital dos acionistas da empresa), sendo também a parcela que acerta a equação fundamental do balanço (o valor dos ativos pode variar consoante o tempo, e essas variações irão repercutir-se essencialmente no capital próprio, uma vez que os passivos são negociados diretamente com os credores e não dependem das variações do ativo). Vamos analisar algumas rubricas que compõem o capital próprio de um banco comercial:

1) Capital subscrito – Massa patrimonial que os sócios meteram na empresa.

2) Reservas livres e reservas legais – Valores aplicadas que tenham tido origem em resultados positivos de períodos anteriores.

3) Reservas legais – Valores cuja legislação em vigor obriga a empresa a manter.

4) Prestações suplementares – Acréscimo de capitalização injetada na empresa.

5) Resultados transitados – Valor do resultado líquido de períodos anteriores não aplicado.

O passivo corresponde às obrigações que resultaram de um acontecimento passado, cuja liquidação se espera que resulte numa saída de recursos que incorporam benefícios económicos, ou seja serão liquidados por um ativo. Com o recurso a algumas rubricas do passivo, já teremos uma ideia dos acontecimentos passados que lhe deram origem. A estrutura do passivo de um banco comercial engloba:

1) Depósitos a prazo e à ordem. Estes depósitos são dívidas do banco para com os seus clientes. Eles são a fonte principal a partir da qual o banco obtém fundos para investimento e são indiretamente a fonte de sua receita. Ao manter uma certa percentagem dos seus depósitos a prazo e à ordem em dinheiro, o banco empresta o valor restante em juros.

2) Empréstimos de outros bancos são o item seguinte. Os bancos podem emprestar empréstimos garantidos e não garantidos pelo banco central. Os empréstimos garantidos são baseados em alguns títulos reconhecidos e empréstimos não garantidos advêm dos seus fundos de reserva, junto ao banco central.

3) Contas a pagar-refere-se às contas que o banco paga com seus recursos.

4) Faturas de cobrança – Estas são as letras de câmbio que o banco coleta em nome dos seus clientes e que credita o seu valor nas suas contas. Portanto, é um passivo para o banco.

5) Aceitação e endosso de letras de câmbio pelo banco em nome de seus clientes-estas são as reivindicações que o banco deve atender quando as contas vencem.

6) O passivo contingente refere-se a reclamações imprevistas no banco, como contratos de câmbio a prazo pendentes, reclamações por reconhecer dívidas, etc.

7) Ganhos e perdas-lucros a pagar aos acionistas do banco.

Pela análise do balanço, é fácil tirar alguns indicadores da empresa, nomeadamente qual a percentagem de ativos que estão suportados pelo passivo e pelo capital próprio.

- Passivo/Ativo
- Capital Próprio/Ativo

Desta análise rapidamente se verifica qual a alavancagem (endividamento) da empresa/banco em questão. Sendo o balanço um mapa transversal a todas as empresas, também permite realizar comparativos entre empresas, comparativos esses que vão desde os rácios já apresentados aos próprios valores de ativo, passivo e capital próprio.

O balanço de um banco em particular revela a sua solidez financeira. Ao estudar os balanços dos principais bancos comerciais de um país, também se pode conhecer a tendência do mercado monetário. O balanço do banco reflete a extensão de crédito bancário no seu ativo em empréstimos e investimentos, e no passivo reflete as operações do banco como intermediário em depósitos a prazo e o seu papel como elemento no sistema monetário do país em depósitos à ordem.

1.3.2 A Conta – T

A transformação de ativos e a folha de balanço providenciam uma fotografia do negócio da empresa. Apesar de tal ser extremamente útil, os bancos e outros intermediários financeiros são sítios muito dinâmicos, onde as alterações ocorrem constantemente. A forma mais fácil de analisar este dinamismo é através das contas – T, que basicamente são folhas de balanço simplificadas que listam apenas alterações no passivo e no ativo. Desta forma, são chamadas de contas T porque geralmente apenas têm uma entrada à esquerda e à direita, e parecem um T na sua essência.

Vejamos os seguintes exemplos:

Suponhamos que alguém deposita 18,93€ em dinheiro na sua conta à ordem. A conta – T do banco que aceita esse depósito seria o seguinte:

Banco X	
Ativos	Passivos
Reservas +18,93€	Depósitos +18,93€

Se outra pessoa depositar na sua conta um cheque de 4.419,19€ proveniente de outro banco, teremos o seguinte (nota que, se o cheque tivesse origem no mesmo banco onde o mesmo iria ser depositado, não haveria necessidade de uma conta – T, uma vez que o valor do cheque iria ser deduzido da conta do pagador/sacador e adicionado à conta do beneficiário).

Banco X	
Ativos	Passivos
Capital transitório +4.419,19€	Depósitos +4.419,19€

Uma vez colectado após alguns dias, a conta – T passa a ser a seguinte:

Banco X	
Ativos	Passivos
Capital transitório –4.419,19€ Reservas +4.419,19€	

A conta – T do banco sacado (banco do sacador) seria a seguinte:

Banco Sacado	
Ativos	Passivos
Reservas –4.419,19€	Depósitos –4.419,19€

1.4 Princípios de Gestão Bancária

Os banqueiros têm de gerir os seus ativos e passivos de forma a garantir as seguintes três condições:

1) Que o seu banco tem reservas suficientes para pagar as saídas expectáveis de depósitos com alguma margem de erro. Porém, essa margem não pode ser de-

masiado grande, senão torna o banco não rentável. O tratamento desse *trade-off* complicado é chamado de gerenciamento de liquidez.

2) Garantir lucros para o banco. Para isso, o banco deve possuir um portfólio diversificado de ativos remunerativos. Isso é conhecido como gerenciamento de ativos. Ele também deve obter os seus fundos da forma mais barata possível (os depósitos à ordem praticamente não rendem juros, pelo que é uma fonte extremamente barata), o que é conhecido como gerenciamento de passivos.

3) O banco tem de ter um património líquido ou capital próprio suficiente para manter uma proteção contra a falência ou para cumprir com as precauções regulatórias, mas não tanto que faça com que o banco não seja lucrativo. Este segundo *trade-off* complicado é chamado de gerenciamento de adequação de capital.

Basicamente, podemos concluir que o negócio bancário é o de garantir um equilíbrio entre ter reservas e património líquidos para fazer face a saídas de capital e cumprir face às exigências regulatórias para prevenir a falência, e entre rentabilizar a maior parte do capital possível. Uma vez que, quanto mais investir, maior o lucro expectável, existe uma grande pressão imposta aos gestores para investir os maiores montantes possíveis, razão pela qual o regulador tem de ter uma vigilância constante sobre o negócio bancário.

1.4.1 Gestão de Ativos e Passivos Bancários

Num contexto de gestão bancária, os bancos têm de ter em consideração dois aspectos de forma conjunta:

1) Decisões de investimento e financiamento

2) Olhar para cada projecto de uma forma integrada com os demais projectos que o banco tenha em carteira.

Desta forma, os bancos fazem uma gestão conjunta dos ativos e passivos, ao invés de considerarem os projectos individualmente, uma vez que têm de ter uma distribuição de risco feita de tal forma que:

1) Consiga obter o maior rendimento possível

2) Mantendo uma boa integridade financeira sem pôr em causa o futuro do banco.

Dada a combinação de ativos e passivos de um banco, as alterações nas taxas de juros podem aumentar ou diminuir o *spread* ou a receita líquida de juros, bem como o valor de mercado dos ativos e passivos e, assim, afetar o valor do património. Suponha que um banco conceda empréstimos de taxa fixa de 30 anos e financie esses empréstimos com depósitos de curto prazo (digamos, de três meses a um ano). Se houver um aumento (diminuição) imprevista nas taxas de juros, um aumento (redução) concomitante nas despesas com juros diminuirá (ampliará) o spread. Alternativamente, um aumento inesperado (redução) nas taxas de juros reduzirá (aumentará) o valor dos empréstimos de 30 anos. Alterações nas perspetivas de regulação bancária, a maior participação bancária nos mercados offshore e a maior volatilidade nas taxas de juros acompanhadas de spreads mais estreitos devido a uma concorrência mais forte, tornou a gestão de risco de juros mais crítica do que nunca.

O risco da taxa de juros é medido principalmente em termos da volatilidade da:

1) receita líquida de juros ou
2) do valor do banco devido a alterações nas taxas de juros.

Embora estas duas medidas estejam intimamente relacionadas, elas nem sempre transmitem informações semelhantes. A volatilidade do preço das ações reflete apenas o componente sistemático do risco da taxa de juros; portanto, a volatilidade da receita de juros pode não se traduzir na volatilidade do preço das ações individualmente. Da mesma forma, um banco com uma carteira de empréstimos marginais pode mostrar maior estabilidade na receita financeira líquida, mas maior volatilidade no valor de suas ações ao longo de um ciclo de negócios; por outro lado, uma receita líquida de juros extremamente volátil de títulos sem risco pode não se traduzir em alta volatilidade no valor de sua ação (Fung et al. 1996). Na análise final, a volatilidade do preço das ações é a medida mais abrangente, pois reflete informações sobre a relação (próxima) da receita líquida esperada de juros com a taxa de retorno ajustada ao risco exigida pelos acionistas, onde o ajuste do risco considera a contribuição sistemática do risco em todas as dimensões.

No capítulo de gestão de risco iremo-nos debruçar sobre os dois métodos convencionais geralmente empregados para medir e gerir o risco de taxa de juros são os modelos de lacuna (gap) e duração. O modelo de lacuna concentra-se na receita financeira líquida como a meta de desempenho do banco, enquanto o modelo de duração tem como principal objetivo estimar o valor de mercado do património do banco.

1.4.2 Estratégia de Gestão

A estratégia de gestão de um banco prende-se essencialmente com o saber gerir o risco de taxa de juros, e esta passa essencialmente por duas categorias de ações:

1) relacionadas ao balanço patrimonial;
2) pertencentes à categoria extrapatrimonial.

As ações relacionadas ao balanço patrimonial tentam alterar a sensibilidade da taxa de juros do banco, alterando vários componentes dos ativos e passivos no balanço patrimonial. Essas ações são ferramentas básicas para a gestão de risco de taxa de juros e foram amplamente utilizadas pelos bancos.

As estratégias extrapatrimoniais envolvem instrumentos financeiros mais recentes, como futuros financeiros e *swaps* de taxas de juros. Iremos discutir primeiro quais as ações específicas relacionadas ao balanço patrimonial e depois iremos considerar as atividades extrapatrimoniais.

1.4.3 Estratégia de Gestão da folha de Balanço

Podemos definir várias ações neste ponto, nomeadamente:

1.4.3.1 Alterar o portfolio do mix de investimento

Uma estratégia básica inerente ao balanço patrimonial para alterar a exposição da taxa de juros de um banco é reestruturar a composição de ativos do banco no balanço. Se a receita da carteira de ativos de um banco é, por exemplo, excessivamente sensível a alterações na taxa de juros (ou seja, um maior valor inerente à reavaliação de ativos num determinado período do que de passivos), o primeiro curso de ação é prolongar os vencimentos de tais ativos.

Para um banco multinacional, o menu para liquidação de ativos e reafectação de recursos é extenso. O que é um risco não diversificável num portfólio menor pode ser parcialmente reduzido/diluído num portfólio maior, especialmente quando os mercados financeiros não estão totalmente integrados. Como resultado, o banco pode assumir o que pode ser considerado risco excessivo, mas que é de fato razoável à luz do envolvimento do banco nos vários mercados.

1.4.3.2 Definir os seus preços(pricing) e desenvolver novos produtos

No início dos anos 80, muitas instituições de poupança da Europa e EUA sofreram perdas maciças quando as taxas de juros subiram para níveis recordes. Durante anos, eles tinham preços agressivos e comercializado certificados de depósitos de um a cinco anos para financiar hipotecas de taxa fixa de 30 anos. Os banqueiros criativos, no entanto, desenvolveram hipotecas de taxa ajustável com taxas de juros que seriam redefinidas a cada um, três ou cinco anos e financiaram as hipotecas com depósitos a prazo de vencimentos correspondentes. Assim, os bancos foram capazes de produzir uma margem de juros líquida satisfatória e, ao mesmo tempo, assumir um risco de taxa de juros de baixo nível.

Uma limitação inerente à estratégia acima foi o baixo nível de aceitação por parte dos tomadores de empréstimos que procuravam hipotecas residenciais-podemos falar de um impedimento estrutural, neste caso. Como resultado, o seu impacto no balanço foi apenas gradual. Muitas instituições económicas no início dos anos 80 já tinham muita exposição ao risco e muito pouco capital para sobreviver por tempo suficiente para se beneficiar dessa mudança na estratégia de preços.

Um desafio estrutural também pode apresentar uma oportunidade, especialmente para um banco multinacional. O custo do desenvolvimento de um produto com mau desempenho num mercado pode ser recuperado com a introdução desse produto noutro mercado.

O financiamento de automóveis ao consumidor, sendo apenas uma atividade marginalmente lucrativa devido à concorrência acirrada num mercado bem desenvolvido, pode ser extremamente lucrativo no contexto de um mercado emergente.

1.4.3.3 Titularização e venda de empréstimos

A titularização ocorre quando um banco vende/descarrega um determinado pacote de ativos e emite valores mobiliários para os novos proprietários que podem negociar esses valores nos mercados secundários. Mais formalmente, é um processo de financiamento eficiente de ativos que gera experiência atuarial(melhorando assim a precisão de seu comportamento financeiro esperado) quando os ativos subjacentes são combinados adequadamente e separados de outros ativos do banco de origem.

A titularização de empréstimos permite que o banco transforme ativos ilíquidos em obrigações líquidas que podem ser prontamente negociadas no mercado secundário. A titularização também permite que o banco conceda empréstimos a clientes em termos que poderiam ser inaceitáveis para o banco devido à conotação do risco de taxa de juros.

Por exemplo, um banco não desejar contrair hipotecas adicionais de taxa fixa de 30 anos de forma a não aumentar o seu risco base, apesar de sua popularidade entre os compradores de imóveis. Ao fornecer hipotecas de taxa fixa de 30 anos, convertê-las em valores mobiliários garantidos por agências e vendê-las imediatamente no mercado de títulos, o banco pode atender à procura por parte dos seus clientes por hipotecas de taxas fixas a 30 anos sem incorrer em risco adicional de taxa de juros.

A titularização de empréstimos aumenta significativamente a liquidez do balanço do banco e acelera a rotatividade de ativos. Portanto, a administração do banco deve considerar cuidadosamente o seu uso na gestão de ativos/passivos.

Para um banco multinacional, mesmo quando a titularização de empréstimos é apenas marginalmente lucrativa no mercado doméstico, ainda pode valer a pena ser realizada. Isso ocorre porque o conhecimento organizacional internalizado construído a partir da experiência doméstica permite que o banco obtenha retornos consideráveis no exterior.

1.4.3.4 Uso de depósitos intermediados

Os depositantes geralmente demoram a responder a alterações efetuadas pelos bancos relativamente aos preços dos depósitos ou ao marketing relativamente às atividades tradicionais de coleta de depósitos. Se um banco quiser uma grande quantidade de fundos para uso imediato ou desejar alterar a sua postura de risco de taxa de juros, deve então oferecer uma taxa de juro substancialmente acima da taxa de mercado. Essa prática pode acarretar num custo significativo para o banco, pois, além do custo explícito dos juros, a canibalização da base de depósitos existente pode, por exemplo, forçar o banco a pagar juros mais altos pelos depósitos existentes sem gerar novos recursos. Além disso, eventuais represálias competitivas podem não permitir que um banco atraia clientes de outros bancos.

À luz destes problemas, as corretoras desenvolveram escritórios de retalho para desenvolver um mercado nacional na colocação de depósitos a prazo dos bancos regionais a uma taxa moderada, variando de 25 pontos-base a 60 pontos-base sobre o valor principal de grandes depósitos. Uma grande vantagem dos depósitos intermediados é que eles evitam represálias competitivas devido à opacidade dessas transações. Ainda assim, os custos desses depósitos podem ser excessivos.

Um banco multinacional geralmente encontra situações de oportunidade que podem permitir obter depósitos intermediados a um custo atraente de outros mercados. As crises políticas podem levar investidores de um País a procurar refúgio em moedas seguras dos países industrializados. Um banco multinacional com reputação não precisa de ter uma presença física naquele país; pode apenas querer obter depósitos intermediados daquele país que acarrete um custo mais baixo (incluindo a comissão dos corretores) devido à sua capacidade de oferecer flexibilidade de localização e tempo.

1.4.3.5 Uso de fundos emprestados

Os empréstimos bancários enquadram-se nas categorias de curto e longo prazo. Cada categoria de empréstimo tem uma função muito diferente no processo de gestão de ativos/passivos. Numa estratégia de gestão de ativos/passivos, os empréstimos de curto prazo servem como fonte de financiamento por meio de passivos sensíveis à taxa de juros que podem ser criados rapidamente e em grande quantidade.

As duas fontes comuns de empréstimos de curto prazo são a compra de fundos do tesouro e o uso de acordos de recompra reversa. Os fundos do tesouro adquiridos geralmente são um empréstimo "durante a noite" interbancário não garantido que deve ser reembolsado no dia útil seguinte e, portanto, não deve ser considerado uma fonte permanente de financiamento. Além disso, a sua disponibilidade para uso imediato torna-se questionável à medida que a condição financeira do banco piora. Ainda assim, uma forte rede de bancos correspondentes pode permitir que um banco atenda rapidamente às suas necessidades imprevistas de curto prazo.

Um contrato de recompra reversa (reverse repo) é a venda imediata de valores mobiliários (por exemplo, letras do tesouro) com um contrato simultâneo de recompra a um preço fixo numa data específica. A taxa de juros paga nessa transação geralmente é ligeiramente abaixo da taxa dos títulos do tesouro porque o empréstimo é garantido pelos títulos subjacentes (normalmente obrigações do governo), e o credor evita custos de transação para comprar e vender os títulos inicialmente.

Essencialmente, uma recompra reversa é uma liquidação temporária de títulos de alta qualidade. Quando um banco enfrenta problemas de liquidez ou encontra condições de mercado inoportunas para captar recursos por meios preferenciais, pode realizar uma transação de recompra reversa ou liquidar valores mobiliários de alta qualidade. O acordo reverso transmite um forte sinal ao mercado de que os problemas financeiros são apenas temporários.

É possível que um banco multinacional reduza o custo de captação de empréstimos por meio de arbitragem tributária. Imaginemos que um banco estabelece uma subsidiária num paraíso fiscal. Essa subsidiária faz acordos com uma empresa multinacional MNC da Europa para que a sua subsidiária dessa MNC guarde os seus fundos na sucursal do paraíso fiscal do banco como ações preferenciais de prazo limitado. Os "dividendos" pagos à subsidiária da MNC são então repassados à sua empresa-mãe, aumentando o montante de pagamento de dividendos nessa "cesta" relacionada à tributação para a empresa-mãe.

A MNC pode não se importar em receber um retorno ligeiramente mais baixo dos depósitos, desde que possa gerar uma economia tributária adequada. Por outro lado, a subsidiária do paraíso fiscal fornece fundos da emissão de "ações preferenciais" à sede do banco sob a forma de depósitos que acarretam taxas de juros dedutíveis de impostos.

Os empréstimos de longo prazo com base em taxa fixa permitem que o banco troque o custo da taxa fixa de juros por um período longo e, assim, reduz o risco de liquidez do banco, bem como a sensibilidade à taxa de juros dos seus passivos. Da mesma forma, um banco pode reduzir a sua sensibilidade a ativos emitindo dívida de longo prazo com taxa flutuante.

A dívida de longo prazo pode estar na forma de dívida não garantida, denominada debêntures. As debêntures são listadas como dívida na seção do passivo do balanço, mas são consideradas como capital (de segundo nível) pelos reguladores porque os titulares das debêntures têm uma posição não garantida. As despesas com juros das debêntures são dedutíveis de impostos.

O banco também pode emitir ações preferenciais para arrecadar dinheiro. As ações preferenciais são uma forma híbrida de dívida de longo prazo e os juros das ações preferenciais são referidos como dividendos. Embora o dividendo seja pago com base nos lucros após impostos do banco, essa desvantagem é parcialmente compensada pelo fato de os investidores corporativos estarem dispostos a aceitar uma remuneração relativamente baixa sobre as ações preferenciais (isto porque 70% da receita de dividendos recebidos por uma corporação estão isentos do imposto de renda dos EUA, por exemplo).

Novamente, é possível uma reviravolta no estabelecimento de uma subsidiária do banco num paraíso fiscal. Essa subsidiária emite ações preferenciais para investidores corporativos dos EUA/Europa, tais como companhias de seguros, e canaliza os fundos para a sede na forma de um empréstimo que incorre em juros dedutíveis de impostos. Os investidores corporativos podem reduzir o seu passivo tributário sobre a receita de dividendos e a sede do banco pode deduzir os juros dos fundos. É ainda possível que a emissão seja classificada como ação preferencial pelas agências de classificação (portanto, não aumentando o índice de endividamento) e pelos reguladores quanto à emissão como capital, em vez de dívida (para fins de adequação de capital)!

1.4.4 Estratégia de Gestão das atividades extrapatrimoniais

Para se protegerem contra aumentos nas taxas de juros, é prática comum os bancos realizarem atividades que não aparecem nos seus balanços patrimoniais-isso não quer dizer que essas atividades não sejam contabilizadas (são totalmente legais). Essas atividades aparecerão nas demonstrações de resultados, nas análises de fluxo de caixa, etc; apenas não aparecerão no balanço.

Os bancos cobram aos seus clientes todos os tipos de taxas, e não nos referimos apenas às pequenas taxas que eles costumam cobrar para justificar a manutenção da conta. Os bancos também cobram taxas por garantias a empréstimos concedidos, linhas de crédito de reserva e transações de câmbio. Os bancos também vendem alguns dos seus empréstimos a investidores, cobrando geralmente um valor pelo mesmo, que pode ser considerado como sendo a comissão por ter encontrado e selecionado o mutuário. Tais atividades não são isentas de riscos, no entanto. As garantias de empréstimo podem se tornar muito caras se a parte garantida ficar inadimplente/não conseguir cumprir com o pagamento o empréstimo. Da mesma forma, os bancos geralmente vendem empréstimos com uma garantia ou estipulação de que eles os comprarão de volta se o tomador do empréstimo falhar/não pagar (se não o fizessem, os investidores não pagariam muito por eles, porque teriam medo de uma seleção adversa, ou seja, do banco vender os seus piores empréstimos a terceiros desavisados). Embora os empréstimos e taxas possam ajudar a manter e aumentar as receitas bancárias face ao aumento das taxas de juros, eles não absolvem o banco da necessidade de administrar cuidadosamente os seus riscos de crédito.

1.4.5 Outros Investimentos

Os bancos (e outros intermediários financeiros) também tomam posições fora da folha do balanço nos mercados de derivativos, incluindo títulos de troca (*swaps*) de futuros e de taxas de juros. Às vezes, usam derivativos para cobrir os seus riscos; isto é, eles tentam ganhar dinheiro se o principal negócio do banco sofrer um declínio se, por exemplo, as taxas de juros aumentarem.

Por exemplo, os banqueiros vendem contratos futuros de Tesouro de vários Países. Se as taxas de juros aumentarem, o preço dos títulos diminuirá. Nesse caso, o banco pode efetivamente comprar títulos no mercado aberto por um preço inferior ao preço do contrato, cumprir o contrato e embolsar a diferença, ajudando a compensar os danos que o aumento da taxa de juros causará no balanço do banco.

Os banqueiros também podem proteger o risco de taxa de juros dos seus bancos através da compra de *swaps* de taxas de juros. Um banco pode concordar em pagar a uma empresa financeira 6% sobre o montante de € 100 milhões por ano (6 milhões de euros por ano) durante 10 anos em troca da promessa da empresa financeira de pagar ao banco uma taxa de mercado como por exemplo a Taxa de

Oferta Interbancária de Londres (*LIBOR* – *London Interbank Offered Rate*) ou a Taxa de Oferta Interbancária do Euro (*Euribor* – *Euro Interbank Offered Rate*) mais 3%. Se a taxa de mercado aumentar para um valor superior a 3% (note-se que, se a taxa for de 3%, então o valor fica quite, pois 6% fixa = 3% LIBOR mais 3% contratual), por exemplo a 5%, a financeira pagará o valor líquido devido ao banco, (3% + 5% = 8%; tirando os 6% do contrato temos um resultado de 2% sobre 100 M€ =) 2M€, que o banco pode usar para cobrir os danos causados ao seu balanço pelas taxas mais altas. Se as taxas de juros caírem depois para 2%, o banco terá que começar a pagar à companhia financeira (6% – [3% + 2%] = 1% sobre os 100 M€) 1 M€ por ano, mas nesse caso esse custo é compensado com aquilo que poupa no pagamento de juros aos seus clientes.

1.5　Taxas Bancárias Cobradas ao Mutuário

Nesta seção vamos abordar sucintamente as diferentes taxas bancárias cobradas pelos bancos, visto que cada uma tem significados diferentes. Das taxas principais, podemos destacar a Taxa Anual Nominal (TAN) e a Taxa Anual Efetiva Global (TAEG).

A TAN e a TAEG são excelentes indicadores para comparar propostas de diferentes instituições financeiras, mas para tal é importante que os critérios de comparação (montante solicitado, prazos de pagamento, etc.) sejam os mesmos. É fundamental para as empresas/pessoas singulares entenderem a diferença entre todas as taxas constituintes de um empréstimo, assim como qual delas é que reflete verdadeiramente o custo do crédito. Obviamente que, tal como já foi dito anteriormente, que a taxa de juro irá ter em conta o tipo de risco na operação, pelo que operações que tenham algo de garantia (hipoteca) no caso de incumprimento irão acarretar riscos menores.

1) A TAN (Taxa Anual Nominal em inglês), tal como o próprio nome indica, é uma taxa anual utilizada em operações que envolvam o pagamento de juros, expressando assim os juros do empréstimo. Sendo um indicador processado anualmente, para calcular o seu valor mensal é necessário dividi-lo em 12 prestações. Se o cálculo for semestral, deve dividir-se esse valor por dois, ou quatro caso se trate de um valor trimestral. Porém, cabe salientar que a TAN não inclui impostos

nem outros encargos com o crédito, pelo que não deverá servir de termo de comparação entre empréstimos.

2) Por seu turno, a TAEG(Taxa Anual de Encargos Efetiva Global) representa o custo total do empréstimo para o cliente e expressa-se em percentagem do montante que é emprestado pelo banco. O cálculo da TAEG engloba: todas as comissões do empréstimo; seguros exigidos; juros; despesas com impostos e/ou relativas a registos(se aplicável); e outros encargos que estejam associados. Portanto, da definição acima resulta que nesta não estão incluídos custos com:

a. comissões de reembolso antecipado;

b. custos notariais e;

c. montantes a pagar devido a incumprimento por parte do cliente.

No fundo, a grande distinção entre a TAN e a TAEG reside nos encargos(que esta segunda engloba e a primeira não) que o cliente tem de pagar para obter o empréstimo e que existem para além dos juros. Naturalmente, num contrato de crédito, é normal que o valor da TAN seja mais reduzido do que o valor da TAEG. Para calcular o custo efetivo do capital, as empresas costumam efetivamente utilizar a TAEG(algumas empresas incluem ainda alguns custos notariais, que aumenta a TAEG um pouco).

Por fim, é também conveniente ter em conta o Montante Total Imputado ao Consumidor (MTIC), que abrange não apenas o valor do empréstimo, como também o total de custos associados ao mesmo, traduzindo assim o total que pagará, no final, pelo crédito.

2 Análise de dificuldade e suplemento de conhecimento

2.1 Tipos de Serviços Bancários Comerciais
银行业务分类

按业务复杂程度,银行业务可分为两块:一部分是传统业务,包括一般贷款、简单外汇买卖、贸易融资等,主要是靠大量分行网络、业务量来支持。另外是复杂业务,如衍生产品、结构性融资、租赁、引进战略投资者、收购兼并上市等,这些并不是非常依赖分行网络,是高技术含量、高利润的业务领域。

按照银行资产负债表的构成,银行业务主要分为负债业务、资产业务、中间业务三类。

负债业务(responsabilidade)是商业银行形成资金来源的业务,是商业银行中间业务和资产的重要基础。商业银行负债业务主要由存款业务、借款业务、同业业务等构成。负债是银行由于受信而承担的将以资产或资本偿付的能以货币计量的债务。存款、派生存款是银行的主要负债,约占资金来源的80%以上,另外联行存款、同业存款、借入或拆入款项或发行债券等,也构成银行的负债。

资产业务(ativos)是商业银行运用资金的业务,包括贷款业务、证券投资业务、现金资产业务。

中间业务(intermediário)是指不构成商业银行表内资产、表内负债形成银行非利息收入的业务,包括交易业务、清算业务、支付结算业务、银行卡业务、代理业务、托管业务、担保业务、承诺业务、理财业务、电子银行业务。

2.2 Balanço Patrimonial de um Banco Comercial
商业银行资产负债表

商业银行资产负债表是商业银行用以反映本行在会计期末全部资产、负债和所有者权益情况的财务报表。资产负债表(balanço patrimonial)利用会计平衡原则,将合乎会计原则的资产、负债、股东权益交易科目分为"资产"和"负债及所有者权益"两大区块,在经过分录、转账、分类账、试算、调整等等会计程序后,以特定日期的静态企业情况为基准,浓缩成一张报表。

2.2.1 资产项目(Ativos)

2.2.1.1 现金资产(Ativos em dinheiro)

现金资产包括库存现金、库存金银、存放同业款项、存入中央银行法定存款准备金和备付金以及其他形式的现金资产。存入中央银行法定存款准备金是按照存款准备金制度的要求,按照确定的缴存范围和缴存比例向中央银行缴存的存款,以保证商业银行的支付能力。存放同业存款是银行机构之间为满足日常结算往来划款的需要而存入其他银行的各种款项。

2.2.1.2 短期贷款(Empréstimo de curto prazo)

短期贷款是指商业银行发放的期限在1年以内的各种贷款,包括各种短期贷款和短期信托贷款。短期贷款的特点是:流动性较强,风险小,便于监督管理,便于操作。银行为了保证信贷资金的流动性,必须保持一定的短期贷款。

2.2.1.3 同业拆放(Colocação interbancária)

为灵活调度资金,提高资金运用效率,商业银行之间经常发生资金拆借业务,来调剂资金头寸,实质上是资金拆出行向资金拆入行提供的一种短期贷款。

2.2.1.4 应收进出口押汇(Contas a receber de contas a receber e a receber)

进口押汇(compra de fatura de exportação)和出口押汇(importação antecipada de faturas)是指商业银行开展进出口押汇业务而发生的应收押汇款项。其中包括开出信用证后,以国外议付行交来的议付单为抵押代进口单位垫付的款项,以及商业银行对出口单位交来信用证项下的出口单据议付的款项。

2.2.1.5 应收账款和坏账准备(contas a receber e reservas para devedores duvidosos)

商业银行的应收账款包括应经营业务而发生的各种应收账款,以及应收利息、应收手续费、应收证券买卖款等。其中,应收利息包括应收贷款利息、应收拆放利息等。坏账准备是会计中预先估计的无法收回的应收账款金额。商业银行按照权责发生制的要求,可以提取用于备抵坏账造成的损失的准备,以正确反映其资产和收益情况。

2.2.1.6 其他应收款(Outros créditos)

指商业银行对其他单位和个人的应收及暂付款项。主要包括商业银行办理业务存出的各种保证金、临时性的应收未收款项以及在办理业务过程中发生的临时性垫付款项。

2.2.1.7 票据融资(Financiamento de contas)

指商业银行在经营业务过程中发生的贴现、转贴现、再贴现、买入外币票据和议付信用证等款项。

2.2.1.8 短期投资(Investimento a curto prazo)

指商业银行根据业务需要而进行的各种能够随时变现、持有时间不超过 1 年的有价证券以及不超过 1 年的其他投资。

2.2.1.9 代理证券(Títulos da agência)

指商业银行接受客户委托、代理客户进行发行、兑付、代偿、代购证券的款项。

2.2.1.10 长期贷款(Empréstimo de longo prazo)

指贷款期限在 1 年(含 1 年)以上的各种放款,包括中期流动资金贷款、中长期基本建设贷款、中长期技术改造贷款、中长期科技开发贷款、中长期住房开发贷款和其他中长期贷款。与短期贷款相比,中长期贷款具有收益高、稳定性强的特点,但流动性差、风险大。

2.2.1.11　国际融资转贷款(Financiamento Internacional para Empréstimos)

指商业银行根据协议和有关规定发生的转贷外国政府贷款、转贷国际金融组织贷款、国家外汇储备贷款、转贷买方信贷、银团贷款和其他转贷款。

2.2.1.12　贷款呆账准备(Provisão para devedores duvidosos)

指商业银行对发生贷款损失进行补偿的专项基金。

2.2.2　负债项目(Responsabilidade)

2.2.2.1　短期存款(Depósito de curto prazo)

指商业银行接受企事业单位的1年期以下的各项存款。

2.2.2.2　短期储蓄存款(Depósito de poupança de curto prazo)

指商业银行接受居民个人的1年期以下的各种储蓄存款。

2.2.2.3　同业存放款项(Depósitos e empréstimos interbancários)

指商业银行与其他商业银行之间因资金往来而发生的同业存放于本行的款项。

2.2.2.4　联行存放款项(Depósitos e empréstimos em bancos)

指商业银行联行之间往来发生的联行资金存放于本行的款项。

2.2.2.5　应解汇款(Remessas pendentes)

指银行从事汇款业务收到的待解付的款项以及外地采购单位或个人的临时性存款。

2.2.2.6　汇出汇款(Remessa para fora)

指银行接受企事业单位或个人的委托汇往外地的款项。

2.2.2.7　应付代理证券款项(Depósitos de corretagem de clientes)

指银行代理客户发行、兑付、买卖证券业务,以及应付费客户的款项。它包括代理发行证券款项、代偿证券款项、代购证券款项等。

2.2.2.8 中央银行借款(Empréstimos do Banco Central)

指商业银行向中央银行申请借入的年度性、季节性和日拆性借款。

2.2.2.9 同业拆入(empréstimos interbancários)

指商业银行之间利用资金融通过程中的时间差、空间差和行际差来调剂资金头寸的一种短期借贷。

2.2.2.10 长期存款(Depósito a longo prazo)

反映商业银行接受其他金融机构、单位的1年期以上的存款。

2.2.2.11 长期储蓄存款(Depósito de poupança a longo prazo)

反映商业银行接受居民个人的1年期以上的储蓄存款。

2.2.3 所有者权益(Capital Próprio)

所有者权益是指资产扣除负债后由所有者应享的剩余权益,即一个会计主体在一定时期所拥有或可控制的具有未来经济利益资源的净额。会计方程式"资产 – 负债 = 所有者权益"清楚地说明了所有者权益实质上是一种剩余权益,是企业全部资产减去全部负债后的差额,体现企业的产权关系。

$$所有者权益 = 资产 – 负债 = 净资产$$

这一等式表达了所有者权益的基本含义及计量方法,也表达了所有者权益的受偿顺序。

2.3 Negócios Extrapatrimoniais
商业银行的表外业务

表外业务是指商业银行从事的不列入资产负债表,但能影响银行当期损益的经营活动。表外业务是指虽未列入资产负债表,但同表内的资产业务或负债业务关系密切的业务。此外,还包括结算、代理、咨询等业务,即包括银行所从事的所有不反映在资产负债表中的业务,例如各种担保性业务、承诺性业务、金融衍生工具交易等。

3 Terminologia de negócios

| Títulos Financeiros | 有价证券 |

Derivativo financeiro de troca de risco	掉期,SWAP
Taxa de Oferta Interbancária de Londres	伦敦银行同业拆放利率,LIBOR
Taxa de Oferta Interbancária do Euro	欧元同业拆借利率,Euribor
Ganhos antes de Juros, Taxas, Depreciações e Amortizações	息税折旧及摊销前收益,EBITDA
Partes interessadas	利益相关者
órgão que rege as normas contabilísticas internacionais	国际会计准则委员会
Capital próprio	权益
Desvantagem	差点
IRC – Imposto sobre o Rendimento de Pessoas Coletivas	公司税
Mensuração	测量值
Depreciação	折旧
Imparidade	减值
Contas à ordem/de saque	提款账户
Ordens negociáveis de contas à ordem	可转让支付命令账户,NOW
Contas de depósito do mercado monetário	货币市场存款账户,MMDAs
Certificados de depósito negociáveis	可转让存款证,NCDs
Detentores de ações da empresa	股东
Oferta inicial ao público (aquando da entrada em bolsa)	首次公开募股,IPO
Oferta direta ao público	直接公开发行,DPO
Conta – T	T 账户
Trade-off/Troca ponderada	权衡,交易
Dinheiro fiado	法定货币
Reservas fracionárias	部分准备金制度
Montante da reserva a reter	储备要求
Multiplicador de depósitos	存款倍数
Multiplicador de moeda	货币乘数
Base monetária alavancada	高能货币
Prémio de desconto (Taxa que bancos pagam ao banco central)	折现率
volatilidade	波动性
lacuna	差距
titularização	证券化

recompra reversa	反向回购
Taxa Anual Nominal (TAN)	名义年费
Taxa Anual de Encargos Efetiva Global (TAEG)	全球有效年度收费率
Montante Total Imputado ao Consumidor (MTIC)	向消费者收取的总金额
responsabilidade	负债业务
ativos	资产业务
intermediário	中间业务
Balanço Patrimonial para Banco Comercial	商业银行资产负债表
balanço patrimonial	资产负债表
Ativos em dinheiro	现金资产
Empréstimo de curto prazo	短期贷款
Colocação interbancária	同业拆放
Contas a receber de contas a receber e a receber	应收进出口押汇
compra de fatura de exportação	进口押汇
importação antecipada de faturas	出口押汇
contas a receber e reservas para devedores duvidosos	应收账款和坏账准备
Outros créditos	其他应收款
Financiamento de contas	票据融资
Investimento a curto prazo	短期投资
Títulos da agência	代理证券
Empréstimo de longo prazo	长期贷款
Financiamento Internacional para Empréstimos	国际融资转贷款
Provisão para devedores duvidosos	贷款呆账准备
Depósito de curto prazo	短期存款
Depósito de poupança de curto prazo	短期储蓄存款
Depósitos e empréstimos interbancários	同业存放款项
Depósitos e empréstimos em bancos	联行存放款项
Remessas pendentes	应解汇款
Remessa para fora	汇出汇款
Depósitos de corretagem de clientes	应付代理证券款项
Empréstimos do Banco Central	中央银行借款
empréstimos interbancários	同业拆入
Depósito a longo prazo	长期存款
Depósito de poupança a longo prazo	长期储蓄存款

| Capital Próprio | 所有者权益 |

注：为了方便读者学习金融术语使用，有些术语同时列出术语的通用英文缩写。

4　Exercícios

1) O capital próprio de um banco é um ativo ou um passivo?
2) Qual a taxa principal a que um mutuário tem de prestar atenção quando contrai um empréstimo?
3) Qual a diferença entre um IPO e um DPO?
4) O que é uma conta – T? Para que serve?
5) Quais as três condições que um gestor bancário tem de garantir?
6) O que entende por high powered Money?

Exercícios Quantitativos

Desenhe a conta – T de um banco que tenha recebido um depósito de 3.000€.

5　Caso de Estudo: Banco de Portugal autoriza sucursal do Haitong em Macau (China) [1]

O Haitong Bank anunciou que recebeu autorização do Banco de Portugal para instalar uma sucursal em Macau (China), faltando agora a luz verde das autoridades macaenses para o início da atividade.

"O Haitong Bank informa que o Banco de Portugal autorizou o estabelecimento de sucursal do Haitong Bank, S. A. na República Popular da China, Região Administrativa Especial de Macau, nos termos do projeto apresentado", refere um comunicado à CMVM do banco que comprou o BESI em 2014, sem adiantar mais de detalhes sobre o projeto.

Acrescenta que "o início de atividade da Sucursal está dependente da conclusão do processo de autorização junto das Autoridades de Macau competentes", sendo que tal representará "um evento chave no desenvolvimento da estratégia transfronteiriça do Banco, permitindo o

---

[1] Retirado e adaptado de: https://www.jornaldenegocios.pt/empresas/banca—financas/detalhe/banco-de-portugal-autoriza-sucursal-do-haitong-em-macau.

reforço dos negócios com a China e uma maior coordenação com o restante Grupo Haitong".

O presidente executivo (CEO) do Haitong, Wu Min, citado no documento, considera que "a abertura da sucursal de Macau irá permitir ao Haitong Bank reforçar um dos seus elementos diferenciadores, que se baseia no acesso ao fluxo de negócio com a China". "O Haitong Bank tem uma estratégia muito clara ao combinar a sua experiência local em mercados domésticos na Europa e no Brasil com um profundo conhecimento da China. Esta presença em Macau constitui um pilar fundamental dessa estratégia", acrescenta Wu Min.

O Haitong Bank (antigo BES Investimento) fechou 2018 com um lucro de 1,2 milhões de euros, recuperando de prejuízos de 130 milhões de euros no ano anterior, divulgou o banco em comunicado ao mercado em março. O Grupo Haitong comprou em 2015 o ex – BES Investimento ao Novo Banco, para o qual passou em 2014 aquando da resolução do Banco Espírito Santo (BES).

A compra do ex – BESI foi a primeira aquisição do Haitong fora da China.

Capítulo III   Regulação Bancária

1   Texto

Os bancos precisam de regulação, de forma a operarem de uma forma justa e competitiva, e para que o mercado saiba o que esperar da banca. Para promover a regulação bancária, surgiram os bancos centrais.

Um banco central é uma entidade independente (ou ligada ao Estado ou união económica) cuja função é gerir a política económica do Estado/País/União que rege, ou seja, garantir a estabilidade financeira e o valor da moeda. Tem também como objetivo definir as políticas monetárias (maioritariamente através da taxa de juro) e os regulamentos do sistema financeiro local. O banco central intervém no mercado financeiro através da venda de papéis do tesouro, da regulação de juros e da avaliação dos riscos económicos.

Neste capítulo iremos apresentar a história dos bancos centrais, as políticas monetárias que os mesmos implementam e referir alguns aspetos sobre a supervisão bancária.

1.1   História dos Bancos Centrais

O primeiro banco central conhecido foi o Banco da Inglaterra, que surgiu em 1694, na forma de uma sociedade anónima privada. Como contrapartida de empréstimos para financiar a guerra contra a França, o rei William de Orange concedeu ao banco o monopólio de emissão de moeda na região de Londres, dando-lhe assim duas (das três) das funções clássicas de um banco central:

1) Era o financiador do governo, e
2) Detinha o monopólio de emissão de moeda (apesar de restrito).

Devido ao grande prestígio e credibilidade alcançados pelo Banco da Inglaterra, outros grandes bancos começaram a prática de ali manter depósitos e garantias. Nos séculos XVIII e XIX houve uma proliferação de pequenos bancos rurais na Inglaterra, que, para evitar quebras e crises de confiança, mantinham depósitos de garantia nos grandes bancos de Londres, que por sua vez mantinham os seus depósitos de garantia no Banco da Inglaterra. Dessa forma, o Banco de Inglaterra destacou-se como sendo o eixo do sistema bancário inglês. Por volta de meados do século XIX, o Banco da Inglaterra começou a fazer liquidações de saldos entre os depósitos que os outros bancos mantinham junto a ele, criando as bases dos sistemas de compensação bancária e assumindo enfim o terceiro papel tradicional de um banco central: Ser o banco dos bancos.

O Banco de Inglaterra tornou-se no único banco habilitado a servir como financiador de última instância quando surgiam crises no sistema financeiro, evitando, dessa forma, a reação em cadeia provocada por eventuais falências bancárias e as crises de confiança. Passou a ser o pilar do sistema financeiro de Inglaterra, pelo que, em 1946, o Banco de Inglaterra teve a sua importância reconhecida, e assumiu o status de Banco Central.

Nos moldes do Banco da Inglaterra, os outros bancos centrais da Europa também passaram por diversas fases de evolução; podemos aqui referir o Banco Suíço Riksbank, o Banco de França (da era do Napoleão) e o Banco Alemão Reichsbank; estes dois últimos estabelecidos para financiar as operações militares dos respetivos governos.

Foi principalmente devido aos bancos Centrais da Europa financiarem as guerras europeias (e mundiais), para além de favorecer o enriquecimento ilícito de muitas partes, que os "pais" fundadores dos Estados Unidos da América (onde o Thomas Jefferson tem particular destaque) se opuseram em estabelecer um banco central no seu País. Apesar destas objeções, o jovem País teve bancos nacionais (que operavam em todos os Estados) e vários bancos de estado (*state bank*, que operam apenas ao nível do estado a que está vinculado) durante as primeiras décadas da sua existência, até que um período de "banca livre"①foi instaurado de 1837 até 1863.

1.1.1　O Banco Central dos Estados Unidos da América-o "Fed"

O acordo nacional da Banca(*National Banking Act* em inglês) de 1863 criou uma rede de bancos nacionais e uma moeda única nos EUA, tendo Nova York como a cidade da reserva central. Os Estados Unidos sofreram uma série de pânicos bancários em 1873, 1884, 1893 e 1907. Em resposta, em 1913, o Congresso dos EUA estabeleceu o Sistema da Reserva Federal (*Federal Reserve System* em inglês, ou simplesmente "*Fed*") juntamente com 12 bancos regionais federais em todo o país para estabilizar a atividade financeira e as operações bancárias. O acordo de criação do *Fed* foi denominado de "*Federal Reserve Act*".

O novo *Fed* ajudou a financiar ambas as Primeira e Segunda Guerras Mundiais ao emitir títulos do Tesouro, seguindo o exemplo dos primeiros bancos centrais Europeus, e justificando as reticências iniciais dos "pais" fundadores dos EUA.

1.1.2　O Banco Central Europeu

O Banco Central Europeu é o sucessor do IME – Instituto Monetário Europeu (*EMI – European Monetary Institute* em inglês). O EMI for estabelecido no início da segunda etapa da criação da UEM – União Económica Monetária Europeia (*EMU – Economic and Monetary Union* em inglês) para tratar as questões transicionais dos diversos estados membros(Países Europeus que pertencem à União Europeia) que optaram por adoptar a moeda do euro, e preparar a criação do BCE – – Banco Central Europeu (*ECB – European Central Bank* em inglês) e o Sistema Europeu de Bancos Centrais (*ESCB – European System of Central Banks* em inglês). O EMI, por seu turno, foi o sucessor do Fundo Cooperativo Monetário Europeu (*EMCF – European Monetary Cooperation Fund* em inglês).

O BCE substituiu formalmente o IME a 1 de Junho de 1998, por força do

---

① Neste período, os bancos americanos estavam sujeitos às leis da banca livre, entre as quais estavam obrigados a terem apenas um escritório, e a assegurarem o valor do seu papel comercial com reservas em ouro.

Tratado da União Europeia (TUE, Tratado de Maastricht), mas não exerceu todos os seus poderes até à introdução do euro a 1 de Janeiro de 1999, assinalando a terceira fase do Tratado da UEM. O banco era a instituição final necessária para a UEM, conforme descrito pelos relatórios da UEM de Pierre Werner e do presidente Jacques Delors. Assim sendo, o BCE foi criado a 1 de Junho de 1998.

Na União Europeia, nunca houve realmente uma união política, mas sim uma união económica. O primeiro presidente do Banco Central Europeu foi Wim Duisenberg, ex-presidente do banco central holandês e do Instituto Monetário Europeu. Enquanto Duisenberg era o chefe do EMI (assumindo a responsabilidade de Alexandre Lamfalussy, da Bélgica) pouco antes da criação do BCE, o governo francês queria que Jean – Claude Trichet, ex-presidente do banco central francês, fosse o primeiro presidente do BCE. Os franceses argumentaram que, como o BCE seria localizado na Alemanha, o seu presidente deveria ser francês (note-se que as maiores potências europeias na altura eram a França e a Alemanha). A isso se opuseram os governos alemão, holandês e belga que viam em Duisenberg um defensor de um euro forte. As tensões foram abatidas por um acordo de cavalheiros no qual Duisenberg se retiraria antes do final de seu mandato, para ser substituído por Trichet. Dessa forma, Trichet substituiu Duisenberg como presidente do BCE em Novembro de 2003. Houve também tensão sobre o Conselho Executivo do BCE, com o Reino Unido a exigir uma vaga, apesar de não tendo ingressado na Moeda Única (O Reino Unido manteve a utilização da sua moeda, a Libra, de forma a manter o controlo sobre o seu sistema financeiro).

Sob pressão da França, três posições foram designadas para os maiores membros; de França, Alemanha e Itália. A Espanha também fez as suas exigências e conseguiu um assento. Apesar do sistema de nomeação ter sido bastante político, o conselho bateu o pé e afirmou a sua independência no início do seu mandato em resistir a pedidos de taxas de juros e de futuros candidatos a integrar esse mesmo conselho.

Quando o BCE foi criado, cobria uma zona europeia de onze membros. Desde então, a Grécia aderiu em janeiro de 2001, Eslovénia em janeiro de 2007, Chipre e Malta em janeiro de 2008, Eslováquia em janeiro de 2009, Estónia em janeiro de 2011, Letónia em janeiro de 2014 e Lituânia em janeiro de 2015, ampliando o âmbito de abrangência do BCE. A 1 de Dezembro de 2009, o Tratado de

Lisboa entrou em vigor e o BCE, de acordo com o artigo 13.° do TUE, ganhou o estatuto oficial de uma instituição da UE. Em setembro de 2011, o alemão previamente nomeado para o Conselho de Administração e Direção Executiva, Jürgen Stark, renunciou em protesto ao programa de compra de títulos soberanos "*Securities Market Programme*" do BCE, que envolveu a compra de títulos soberanos de diversos Países Membros Europeus pelo BCE, uma medida até então considerada proibida pelo Tratado da UE. O jornal alemão "Financial Times Deutschland" referiu-se a este episódio como "o fim do BCE como o conhecemos".

1.1.3 Credibilidade da moeda

A política monetária envolve estabelecer a forma de moeda que o país pode ter, seja moeda fiduciária, moeda garantida por reservas em ouro (não permitida a países do Fundo Monetário Internacional), quadro monetário ou união monetária. Quando um País tem a sua própria moeda nacional, tal envolve a emissão de alguma forma de moeda padronizada, que é essencialmente uma forma de nota promissória; uma promessa de trocar a nota (ou moeda) por "dinheiro" sob certas circunstâncias. Historicamente, isso era muitas vezes uma promessa de trocar o dinheiro por metais preciosos com algum valor fixo. Hoje em dia, sendo muitas moedas fiduciárias, as "promessas de pagamento" por parte dos Governos consistem na garantia destes aceitarem as suas moedas para o pagamento dos impostos que cobram.

Um banco central pode usar a moeda de outro país diretamente numa união monetária ou indiretamente num conselho monetário. Neste último caso, exemplificado pelo Banco Nacional da Bulgária, Hong Kong (China) e Letónia (até 2014), a moeda local é garantida a uma taxa fixa pelo banco central através do seu stock de uma moeda estrangeira. Tal como nos bancos comerciais, os bancos centrais detêm ativos (títulos do governo, moeda estrangeira, ouro e outros ativos financeiros) e incorrem em passivos (moeda em circulação). Os bancos centrais criam dinheiro emitindo notas de moeda sem juros e vendendo-as ao público (Governo) em troca de ativos que geram juros, como títulos do governo. Quando um banco central pretende comprar mais títulos do que aqueles que os seus respetivos governos nacionais disponibilizam, eles podem comprar títulos privados ou ativos denominados em moedas estrangeiras.

O Banco Central Europeu remete as suas receitas de juros para os bancos centrais dos países membros da União Europeia. A Reserva Federal dos EUA remete todos os seus lucros para o Tesouro dos EUA. Esses lucros, derivados do poder de emitir moeda, são denominados de senhoriagem e geralmente pertencem ao governo nacional. O poder sancionado pelo Estado para criar moeda é chamado de Direito de Emissão. Ao longo da história houve desentendimentos sobre este poder, já que quem controla a criação da moeda controla o juro de senhoriagem. A expressão "política monetária" também pode referir-se mais estreitamente às metas de taxa de juros e outras medidas ativas empreendidas pela autoridade monetária.

1.2 A Política Monetária

Vários são os instrumentos que um Banco Central tem ao seu dispor para garantir o bom funcionamento económico da sua área de abrangência. Iniciando no nível mais básico, podemos referir-nos à definição da sua moeda.

1.2.1 Objetivos

Os objetivos principais de uma política monetária são garantir três circunstâncias-altos níveis de empregabilidade, estabilidade dos preços e crescimento económico.

1) Altos níveis de empregabilidade – O desemprego friccional é o período de tempo entre os trabalhos em que um trabalhador está à procura ou a meio da transição de um emprego para outro. Desemprego além do desemprego friccional é classificado como desemprego não intencional. O desemprego estrutural é uma forma de desemprego resultante de um desalinhamento entre a procura no mercado de trabalho e as competências e localizações dos trabalhadores que procuram emprego. A política macroeconómica geralmente visa reduzir o desemprego não intencional. Keynes (1936) definiu a teoria macroeconómica Keynesiana, que relaciona os níveis de desemprego a um entrave económico, fazendo com que a economia não esteja no seu potencial máximo.

2) Estabilidade dos preços – A inflação é definida como a desvalorização de

uma moeda ou, de forma equivalente, o aumento de preços em relação a uma moeda. Como a inflação reduz os salários reais, os Keynesianos veem na inflação a solução para o desemprego involuntário. No entanto, a inflação "imprevista" leva a perdas de credores, uma vez que a taxa de juros real será menor que a esperada (pelo desconto da inflação). Assim, a política monetária Keynesiana visa uma taxa constante de inflação.

3) Crescimento económico – O crescimento económico pode ser melhorado através do investimento em capital, por exemplo, em tecnologia (máquinas novas, mais eficientes, etc). Uma baixa taxa de juros implica que as empresas podem pedir dinheiro emprestado para investir no seu capital social e pagar menos juros por ele. A redução do juro é, portanto, algo a considerar para estimular o crescimento económico e é frequentemente usada para aliviar os períodos de baixo crescimento económico. Por outro lado, o aumento da taxa de juros é frequentemente usado em épocas de alto crescimento económico, como um mecanismo anti cíclico para evitar o sobreaquecimento da economia e evitar bolhas no mercado. Outras metas da política monetária são a estabilidade das taxas de juros, do mercado financeiro e do mercado de câmbio. Estes objetivos não podem ser separados, e muitas vezes estão em conflito. Os custos devem, portanto, ser cuidadosamente ponderados antes da implementação da política.

1.2.2 Instrumentos da Política Monetária

Os principais instrumentos de política monetária disponíveis aos bancos centrais são: as operações de mercado aberto, as exigências de reservas bancárias, as políticas de taxa de juros, re-empréstimos e re-descontos (incluindo o uso do mercado de recompra) e as políticas de crédito (geralmente coordenada com a política comercial). Embora a adequação de capital seja importante, ela é definida e regulada pelo Banco de Compensações Internacionais (*Bank for International Settlements*) e, na prática, os bancos centrais geralmente não aplicam regras mais rígidas.

1.2.2.1 Taxas de Juro

O maior poder de um banco central moderno é influenciar as taxas de juros do mercado; ao contrário da crença popular, os bancos centrais raramente "definem" as taxas de juros para um número fixo. Embora o mecanismo difere de país para país, a maioria dos bancos centrais usa um mecanismo similar baseado na capacidade de o banco central criar a moeda (fiduciária) que for necessária.

O mecanismo para direcionar o mercado na direção de uma 'taxa-alvo' (qualquer taxa específica usada) é geralmente emprestar dinheiro ou pedir emprestado (em quantidades teoricamente ilimitadas), até que a taxa de mercado-alvo esteja suficientemente próxima do objetivo. Os bancos centrais podem fazê-lo emprestando dinheiro a, ou pedir dinheiro emprestando de (através da toma de depósitos) um número limitado de bancos qualificados, ou comprando e vendendo títulos.

A título de exemplo de como tudo funciona, suponhamos que o Banco do Canadá estabelece uma taxa noturna "*overnight rate*" fixa, de 2%, e uma faixa de mais ou menos 0,25%. Os bancos qualificados realizam empréstimos uns dos outros dentro dessa faixa, mas nunca acima (2,25%) ou abaixo (1,75%), porque o banco central sempre lhes emprestará no topo da faixa (2,25%), e receberá depósitos na base da faixa (1,75%); em princípio, a capacidade de emprestar e pedir emprestado nos extremos da faixa é ilimitada (Bank of Canada, 2016). Outros bancos centrais usam mecanismos semelhantes.

As taxas-alvo são geralmente taxas de curto prazo. A taxa real que os tomadores e credores recebem no mercado dependerá do (esperado) risco de crédito, maturidade e outros fatores. Por exemplo, um banco central poderá estabelecer uma taxa alvo para empréstimos "*overnight*" de 4,5%, mas taxas para títulos de cinco anos (com risco equivalente) poderiam ser de 5%, 4,75%, ou, em casos de curvas de rendimento invertidas, mesmo abaixo da taxa de curto prazo. Muitos bancos centrais têm uma taxa principal "cabeça de cartaz" que é citada como a "taxa do banco central". Na prática, esses bancos terão outras ferramentas e taxas que são usadas, mas apenas uma que seja rigorosamente direcionada e aplicada. "A taxa na qual o banco central empresta dinheiro pode, de facto, ser escolhida pelo banco central à vontade; essa é a taxa que faz as manchetes financeiras". Henry C. K. Liu (2005) explica ainda que "a taxa de empréstimo do banco central dos EUA é conhecida como taxa de fundos do *Fed*. O *Fed* estabelece uma meta para a taxa de fundos do *Fed*, que o seu Comité de Mercado Aberto tenta igualar ao emprestar ou pedir emprestado no mercado financeiro…um sistema monetário fiduciário estabelecido pelo comando do banco central. O *Fed* é o chefe do banco central porque o dólar dos EUA é a principal moeda de reserva para o comércio internacional. O mercado monetário global é um mercado em dólares dos EUA. Todos os outros mercados de moedas giram em torno do mercado do dólar dos EUA". Por conseguinte, a situação dos EUA não é típica dos bancos centrais em geral.

Normalmente, um banco central controla certos tipos de taxas de juros de curto prazo. Estas influenciam os mercados de ações e títulos, bem como hipotecas e outras taxas de juros. O Banco Central Europeu, por exemplo, anuncia a sua taxa de juros na reunião do seu Conselho de Governadores; no caso da Reserva Federal dos EUA, será o Conselho de Governadores do *Fed*. Tanto a Reserva Federal como o BCE são compostos por um ou mais órgãos centrais responsáveis pelas principais decisões sobre as taxas de juros e o tamanho e tipo de operações de mercado aberto, além de várias agências para executar as suas políticas. No caso da Reserva Federal, são os bancos locais da Reserva Federal; para o BCE, são os bancos centrais nacionais.

Um banco central típico tem várias taxas de juros ou ferramentas de política monetária que pode definir para influenciar os mercados:

1) Taxa de empréstimo marginal-uma taxa fixa para as instituições solicitarem dinheiro emprestado ao banco central. (Nos EUA tal apelidado de taxa de desconto).

2) Taxa principal de refinanciamento-a taxa de juros visível publicamente que o banco central anuncia. É também conhecida como taxa mínima de proposta e serve como um piso de licitação para refinanciamento de empréstimos. (Nos EUA a taxa é chamada de taxa de fundos federais).

3) Taxa de depósito, geralmente composta de juros sobre as reservas e, às vezes, também de juros sobre as reservas excedentes-as taxas que as partes recebem em depósitos no banco central.

Estas taxas afetam diretamente as taxas no mercado monetário, o mercado para empréstimos de curto prazo. Alguns bancos centrais (por exemplo, na Dinamarca, na Suécia e o BCE na zona do euro) estão atualmente (2019) a aplicar taxas de juros negativas.

1.2.2.2 Operações em Mercado Aberto

Por meio de operações em mercado aberto, um banco central influência a oferta de moeda numa economia. Cada vez que o banco compra títulos (como títulos do governo ou títulos do Tesouro), cria dinheiro. O banco central troca dinheiro pelo título financeiro, aumentando a oferta de dinheiro e reduzindo a oferta do título específico. Por outro lado, a venda de títulos pelo banco central reduz a oferta monetária. As operações de mercado aberto geralmente assumem a forma de:

1) Compra ou venda de títulos (operações diretas) para atingir uma meta de taxa de juros no mercado interbancário.

2) Empréstimos temporários de dinheiro através de títulos colaterais ("Operações Inversas" ou "operações de recompra", também conhecidas como mercado "repo", que vem de *Repurchase Agreement* em inglês). Estas operações são realizadas numa base regular, onde empréstimos de prazo fixo (de uma semana ou de um mês, no caso do BCE) são leiloados.

3) Operações com o estrangeiro, tais como trocas (*swaps*) cambiais.

Todas essas intervenções também podem influenciar o mercado de câmbio e, portanto, a taxa de câmbio. Por exemplo, o Banco do Povo da China e o Banco do Japão compraram várias centenas de biliões de títulos do Tesouro dos EUA, presumivelmente para deter o declínio do dólar dos EUA em relação às suas moedas (e evitar uma queda das exportações e aumento de importações).

1.2.2.3 Flexibilização Quantitativa

Quando confrontados com taxas de juro próximas de ou até mesmo abaixo de zero, ou com uma armadilha de liquidez[1] (*liquidity trap* em inglês), os bancos centrais podem recorrer à flexibilização quantitativa (QE em inglês). Da mesma maneira das operações de mercado aberto, o QE consiste na compra de ativos financeiros pelo banco central.

Existem, no entanto, certas diferenças:

---

[1] Caso em que os juros estão muito baixos e os índices de poupança estão elevados, fazendo com que a política monetária seja ineficaz.

1) A escala de QE é muito maior. O banco central que implementa o QE geralmente anuncia uma quantidade específica de ativos que pretende comprar.

2) A duração do QE é propositalmente longa, muitas vezes sem fim à vista.

3) A elegibilidade do ativo é geralmente mais ampla e flexível sob o QE, permitindo que o banco central compre títulos com maior prazo de vencimento e maior perfil de risco.

Desta forma, a flexibilização quantitativa pode ser considerada como uma extensão às operações de mercado aberto.

1.2.2.4　Requisitos de Capital

Todos os bancos são obrigados a deter uma certa percentagem dos seus ativos como capital, uma taxa que pode ser estabelecida pelo banco central ou pelo supervisor bancário. Para os bancos internacionais, incluindo os 55 bancos centrais membros do BIS (Banco para os ajustes internacionais-*Bank for International Settlements*), o limite é de 8% de ativos ajustados ao risco, em que certos ativos (como títulos do governo) são considerados de menor risco e estão total ou parcialmente excluídos do total de ativos para fins de cálculo de adequação de capital. Em parte, devido a preocupações com a inflação de ativos e acordos de recompra, as exigências de capital podem ser consideradas mais eficazes do que as exigências de reservas na prevenção de empréstimos indefinidos: quando no limite, um banco não pode conceder outro empréstimo sem adquirir mais capital para o seu balanço.

1.2.2.5　Requisitos de Reservas Bancárias

Historicamente, as reservas bancárias constituíam apenas uma pequena fração dos depósitos, num sistema chamado de reservas fracionárias. Os bancos deteriam apenas uma pequena percentagem dos seus ativos na forma de reservas de caixa como seguro contra corridas/levantamentos bancários. Com o tempo, esse processo foi regulamentado e assegurado pelos bancos centrais. Tais exigências de reservas legais foram introduzidas no século XIX como uma tentativa de reduzir o risco de os bancos sobre alavancarem os seus investimentos e sofrerem com as corridas bancárias, já que isso poderia levar a efeitos indiretos sobre outros bancos, também eles provavelmente sobre alavancados.

O padrão ouro do início do século XX foi prejudicado pela inflação e a hegemonia do dólar fiduciário do final do século XX evoluiu, e à medida que os bancos proliferaram e se envolveram em transações mais complexas, pudendo lucrar globalmente com os seus negócios, as reservas bancárias tornaram-se obrigatórias, de forma a garantir que houvesse algum limite no aumento da oferta monetária. Tais limites tornaram-se mais difíceis de aplicar nos dias de hoje. O Banco Popular da China retém (e usa) mais poderes sobre as reservas, porque o yuan que administra é uma moeda não conversível[1].

A atividade de empréstimo dos bancos desempenha um papel fundamental na determinação da oferta monetária. O dinheiro do banco central após a liquidação agregada-"dinheiro final"-pode ter apenas uma das duas formas:

1) Dinheiro físico, raramente utilizado nos mercados financeiros por atacado,

2) Dinheiro do banco central que raramente é usado pelo povo.

O componente monetário da oferta monetária é muito menor que do que o componente de depósito. A moeda, as reservas bancárias e os contratos de empréstimos institucionais formam a base monetária, denominada M1, M2 e M3 respetivamente. O Banco da Reserva Federal parou de publicar o valor de M3 e deixou de contá-lo como parte da oferta monetária em 2006.

1.2.2.6 Orientação de Crédito e Controlos

Os bancos centrais podem controlar diretamente a oferta monetária, colocando limites ao valor que os bancos podem emprestar a vários setores da economia. Os bancos centrais também podem controlar o volume de empréstimos aplicando cotas de crédito. Isso permite que o banco central controle tanto a quantidade de empréstimos quanto a sua alocação para certos setores estratégicos da economia, por exemplo, para apoiar a política industrial nacional. O Banco do Japão costumava aplicar essa política ("orientação de janela" – "*window guidance*") entre 1962 e 1991.

1.2.2.7 Requisitos de Troca

Para influenciar a oferta monetária, alguns bancos centrais podem exigir que

---

[1] Uma moeda não conversível é uma moeda que é usada apenas para as transações domésticas, não sendo negociada no mercado ForEx. Devido às elevadas restrições, a moeda também pode ser chamada, na gíria, de moeda "bloqueada".

alguns ou todos os recebimentos cambiais (geralmente originados de exportações) sejam trocados pela moeda local. A taxa usada para comprar moeda local pode ser baseada no mercado ou arbitrariamente definida pelo banco. Esta ferramenta é geralmente usada em países com moedas não conversíveis (como a China) ou moedas parcialmente conversíveis. O destinatário da moeda local pode ser autorizado a dispor livremente dos fundos, obrigado a manter os fundos junto ao banco central por algum período de tempo, ou pode usar os fundos sujeitos a certas restrições.

Neste método, a oferta de moeda é aumentada pelo banco central, quando o mesmo compra a moeda estrangeira emitindo (vendendo) a moeda local. O banco central pode posteriormente compensar essa introdução adicional de moeda local na economia ao reduzir a oferta monetária por vários meios, incluindo a venda de títulos ou intervenções cambiais.

1.2.2.8 Requisitos de Margem e outras Ferramentas

Em alguns Países, os bancos centrais podem ter outras ferramentas que usem indiretamente para limitar as práticas de empréstimos e restringir/regular os mercados de capitais. Por exemplo, um banco central pode regular o empréstimo de margem, por meio do qual pessoas físicas ou jurídicas podem contrair empréstimos contra títulos mobiliários. O requisito de margem estabelece uma relação mínima entre o valor dos títulos e o montante emprestado.

Os bancos centrais geralmente têm exigências quanto à qualidade dos ativos que podem ser mantidos por instituições financeiras; esses requisitos podem atuar como um limite na quantidade de risco e alavancagem criada pelo sistema financeiro. Essas exigências podem ser diretas, como exigir que certos ativos mantenham certas qualificações mínimas de crédito, ou indiretas, pelos empréstimos do banco central a contrapartes condicionada apenas a casos em que a garantia de títulos está acima de determinado patamar de qualidade.

1.2.2.9 Limites nos efeitos da Política

Embora a perceção do público possa ser de que o banco central controla algumas ou todas as taxas de juros e taxas de câmbio, a teoria económica (e evidências empíricas substanciais) mostram que é impossível fazer as duas coisas simultaneamente numa economia aberta. A "trindade impossível" de Robert Mundell é a formulação mais famosa desses poderes limitados, e postula que é impossível direcionar a política monetária (amplamente, as taxas de juros), a taxa de câmbio (através de uma taxa fixa) e manter o movimento de capital livre. Como a maioria das economias ocidentais agora é considerada "aberta" com o movimento de capital livre, isso significa essencialmente que os bancos centrais podem ter como alvo as taxas de juros ou as taxas de câmbio com credibilidade, mas não ambas ao mesmo tempo.

No mais famoso caso de fracasso de políticas, conhecido como a Quarta-feira negra, George Soros arbitrou o relacionamento da libra esterlina com o euro e (depois de ter mandado fazer £ 2 biliões e obrigar o Reino Unido a gastar mais de £ 7 biliões a defender a libra), constatando o seu fracasso, obrigou o Banco da Inglaterra (que é o banco central do Reino Unido) a abandonar a sua política. Desde então, ele tem sido um crítico duro de políticas bancárias mal desenhadas e argumentou que ninguém deveria ser capaz de fazer o que ele fez.

1.2.2.10 Orientações para o futuro

Se um banco central dá uma orientação para o futuro, significa que está a fornecer informações sobre as suas futuras intenções de política monetária, com base na sua avaliação das perspetivas de estabilidade de preços. Dessa forma, os agentes económicos poderão saber o que esperar dos mercados financeiros e tirar proveito disso (algo que o banco central espera que façam).

Assim sendo, quando um banco central emite um comunicado a anunciar as suas políticas monetárias futuras, tal como a intenção de manter as taxas de juro baixas nos próximos 5 anos, os bancos comerciais irão ajustar as suas taxas para empréstimos a longo prazo num valor baixo também. Isto acontece devido aos bancos saberem que, quando precisarem, eles poderão pedir dinheiro emprestado ao banco central às taxas baixas anunciadas.

Dessa forma, as empresas e negócios poderão obter empréstimos a custos mais baixos, e os indivíduos/pessoas estarão em melhor posição para adquirir grandes ativos, como por exemplo, imóveis. A orientação para o futuro pode, dessa forma, encorajar o investimento e gastos financeiros, estimulando o crescimento económico e trazendo os níveis de inflação a valores consistentes com a estabilização dos preços.

1.2.2.11　Outros Instrumentos Radicais

Alguns economistas previram o uso do que Milton Friedman apelidou de "dinheiro helicóptero", onde o banco central faria transferências diretas para os cidadãos, a fim de elevar a inflação à meta do banco central. Essa opção política poderia ser particularmente eficaz quando as taxas de juro estivessem muito próximas de, ou abaixo de zero(E – Journal, 2017 e Buiter, 2016).

1.2.3　Bancos Centrais e a Deflação

Nos últimos 25 anos, as preocupações com a deflação aumentaram após as grandes crises financeiras. O Japão ofereceu um exemplo soberbo: após a sua grande crise nas ações do índice Nikkei e explosão da bolha imobiliária em 1989--1990, as ações e preços dos imóveis perderam um terço de seu valor no espaço de um ano, fazendo com que a deflação se tenha tornado enraizada na altura.

A economia japonesa, tendo sido uma das que mais cresceu no mundo entre os anos 1960 e 1980, diminuiu drasticamente nos anos 90. Aliás, os anos 90 ficaram conhecidos como a Década Perdida do Japão. Em 2013, o PIB nominal do Japão ainda estava cerca de 6% abaixo do seu nível de meados dos anos 90.

Da mesma forma, a Grande Recessão no mundo ocidental de 2008–09 provocou temores de um período similar de deflação prolongada nos Estados Unidos e noutros lugares do mundo ocidental devido ao colapso catastrófico dos preços de uma ampla gama de ativos. O sistema financeiro global também sofreu com a insolvência de vários grandes bancos e instituições financeiras nos Estados Unidos e na Europa, exemplificado pelo colapso do Lehman Brothers em Setembro de 2008. Em resposta à recessão, em dezembro de 2008, o Comité Federal de Mercado Aberto (FOMC – Federal Open Market Committee em inglês), o órgão de política monetária da Reserva Federal, voltou-se para dois tipos principais de ferramentas não convencionais de política monetária:

- Aconselhamento sobre ações futuras: Refere-se à comunicação, por parte de um banco central, sobre o estado da economia e o seu destino económico mais provável, tendo em conta a política monetária que o banco central se compromete a seguir. Dessa forma, este aconselhamento tem como objetivo influenciar as

Capítulo III | Regulação Bancária

decisões financeiras das famílias, negócios e investidores, de forma a que estes não avaliem os projetos financeiros no País em causa como muito arriscados. Ao providenciar uma garantia sobre a evolução expectável das taxas de juro (no âmbito daquilo que o banco central possa fazer), o mercado é tranquilizado, e futuras surpresas que possam destruir esse mesmo mercado são reduzidas.

• Compras de ativos em larga escala; também conhecido como flexibilização quantitativa (QE em inglês) – A flexibilização quantitativa é uma política monetária não convencional na qual um banco central compra títulos do governo ou outros títulos do mercado para aumentar a oferta monetária (injetar dinheiro na economia) e encorajar empréstimos e investimentos. Quando as taxas de juros de curto prazo estão próximas de zero, as operações normais de mercado aberto, que têm como meta as taxas de juros, deixam de ser efetivas, pelo que um banco central pode direcionar quantias específicas para compra de ativos. A flexibilização quantitativa aumenta a oferta de moeda através da compra de ativos com reservas bancárias recém-criadas, a fim de fornecer mais liquidez aos bancos.

A primeira ferramenta (aconselhamento sobre as ações futuras) envolvia cortar a taxa básica de juros da meta para essencialmente zero e mantê-la lá pelo menos até meados de 2013, facto que foi comunicado e mantido. Mas foi a outra ferramenta, a flexibilização quantitativa, que ocupou as manchetes e tornou-se sinónimo das políticas de dinheiro fácil do *Fed*. O QE envolve essencialmente um banco central que cria dinheiro novo e o utiliza para comprar títulos dos bancos do país, de modo a injetar liquidez na economia e reduzir as taxas de juros de longo prazo. Neste caso, permitiu ao *Fed* comprar ativos mais arriscados, incluindo títulos já associados a hipotecas e outras dívidas não governamentais.

Esse facto repercute-se para outras taxas de juros em toda a economia, levando ao amplo declínio nas taxas de juros. Esse declínio estimula a procura por empréstimos de consumidores e empresas. Os bancos são capazes de atender a essa maior procura por empréstimos devido aos fundos que receberam do banco central em troca dos seus títulos.

1.2.3.1 Outras formas de combater a deflação

Em janeiro de 2015, o Banco Central Europeu (BCE) embarcou na sua própria versão do QE, prometendo comprar pelo menos 1,1 triliões de euros em títulos de dívida soberana, a um ritmo mensal de 60 biliões de euros até setembro de 2016. O BCE lançou seu programa de QE seis anos depois da Reserva Federal fazer a mesma coisa, numa tentativa de apoiar a frágil recuperação da União Europeia e evitar a deflação, após uma tentativa de reduzir a taxa de juros(até valores abaixo de 0% no final de 2014), atingindo apenas um sucesso reduzido.

O BCE foi o primeiro grande banco central a operar no âmbito de taxas de juros negativas.

1.2.3.2 Resultados dos esforços de combate à deflação

As medidas tomadas pelos bancos centrais parecem estar a vencer a batalha contra a deflação, mas ainda é cedo para dizer se venceram a guerra. Enquanto isso, os movimentos concertados para combater a deflação a nível global tiveram algumas consequências imprevistas:

- O QE pode levar a uma guerra cambial encoberta: os programas de QE levaram a que as principais moedas se desvalorizassem em relação ao dólar americano/euro. Tendo a maioria das nações esgotado quase todas as suas opções para estimular o crescimento económico, a desvalorização da moeda é encarada como a ferramenta de último recurso para impulsionar o crescimento económico, o que pode levar a uma guerra cambial encoberta.

- Os rendimentos das obrigações europeias tornaram-se negativos: mais de um quarto da dívida emitida pelos governos europeus, equivalente a um valor estimado de 1,3 triliões de euros, apresenta atualmente rendimentos negativos. Tal pode ser resultado direto do programa de compra de títulos do BCE, mas também pode estar a sinalizar uma forte desaceleração económica no futuro.

- Os balanços dos bancos centrais estão empolados: as compras de ativos em grande escala pela Reserva Federal, pelo Banco do Japão e pelo BCE estão a aumentar os balanços dos bancos centrais para níveis recordes. Reduzir esses balanços pode ter consequências negativas no futuro.

No Japão e na Europa, as compras do banco central incluíram mais do que vários títulos de dívida não governamentais. Estes dois bancos também se envolveram ativamente em compras diretas de ações corporativas para sustentar os mercados acionistas, tornando o BoJ(Banco do Japão) o maior acionista de várias empresas, incluindo a Kikkoman, a maior produtora de molho de soja do país, indiretamente por meio de grandes posições negociadas em fundos negociados em bolsa (*ETFs-exchange traded funds* em inglês).

1.2.4 Temas Atuais dos Bancos Centrais

Atualmente, a Reserva Federal, o Banco Central Europeu e outros grandes bancos centrais estão sob pressão para reduzir os balanços patrimoniais que aumentaram durante a compra recessiva (os 10 principais bancos centrais aumentaram as suas participações em 265% na última década).

É preciso ter muito cuidado ao reduzir essas grandes posições, uma vez que uma venda massiva provavelmente assustará o mercado, já que uma oferta massiva provavelmente manterá a procura sob níveis mínimos durante bastante tempo. Além disso, em alguns mercados mais ilíquidos, como o mercado de títulos hipotecários (MBS-*mortgage-backed security* em inglês), os bancos centrais tornaram-se claramente nos maiores compradores individuais. Nos EUA, por exemplo, com a Reserva Federal a deixar de comprar e sob pressão para vender, não é claro se o mercado tem compradores suficientes dispostos a oferecerem preços justos por esses mesmos ativos. O receio principal é que os preços possam entrar em colapso nesses mercados, criando um pânico generalizado pelo excesso de oferta. Se os títulos hipotecários caírem em valor, a outra implicação é que as taxas de juros associadas a esses ativos aumentarão, pressionando as taxas das hipotecas do mercado com aumentos de spreads, e amortecendo a longa e lenta recuperação imobiliária.

Uma estratégia que pode acalmar os receios é que os bancos centrais deixem certos títulos amadurecerem e que se abstenham de comprar novos, de forma a não terem tanta pressão para venderem parte da sua carteira. De qualquer forma, mesmo com uma diminuição gradual das compras/procura, a resiliência dos mercados financeiros não é clara, uma vez que os bancos centrais têm sido compradores muito significativos e consistentes durante quase uma década. Apenas uma recuperação econômica significativa irá fazer surgir novos compradores que se substituam ao papel do banco central até agora.

1.2.5　Os Acordos de Basileia

O BCBS (*Basel Committee on Banking Supervision* em inglês) é um comité de autoridades de supervisão bancária que foi estabelecido pelos governadores dos bancos centrais dos países do G – 10 em 1974, com uma proposta de trabalhar no sentido de construir novas estruturas financeiras internacionais com o objetivo de minimizar o risco de crédito no setor financeiro.

O Grupo dos Dez(G – 10) é uma organização internacional que reúne representantes de onze (originalmente dez) economias desenvolvidas. O G – 10 foi fundado em 1962 por representantes dos governos centrais de Bélgica, Canadá, Estados Unidos, França, Italia, Japão, Holanda e Reino Unido; e dos bancos centrais da Alemanha Ocidental e Suécia. Em 1964, a Suíça foi incorporada ao grupo, embora o mesmo mantivesse a denominação G – 10. Os países participantes do G – 10 participam do acordo geral para a obtenção de empréstimos (*General Arrangements to Borrow* – *GAB* em inglês). Trata-se de um acordo para a obtenção de empréstimos suplementares, que podem ser obtidos caso os recursos monetários estimados pelo FMI estejam abaixo das necessidades reais do país membro.

O acordo de Basileia é um guia de normas regulatórias formulado pelo BCBS. O acordo conhecido popularmente como o "código de Basileia sobre adequação de capital" são medidas e padrões de capital globais, que estipulam quanto capital um banco deve ter para fazer face ao risco que assume em relação a vários tipos de ativos no balanço patrimonial, bem como referentes a negócios extrapatrimoniais dos bancos. De acordo com o referido código, os ativos do balanço patrimonial, itens não financiados e outras exposições extrapatrimoniais recebem pesos de risco prescritos e os bancos devem manter fundos de capital mínimos intocáveis equivalentes à taxa prescrita no agregado dos ativos ponderados pelo risco e outras exposições, numa base contínua.

Até ao momento, o BCBS introduziu um sistema de medição de capital conhecido como Basileia I, Basileia II e Basileia III, que tem como objetivo melhorar a capacidade que o setor bancário tem a lidar com o stress financeiro, melhorar a gestão de risco e fortalecer a transparência dos bancos.

Os ratings de longo e curto prazo emitidos pelas agências de classificação de crédito são mapeados para as ponderações de risco apropriadas, aplicáveis conforme a abordagem padronizada no código de Basileia. De acordo com os Acordos de Basileia, o BCBS fixou o requisito mínimo de fundos de capital para os bancos em 8 por cento do total de ativos ponderados pelo risco.

1.3 Supervisão Bancária

A crise financeira veio demonstrar que os problemas podem propagar-se a todo o sistema financeiro e afetar diretamente a vida das pessoas. A fim de reforçar a supervisão do sistema, foi instituído um mecanismo único de supervisão (MUS, ou SSM – *Single Supervisory Mechanism* em inglês) destinado a exercer a supervisão dos bancos da área do euro, bem como de outros países da União Europeia (UE) participantes. Dessa forma, o MUS passou, a partir de 2013, a ser um novo sistema para exercer a supervisão dos bancos da área do euro, bem como de outros países da UE participantes. O MUS é composto pelo Banco Central Europeu (BCE) e pelas autoridades nacionais de supervisão. O MUS atribui ao BCE, em cooperação com as autoridades nacionais de supervisão, a responsabilidade pelo funcionamento eficaz e coerente do MUS.

Assim sendo, o BCE:

- Supervisiona diretamente os bancos classificados como significativos. Um banco pode ser considerado significativo em função da sua dimensão, da sua importância para o setor bancário nacional ou da sua recapitalização por fundos públicos. O BCE tem poderes para:
  - Realizar processos de análise para fins de supervisão, bem como investigações e inspeções no local;
  - Conceder ou revogar autorizações a instituições bancárias;
  - Avaliar as aquisições e alienações de participações qualificadas em instituições bancárias;
  - Definir requisitos mais elevados relativamente aos fundos próprios («reservas») para fazer face a crises financeiras presentes ou futuras;
  - Aplicar sanções às instituições de crédito, companhias financeiras e companhias financeiras mistas, em caso de violação da legislação da UE.

- Assegura a supervisão indireta dos bancos considerados menos significativos. Esses bancos são diretamente supervisionados pelas respetivas autoridades nacionais de supervisão.

- As atribuições do BCE no domínio da política monetária são exercidas separadamente da sua função de supervisão a fim de evitar eventuais conflitos de interesses entre ambas. O cumprimento desta separação é assegurado através de restrições rigorosas. Por exemplo, o intercâmbio de informações sensíveis só é permitido se estiverem garantidas determinadas salvaguardas.

- As autoridades nacionais de supervisão continuam a ser responsáveis por questões como a proteção dos consumidores, o branqueamento de capitais, os serviços de pagamento e a supervisão das sucursais dos bancos nos países da UE que não participam no MUS.

1.3.1 Dependência Internacional dos Bancos Centrais

Ao longo do tempo, à medida que os canais da política monetária afetam cada vez mais a economia global, os banqueiros de bancos centrais têm de ter noção do impacto das suas decisões no panorama internacional. De certa forma, este é o produto da interligação, cada vez maior, das instâncias internacionais e da globalização económica, que através essencialmente da evolução tecnológica, tem permitido que os mercados financeiros (e não só; as relações comerciais entre Países e/ou empresas de diversos Países também evoluíram bastante) sejam cada vez mais interdependentes. Assim sendo, os fluxos económicos globais têm sido cada vez mais importantes para as economias domésticas, sendo que as políticas monetárias do estrangeiro têm sido cada vez mais relevantes para o acesso a crédito a nível doméstico.

Da mesma forma, as decisões monetárias domésticas podem ter grandes repercussões nas economias de outros Países interligados. Estes efeitos deveriam ser analisados em detalhe pelos decisores económicos internos, pelo menos para estudar e antever quais os impactos externos que tais políticas irão causar, e quais os efeitos secundários que esses impactos poderão causar na economia nacional. Para uma implementação bem-sucedida da política monetária, é preciso estar cada vez mais em cima dessas interações complexas internacionais. Os tomadores de decisão de política monetária precisam de prestar atenção às influências no exterior (*spillovers* em inglês) potenciais e também às repercussões dessas influências nos territórios domésticos ("*spillbacks*" dos "*spillovers*").

Uma perspetiva global também é relevante para os banqueiros centrais quando se considera que a transmissão monetária é canalizada através de um sistema bancário internacionalmente interdependente. O canal de empréstimos bancários é fundamental para o modo como a política monetária é transmitida à economia real, e isso só funciona se houver um setor bancário em bom funcionamento. Portanto, se a economia doméstica depender muito da atividade dos bancos estrangeiros, os formuladores de políticas monetárias devem estar a par das dinâmicas relevantes no mercado bancário global. Existem uma série de interações importantes entre o banco central e a supervisão, cada uma das quais requer uma coordenação e cooperação muito próximas.

Os formuladores de políticas monetárias, os formuladores de políticas macroeconómicas e os supervisores, todos beneficiam de uma análise técnica de repercussões económicas de alta qualidade. Desenvolver a melhor análise técnica requer que todos os dados relevantes sejam usados e que toda a experiência relevante seja empregue na análise em questão.

Assim sendo, a política macroeconómica melhora quando inclui uma análise sólida da saúde e solidez dos bancos individuais. Portanto, faz sentido que os formuladores de políticas macro utilizem a opinião especializada de supervisores microeconómicos.

Da mesma forma, uma boa supervisão microeconómica requer a aplicação de análises macroeconómicas. Esses resultados macroeconómicos são fundamentais para o trabalho dos bancos centrais, e os supervisores microeconómicos podem usar esses resultados, por exemplo, para enriquecer a análise da sustentabilidade do modelo de negócios. Os bancos centrais também têm acesso a valiosos dados on-line, por exemplo, sobre os volumes de tráfego de pagamento e a provisão de liquidez para os bancos, mesmo divididos de banco para banco. Estes são dados elementares que ajudam os supervisores microeconómicos a avaliar uma entidade supervisionada.

1.3.2　Sobre o Mecanismo Único de Supervisão – O Caso do BCE(e do Fed)[①]

A estrutura do Mecanismo Único de Supervisão(MUS) é particularmente adequada para proporcionar uma supervisão bem coordenada através das fronteiras internacionais. Afinal, na área do euro, o BCE tem competências exclusivas para supervisionar o setor bancário.

Ter um supervisor único para o setor bancário da área do euro assegura que os mesmos riscos resultem na mesma resposta de supervisão em toda a jurisdição (existe, portanto, coerência nas tomadas de decisão, assim como uma estratégia única e Europeia). Essa estrutura também fornece uma excelente base para possibilitar a rápida disseminação interna de informações e garantir que a análise de riscos seja suficientemente ampla.

Na supervisão bancária da união com este mecanismo, existem claras economias de escala. Como a união bancária tem uma cobertura tão ampla, ela oferece bastantes benefícios em termos de eficiência e eficácia. A Supervisão Bancária do BCE monitoriza diretamente 117 instituições bastante significativas para a economia Europeia, cobrindo mais de 80% dos 21 biliões de euros de ativos bancários detidos em toda a área do euro. Esta escala permite ao BCE investir significativamente nas competências especializadas necessárias para realizar supervisões intrusivas. Esse investimento vai além do que poderia ser concedido meramente sob uma estrutura de supervisão puramente nacional. Além disso, a Supervisão Bancária do BCE beneficia particularmente da capacidade de avaliar o desempenho dos bancos através do método de comparação(utilizando uma lista muito longa de bancos relevantes).

A estrutura unificada do sistema bancário também assegura que qualquer risco que transborde as fronteiras internacionais não seja esquecido. Todos os riscos criados pelos bancos na jurisdição do BCE são relevantes para os mesmos, já que não existem outras autoridades de origem e de hospedagem.

O MUS é o primeiro pilar da união bancária europeia. O segundo pilar é o

---

[①] Embora os Estados Unidos da América seja um único País, cada Estado tem as suas leis e particularidades, pelo que podemos enquadrar o Fed neste mecanismo.

mecanismo único de resolução, que visa lidar de forma rápida e eficaz com os bancos em situação de falência.

Com a criação do MUS, foram introduzidas alterações aos procedimentos de votação da Autoridade Bancária Europeia(EBA – *European Banking Authority* em inglês)a fim de garantir que os países participantes no MUS não dominem abusivamente o Conselho de Supervisores da EBA.

2　Análise de dificuldade e suplemento de conhecimento

2.1　Regulamento Bancário
银行业监管

　　银行业监管是指国家金融监管机构对银行业金融机构的组织及其业务活动进行监督和管理的活动。更广义的银行业监管则不仅包括国家金融监管机构对银行业金融机构的外部监管或他律监管,也包括银行业金融机构的内部监管或自律监管。

　　国家金融监管机构(regulador financeiro)对银行业的外部监管与银行业金融机构的自律监管是相辅相成的。国家金融监管机构的外部监管以维护社会公共利益、保障金融秩序(ordem financeira)的稳定为目标,以防范和化解银行业风险为重点,在银行业监管中起着主导作用。然而,和其他的外部监管制度一样,金融监管机构的外部监管不可避免地带有滞后性和监管盲区,尤其对于金融机构的某些高风险业务,如以金融衍生品(derivados)为代表的银行表外业务,监管部门很难及时有效地予以监管。由此,自 20 世纪末,随着金融创新对传统银行监管制度的挑战,各国普遍重视金融机构的自律管理,纷纷立法,要求银行等金融机构加强以内部风险控制为核心的自我监管,并制定标准指导银行对其自身风险进行内部考量与评估。可见,银行业金融机构的内部自律监管是政府监管部门外部监管的必要的有益补充。

　　世界各国的银行业监管体制可分为两种类型:一是设立专门的银行业监管机构,完全分离中央银行的监管职能。二是中央银行与其他金融管理机关共同行使金融监管权。

2.2　Banco Central Europeu
欧洲中央银行

　　欧洲中央银行简称欧洲央行,总部位于德国法兰克福,成立于 1998 年 6 月 1 日,其负责欧盟欧元区(zona do euro)的金融及货币政策。是根据1992年《马斯特里赫特条约》(Tratado de Maastricht)的规定于1998年7月1日正式成立的,是为了适应欧元发行流通而设立的金融机构,同时也是欧洲经济一体化(integração económica europeia)的产物。

欧洲中央银行具有法人资格,可在各成员国以独立的法人资格处理其动产和不动产,并参与有关的法律事务活动。欧洲中央银行的决策机构是管理委员会和执行委员会,管理委员会由执行委员会所有成员和参加欧元区的成员国中央银行行长组成。管理委员会实行一人一票制,一般实行简单多数。当表决时赞成和反对票数相等时,管理委员会主席(由欧银行长担任)可投出决定的一票,管理委员会每年至少开会10次。

执行委员会由欧洲中央银行行长、副行长和其他四个成员组成。只有成员国公民可担任执行董事。这些人员必须是公认的在货币和银行事务中具有丰富的专业经验,由欧盟委员会咨询欧洲议会和欧洲中央银行管理委员会后提议,经成员国首脑会议一致通过加以任命。执行委员会的表决采取一人一票制,在没有特别规定的情况下,实行简单多数。

欧洲中央银行的资本为50亿欧元,各成员国中央银行是惟一的认购和持有者。资本认购的数量依据各成员国的GDP和人口分别占欧盟的比例为基础来确定。各成员国缴纳资本的数量不得超过其份额,欧元区的成员国都已全部认缴,英国、丹麦、瑞典、希腊则都只缴纳了其份额的5%。各成员国认购的份额5年调整一次,份额调整后的下一年生效。

欧盟成员国央行属于二元的中央银行体制,地方级机构和中央两级分别行使权力,两级中央银行具有相对的独立性。成员国中央银行行长的任期最短为5年;执行委员会的成员任期最短为8年,不得连任;只有在不能履行职责或严重渎职时才可免除其职务;欧洲法院对职务的任免争议有管辖权。

管理委员会是欧洲中央银行的最高决策机构,负责制定欧元区的货币政策,并且就涉及货币政策的中介目标、指导利率以及法定准备金等做出决策,同时确定其实施的行动指南。

保持价格稳定和维护中央银行的独立性是欧洲中央银行的两个主要原则。根据《马斯特里赫特条约》的规定,欧洲中央银行的首要目标是"保持价格稳定",与德国规定的德国中央银行的首要任务是"捍卫货币"如出一辙。虽然欧洲中央银行有义务支持欧元区如经济增长、就业和社会保障等的其他经济政策,但前提是不影响价格稳定的总目标。

为增强欧洲中央银行的信誉,《马斯特里赫特条约》从立法和财政上明确规定了欧洲中央银行是一个独立的机构,欧洲中央银行在指定或更换行长理事会成员以及制定和执行货币政策时,不得接受任何机构的指示和意见,在更换欧洲中央银行行长和理事会成员时,必须得到所有成员国政府和议会的一致同意。同样的,《马斯特里赫特条约》也规定任何政府和机构有义务尊重欧洲中央银行的独立性,不得干预欧洲中央银行货币政策的制定和实施。在财政上,欧洲中央银行对成员国的财政赤字和公共债务实行"不担保条款"。

《马斯特里赫特条约》也规定,欧洲中央银行有责任对其实行的货币政策进行说明。欧洲中央银行每周发表综合财务报告,每月发布中央银行体系活动报告。有关中央银行体系的活动和货币政策年度报告必须提交欧洲议会、欧盟理事会和欧盟委员会。欧洲中央银行执行董事会成员要求出席欧洲议会有关委员会的听证会。欧盟理事会主席和欧盟委员会的成员可以参加欧洲中央银行行长理事会会议,但没有表决权。欧盟理事会主席可以在欧洲中央银行行长理事会上提出动议,供欧洲中央银行行长理事会审议。

2.3 Acordo de Basiléia
巴塞尔资本协议

巴塞尔协议是巴塞尔银行监管委员会(Comitê de Supervisão Bancária de Basileia)成员,为了维持资本市场稳定、减少国际银行间的不公平竞争、降低银行系统信用风险(risco de crédito sistemático)和市场风险(risco de mercado/exposição no Mercado),推出的资本充足比率(rácio de adequação de capital)要求。

巴塞尔委员会是1974年由十国集团中央银行行长倡议建立的,其成员包括十国集团中央银行和银行监管部门的代表。自成立以来,巴塞尔委员会制定了一系列重要的银行监管规定,如1983年的银行国外机构的监管原则(又称巴塞尔协定,Basel Concordat)和1988年的巴塞尔资本协议(Acordo de Basileia)。这些规定不具法律约束力,但十国集团监管部门一致同意在规定时间内在十国集团实施。经过一段时间的检验,鉴于其合理性、科学性和可操作性,许多非十国集团监管部门也自愿地遵守了巴塞尔协定和资本协议,特别是那些国际金融参与度高的国家。1997年,有效银行监管的核心原则的问世是巴塞尔委员会历史上又一项重大事件。核心原则是由巴塞尔委员会与一些非十国集团国家联合起草,得到世界各国监管机构的普遍赞同,并已构成国际社会普遍认可的银行监管国际标准。至此,虽然巴塞尔委员会不是严格意义上的银行监管国际组织,但事实上已成为银行监管国际标准的制定者。

从发展历程来看,巴塞尔协议经历了一个内容不断更新、方法不断改进、思想不断成熟的深化过程。该协议实际上没有一个明确的新旧分界点。学术界一般将1988年的《巴塞尔报告》称为旧巴塞尔协议,将1999年6月公布的《新巴塞尔资本协议》征求意见稿(第一稿)称为新巴塞尔协议(O Novo Acordo de Capital da Basiléia)。

1988年协议强调银行资本总量的管理,这对于减小银行破产风险和银行倒闭可能给储户造成的损失十分重要。除保留银行资本总量管理要求外,新协议确立的制度框架还通过更多强调银行自身内部管理、加强监管检查和市场约束,以保持金融系统的安全和稳定。

虽然新制度框架的重点主要是国际性主要银行,但是,它的基本原则适用于各级各类银行采用。委员会在制定新规则的过程中咨询全世界的监管者的意见,即是期望在一定时间以后,所有的主要银行都能遵守新协议。新制度框架意在提供比1988年协议对风险更为综合、敏感的方法,同时又保持总的管制资本的水平。这种与潜在风险相一致的资本条件,将有利于银行更有效地管理他们的业务。

新协议由三大支柱组成:最低资本要求(requisitos mínimos de capital)指银行最低资本充足率达到8%,而银行的核心资本的充足率应为4%。其目的是使银行对风险更敏感,使其运作更有效;监察审理程序(processo de revisão de supervisão)是指监管者通过监测决定银行内部能否合理运行,并对其提出改进的方案;市场制约机能,即市场自律(disciplina de mercado):要求银行提高信息的透明度,使外界对它的财务、管理等有更好的了解。

2.4 Mecanismo Único de Supervisão
单一监管体制

为了解决欧债危机,欧盟相继提出包括建立欧洲金融稳定基金(Mecanismo Europeu de Estabilidade Financeira)、欧洲稳定机制(Mecanismo Europeu de Estabilidade)在内的30个大小的提案,以及对跨境金融稳定框架的全面改革:2011年1月,成立欧洲金融监管者系统(Sistema Europeu de Supervisores Financeiros),用三个独立的、按部门划分的欧洲监管当局将欧盟各国监管机构联合起来,包括欧盟银行管理局(Autoridade Bancária Europeia)、欧盟证券与市场管理局(Autoridade Europeia dos Valores Mobiliários e dos Mercados),及欧盟保险及职业年金管理局(Autoridade Europeia de Seguros e Pensões Profissionais)。2013年10月15日,欧盟财长会议通过了建立银行业单一监管机制的决议。

该决议授权欧洲央行(Banco Central Europeu)统一监管欧元区银行,即单一监管机制,是欧洲银行业联盟的三大支柱之一。欧洲央行单一监管机制将在颁发银行营业执照、企业并购审核批准、征收罚金等几乎所有事务中拥有发言权。

除此之外,银行业联盟的构建还包括建立一套完善机制来保护公民存款,即统一的存款保险机制;建立一支基金对困难银行进行破产清算或资产重组,即单一解决机制(Mecanismo único de resolução)。

由于单一监管机制下的监管者没有国家利益趋势,将完全从欧洲的利益出发去履行职能,其目的在于扭转欧债危机以来出现的金融分裂的不利局面,维护欧洲的金融稳定。从法律层面来说,监管者将完全独立于各国政府及金融系统,各国监管机构的规则、标准以及决策程序将完全一样。

3　Terminologia de negócios

Fundos negociados em bolsa	交易型开放式指数基金,指数型证券投资信托基金,ETF
Título hipotecário	抵押支持证券,MBS

Influências no exterior	溢出
Repercussões dessas influências no território doméstico	溢回
Mecanismo Único de Supervisão	单一监督机制
União bancária uropeia	欧洲银行联盟
Mecanismo único de resolução	单一解决机制
Autoridade Bancária Europeia	欧洲银行管理局
Conselho de Supervisores	监事会
Moeda fiduciária	法定货币
Senhoriagem	铸币税
Direito de emissão	发行权
Banco de Compensações Internacionais	国际清算银行
Taxa noturna	隔夜利率, Overnight rate
Taxa de desconto	折扣率
Mercado interbancário	银行间市场
Trocas	掉期
Flexibilização quantitativa	量化宽松, QE
Armadilha de liquidez	流动性陷阱
Banco de reservas fracionárias	部分储备银行
Orientação de janela	窗口指导
Requisito de margem	保证金要求
Orientação para o futuro	前瞻性指导
Dinheiro helicóptero	直升机撒钱
Banco de estado	国家银行
Acordo nacional da Banca	国家银行法
Sistema da Reserva Federal	联邦储备体系
Acordo de criação do Fed	美联储法案
IME – Instituto Monetário Europeu	欧洲货币研究所, EMI
BCE – Banco Central Europeu	欧洲央行－欧洲中央银行
Sistema Europeu de Bancos Centrais	欧洲中央银行体系, ESCB
Fundo Cooperativo Monetário Europeu	欧洲货币合作基金
Zona de Países pertencentes à União Europeia	欧元区
Programa de compra de títulos soberanos	证券市场计划
Quadro monetário	货币局
Comitê de Supervisão Bancária de Basileia – CSBB	巴塞尔银行监管委员会, BCBS

Acordos Gerais para Empréstimos – AGE	借款总安排, GAB
FMI – Fundo Monetário Internacional	国际货币基金组织, IMF
Prescrita	订明的
Regulamento Bancário	银行业监
regulador financeiro	金融监管机构
ordem financeira	金融秩序
derivados	衍生品
Banco Central Europeu	欧洲中央银行
zona do euro	欧元区
Tratado de Maastricht	马斯特里赫特条约
integração económica europeia	欧洲经济一体化
Acordo de Capital da Basiléia	巴塞尔资本协议
risco de crédito sistemático	系统信用风险
risco de mercado/exposição no Mercado	市场风险
rácio de adequação de capital	资本充足比率
Basel Concordat	巴塞尔协定
Acordo de Basileia	巴塞尔协议
Novo Acordo de Capital da Basiléia	新巴塞尔协议
requisitos mínimos de capital	最低资本要求
processo de revisão de supervisão	监察审理程序
disciplina de mercado	市场自律

4 Exercícios

1) Quais os principais objetivos das políticas monetárias dos bancos centrais?
2) Acha que um banco central tem que providenciar sempre orientações para o futuro, ou só em caso de necessidade?
3) O que entende por flexibilização quantitativa?
4) Concorda com a política de "dinheiro helicóptero"? Quais os principais problemas associados a esta prática?
5) Quais os receios inerentes aos bancos centrais tentarem vender ativos que têm acumulado ao longo dos anos?

5 Caso de Estudo: Banco de Portugal – Governador diz que emissão de dívida em moeda chinesa foi "um sucesso" [1]

O governador do Banco de Portugal (BdP), Carlos Costa, disse esta sexta-feira em Macau que a emissão de dívida de dois milhões de renmimbi (260 milhões de euros) em moeda chinesa foi "um sucesso".

"Lançámos ontem a operação Panda, à qual atribuímos muita importância, e o sucesso da operação foi manifesto, portanto estamos todos de parabéns, está o tesouro português de parabéns por ter lançado a operação, estão o renmimbi e o mercado de parabéns pela aceitação", sublinhou Carlos Costa.

O responsável do BdP salientou o facto da procura ter superado a oferta, em 3,165 vezes, o que permitiu rever em baixa a taxa de juro para 4,09%, tendo sido a primeira emissão em moeda chinesa de um país da zona euro e a terceira de um país europeu.

Presente numa conferência do 10.° Fórum Investimento e Construção de Infraestruturas (IIICF, na sigla em inglês), Carlos Costa assinalou a "progressiva internacionalização do renmimbi e que o BdP "foi o segundo banco central a integra o renmimbi nas suas reservas cambiais e no seu portefólio de investimento, depois da Áustria".

As declarações do governador foram realizadas durante uma conferência que juntou governadores dos bancos centrais e dos quadros da área financeira da China e de países lusófonos.

A edição deste ano (2019) do fórum conta com mais de dois mil empresários, académicos e políticos, dos quais mais de 50 governantes oriundos de 40 países e regiões, num evento cujo orçamento está estimado em 39 milhões de patacas (4,3 milhões de euros) e que é promovido sob a orientação do Ministério do Comércio da República Popular da China e do Governo de Macau.

O IIICF inclui 36 fóruns paralelos, exposições, seminários de promoção de projetos e bolsas de contacto, entre outras atividades de negociação comercial, para operacionalizar a cooperação entre os países envolvidos na estratégia adotada pelo Governo chinês denominada de "Uma Faixa, Uma Rota", que visa o desenvolvimento de infraestruturas e investimentos em países europeus, asiáticos e africanos.

---

[1] Retirado e adaptado de: https://observador.pt/2019/05/31/banco-de-portugal-governador-diz-que-emissao-de-divida-em-moeda-chinesa-foi-um-sucesso/

Capítulo IV   Gestão de Risco Bancário

1   Texto

Neste capítulo iremos abordar a gestão de risco de um banco, sendo este um exercício bastante complicado para qualquer gestor. No mundo das probabilidades, é preciso ter o engenho e a arte de saber gerir o risco de forma a tornar o banco lucrativo.

Na senda de ganhar lucros e administrar a sua liquidez e capital, os bancos enfrentam dois grandes riscos:

1) Risco de crédito: risco dos seus mutuários não conseguirem pagar os empréstimos que lhe foram concedidos.

2) Risco de taxa de juros: o risco de as taxas de juros reduzirem os retornos sobre os empréstimos que o banco concedeu (seus ativos) e/ou aumentar o custo de seus passivos (basicamente os empréstimos que o banco contraiu).

O pânico financeiro de 2008 lembrou aos banqueiros que eles também podem enfrentar riscos de responsabilidade e de adequação de capital se os mercados financeiros se tornarem menos líquidos e/ou estagnarem. Dessa forma, podemos enumerar como terceiro grande risco:

3) Risco de responsabilidade.

1.1   Risco de Crédito

Conforme já mencionado no capítulo anterior, os empréstimos concedidos constituem o principal negócio dos bancos. Gerir o risco de crédito é um dos procedimentos mais importantes que um gestor da banca deve saber desempenhar. Saber quais empréstimos conceder e saber mensurar o risco inerente a cada um dos mesmos é indispensável para garantir que os empréstimos concedidos sejam cumpridos, mantendo o nível de incumprimento baixo. É requerido aos banqueiros que sejam bons estudantes de informação assimétrica (evitando os riscos morais e minimizando casos de seleção adversa-em que uma das partes não tem toda a informação relevante, que neste caso, possa aumentar significativamente o risco do empréstimo) e de técnicas de redução de risco.

Um bom gestor da banca tem conhecimento do principio informático FIFO – - First In, First Out (o primeiro a entrar é o primeiro a sair, geralmente usado em memórias que guardam informação temporária) que, adaptado aos maus empréstimos, foi renomeado de GIGO – Garbage In, Garbage Out (se entrar lixo, esse lixo terá de sair rapidamente). Se os gestores da banca emprestarem ou segurarem a pessoas e empresas arriscadas, as coisas irão correr mal (financeiramente), visto que muito provavelmente nunca serão ressarcidos. Assim sendo, eles rastreiam cuidadosamente os candidatos a empréstimos e seguros. Por outras palavras, para reduzir a assimetria da informação, os intermediários financeiros criam informações sobre todos os seus clientes. Uma forma de o fazer é exigir o preenchimento prévio de questionários amplos aos candidatos.

Não obstante da possível relevância da ferramenta, os intermediários financeiros usam o questionário apenas como ponto de partida. Como os candidatos arriscados podem "esticar" a verdade ou até mentir aquando do preenchimento do questionário, os intermediários normalmente realizam duas ações:

1) Tornar as respostas do questionário uma parte obrigatória do contrato financeiro e,

2) Verificar as informações com terceiros desinteressados.

O primeiro ponto permite que os intermediários cancelem os contratos se os pedidos forem fraudulentos. Se alguém solicitasse um seguro de vida, mas não divulgasse estar a sofrer de uma doença terminal, a companhia de seguro de vida não pagaria (embora pudesse devolver os prémios, dependendo do contrato) - o que até pode parecer cruel, mas não é. No processo de proteger os seus lucros, a companhia de seguros também está a proteger os seus segurados.

Noutras situações, o intermediário financeiro pode não encontrar dados falsos no questionário até que seja tarde, pelo que pode também verificar informações importantes interpelando os empregadores (e. g. questionar se o Sr. João Silva é realmente o chefe de departamento financeiro da empresa ABC); realizando exames médicos (e. g. a Sra. Patrícia Dias está realmente com uma saúde perfeita, apesar de ter 1m60 de altura e pesar 160kg?); contratando avaliadores (uma casa T1 de um quarto, uma casa de banho e uma sala de 20m2 com kitchenette vale 1M€?), e assim por diante.

Os intermediários financeiros também podem comprar relatórios de crédito a empresas especializadas, cuja única função é compor esses relatórios a empresas e indivíduos, tais como a *Equifax*, *Experian* ou *Trans – Union*. Da mesma forma, as empresas seguradoras também compartilham regularmente informações entre si para que os candidatos "arriscados" não se possam aproveitar delas facilmente.

1.1.1 Especialização

Para ajudar a melhorar a sua perspicácia de seleção de potenciais candidatos, muitos intermediários financeiros especializam-se. Ao fazer empréstimos para apenas um ou alguns tipos específicos de mutuários, assegurando automóveis apenas para algumas regiões, ou assegurando quintas e excluindo fábricas, os intermediários adquirem experiência de negócio em discernir candidatos arriscados dos demais, pois rapidamente aprendem a distinguir o "trigo do joio".

A especialização também ajuda a manter os custos de monitorização ao mínimo. Relembramos que, para reduzir o risco moral (informação assimétrica pós--contratual), os intermediários devem prestar atenção ao que os tomadores de empréstimos e pessoas seguradas fazem. Através da especialização, os intermediários sabem que tipo de convénios restritivos (também conhecidos como convénios de empréstimo) devem ser incluídos nos seus contratos. As cláusulas do empréstimo incluem a frequência de apresentação de relatórios financeiros, os tipos de informações a serem concedidas em tais relatórios, requisitos de capital circulante (explicado no capitulo de análise e reporte financeiro), permissão para inspeções no local, limitações nas retiradas de contas e opções de compra se o desempenho dos negócios se deteriorar conforme medido por índices específicos de negócios. As seguradoras também constroem convénios nos seus contratos; um mutuário não pode transformar a sua casa num bordel, e ver mantida a sua cobertura de seguro. Para reduzir ainda mais o risco moral, as seguradoras também investigam alegações que pareçam suspeitas. Se o mutuário destruir o seu carro contra uma árvore no dia seguinte ao ter contratualizado um seguro ou de aumentar a sua cobertura, o avaliador de sinistros da seguradora provavelmente examinará com mais minúcia o alegado acidente.

Porém, como tudo na vida, a especialização tem os seus custos. Algumas empresas levam o conceito ao extremo e super especializam-se, prejudicando a sua gestão de ativos, realizando muitos empréstimos ou emitindo muitos contratos num único local ou para um grupo específico. Enquanto os riscos de crédito diminuem devido à especialização, a falta de diversidade aumenta o risco sistémico dos ativos, exigindo que os banqueiros tomem decisões difíceis em relação ao seu grau de especialização.

1.1.2 Relacionamentos de Longo Prazo

A criação de relacionamentos de longo prazo com os clientes também pode ajudar os intermediários financeiros a gerir os seus riscos de crédito. Os banqueiros, por exemplo, podem dar uma garantia melhor se puderem examinar as contas correntes e de poupança dos candidatos relativas a um período de anos, ou até mesmo décadas. Os registos de reembolso de candidatos que anteriormente obtiveram empréstimos podem ser verificados de forma fácil e barata. Além disso, a expectativa (no mundo da gestão financeira, tudo tem a ver com esperança e risco) de um relacionamento de longo prazo afeta os cálculos, de forma favorável, do mutuário. O intuito é ter uma boa relação com o cliente, de forma a este recorrer à instituição financeira no futuro, sempre que precisar de outro empréstimo.

Uma forma de os credores criarem relacionamentos de longo prazo com as empresas é fornecer compromissos de empréstimo, promessas de emprestar € x em juros y% (ou y% acrescido de uma taxa de mercado) por z anos. Tais acordos são benéficos tanto para os credores como para os mutuários; de facto, a maioria dos empréstimos comerciais são compromissos de empréstimo. Tais compromissos são às vezes chamados de linhas de crédito, particularmente quando estendidos aos consumidores. Como as linhas de crédito podem ser revogadas sob circunstâncias específicas, o comportamento de risco por parte dos tomadores de empréstimos é minimizado.

1.1.3 Garantias Colaterais

Os banqueiros também costumam insistir em garantias colaterais-ativos dados em garantia pelo mutuário em caso de falha de pagamento de um empréstimo. Quando esses ativos são líquidos; i. e., dinheiro deixado no banco ou títulos facilmente convertíveis em dinheiro, a garantia é chamada de saldo compensatório. Outra ferramenta poderosa para combater a informação assimétrica é o racionamento de crédito, com o gestor financeiro a recusar-se a fazer um empréstimo, mesmo com uma taxa de juro muito alta(para reduzir a seleção adversa) ou emprestar menos do que a quantia solicitada(para reduzir o risco moral). As seguradoras também se envolvem em ambos os tipos de racionamento, e pelas mesmas razões: pessoas dispostas a pagar altas taxas ou prémios devem ser(infelizmente, 95% das vezes são) arriscadas, e quanto maior a dívida/o seguro do mutuário, maior a probabilidade de o mesmo fugir ou tentar enganar a instituição financeira, conforme o caso.

1.1.4 Pressão para obter resultados

Tal como o mundo aprendeu em 2007-2008, os bancos e outros credores não conseguem fazer uma monitorização perfeita dos seus mutuários. Muitas vezes, sob pressão para obter resultados, os gestores financeiros arriscam demasiado alto e emprestam a mutuários a quem não deveriam emprestar. Muitas vezes também, os banqueiros individuais lucram generosamente emprestando a tomadores muito arriscados, mesmo que as suas ações ponham em perigo a própria existência dos seus bancos(isto devido ao sistema de prémios instituído pela instituição, que geralmente olha apenas para os resultados do ano corrente). Outras vezes, pressões políticas ou sociais externas induzem os banqueiros a fazer empréstimos que normalmente não fariam(emprestar a uma grande empresa com influência política, por exemplo). Tais excessos costumam ser sempre revertidos; geralmente com grande prejuízo, porque os credores sofrem com altos níveis de empréstimos inadimplentes.

1.2 Risco da Taxa de Juro

Os intermediários financeiros também podem ser afetados por mudanças nas taxas de juros. Considere a situação do Banco X(veja Tabela 4.1), que, tal como a maioria das instituições depositárias, pede emprestado a períodos curtos e empresta a períodos longos:

Tabela 4.1   Balanço do banco X, em biliões de€, exemplo 1

Ativos	Passivos
Ativos de taxa variável tais como empréstimos e títulos de curto prazo 10B€	Passivos de taxa variável tais como CDs e MMDAs 20B€
Ativos de taxa fixa, tais como reservas, empréstimos a longo prazo e títulos 50B€	Ativos de taxa fixa, tais como depósitos a prazo, CDs e capital próprio 40B€

Se a taxa de juro aumentar, o lucro do Banco X irá diminuir, uma vez que a diferença entre aquilo que ganha no seu ativo de taxa variável e aquilo que paga pelo seu passivo de taxa variável irá diminuir(assumindo que a margem de lucro se mantenha o mesmo). Como exemplo, imaginemos que o banco paga 3% pelos seus passivos de taxa variável, e ganha 7% nos seus ativos de taxa variável. Se assim for, temos que o banco paga 20B€ x 3%/ano = 0,6B€/ano pelos seus passivos de taxa variável, e ganha 10B€ x 7%/ano = 0,7B€/ano pelos seus ativos de taxa variável. Assim sendo, tem 0,1B€/ano de lucro na taxa variável! Porém, se as taxas de juros aumentarem 1%, então o banco passará a pagar 4% nos passivos de taxa variável, e a ganhar 8% nos ativos de taxa variável. Fazendo novamente as contas, facilmente vimos que paga 0,8B€/ano, e que ganha 0,8B€/ano, pelo que fica quite(sem lucro na taxa variável, embora saibamos que os outros 10B€ que não estamos a considerar, estejam a render juros na taxa fixa). Se a taxa aumentar ainda mais, e em vez de subir 1% subir 2%, após contas feitas, o banco irá pagar 5% pelos seus passivos de taxa variável(1B€/ano), e irá receber 9% sobre os ativos de taxa variável(0,9B€/ano), pelo que agora teria um prejuízo de 0, 1B€/ano na taxa variável! Em relação ao cenário original (taxa de 3% e 7%), teríamos um prejuízo de 0,2B€/ano!

Nos anos de 1970s, a inflação esteve inesperadamente elevada, o que levou à falência de muitos bancos no final dos anos de 1970s e inícios dos anos de 1980s. A inflação(via a Equação de Fisher, que faz uma estimativa da relação entre a taxa nominal e a taxa real de juros sob inflação[①]) causou o aumento da taxa de juro nominal, o que prejudicou bastante os lucros do bancos, uma vez que estavam a ganhar baixas taxas de juro nos seus ativos de longo prazo(titulo a 30 anos, por exemplo), e subitamente começaram a pagar taxas muito elevadas no seu passivo de curto prazo. Esta "sangria" financeira incitou os banqueiros a apostarem em produtos mais arriscados de forma a cobrir o estrago, levando-os a investir nos mercados dos derivativos. Tal como esperado, alguns tiveram o engenho e a arte de conseguir recuperar a saúde financeira do banco, mas a grande maioria destruiu todo o capital do banco e a maioria do capital dos seus depositantes.

1.2.1 Análise diferencial de lucro

Claro que, se o valor dos ativos de taxa variável exceder o passivo de taxa variável, o banco iria lucrar com os aumentos da taxa de juro; porém, nesse caso, iria sofrer se as taxas de juro baixassem. Como exemplo, vamos imaginar que o banco tem 10B€ em ativos de taxa variável a render 8%, e que tem apenas 1B€ nos passivos de taxa variável a render 5%. Assim sendo, o banco ganha 0,8B€/ano com os ativos de taxa variável, e paga 0,05B€/ano pelo passivo de taxa variável(lucros de taxa variável de 0,75B€). Se a taxa de juro diminuir 3%, os ganhos passariam a 10B€ x 5%/ano =0,5B€/ano, e os custos passariam a 1B€ x 2%/ano = 0,02B€/ano, sendo que o lucro de taxa variável seria agora de 0,48B€/ano, pelo que haveria uma perda de 0,27B€/ano de lucro.

Mais formalmente, este tipo de cálculo é chamado de análise de lucro diferencial simples, sendo dada por:

$$C_p = (A_r - L_r) \times \Delta i$$

onde:

C_p = alterações no lucro em taxa variável

[①] A equação diz que a taxa de juro nominal é aproximadamente igual à soma da taxa de inflação e da taxa de juros real.

A_r = ativos de taxa variável

L_r = passivos de taxa variável

Δi = alteração da taxa de juro

Assim sendo, voltando aos exemplos anteriores, temos, para o primeiro exemplo:

$$C_p = (10 - 20) \times 20\% = -0,2B€$$

E para este último exemplo, temos:

$$C_p = (10 - 1) \times (-3\%) = -0,27B€$$

Olhemos para a Tabela 2, onde se apresenta sumarizado, numa matriz 2x2, o que acontece aos lucros dos bancos quando o diferencial entre ativos e passivos de taxa variável é positivo $(A_r > L_r)$ ou negativa $(A_r < L_r)$, para os casos em que as taxas de juro sobem ou descem. Basicamente, os banqueiros deveriam ter uma boa perspetiva sobre a futura evolução das taxas de juro, e ter mais ativos do que passivos de taxa variável se considerarem que as taxas de juro irão subir, e de ter mais passivos do que ativos de taxa variável se acharem que as taxas de juro irão descer.

Tabela 4.2   Alterações no lucro bancário de taxa variável

Lucros Bancários de taxa variável	Juros Sobem	Juros Descem
$A_r > L_r$	C_p aumenta	C_p diminui
$A_r < L_r$	C_p diminui	C_p aumenta

1.2.2 O Modelo de Lacuna

O objetivo desta abordagem é estabilizar ou aumentar a receita líquida de juros esperada. Num determinado momento, a receita líquida de juros é gerida ao dividir o período em análise por vários intervalos, e para cada intervalo é determinado uma lacuna, em que a lacuna é a diferença entre a quantia em euros de ativos sensíveis à taxa de juro (RSAs – Rate – Sensitive Assets) e a quantia em euros de passivos sensíveis à taxa de juro (RSLs – Rate – Sensitive Liabilities). As etapas básicas da análise de lacunas são as seguintes:

1) Selecionar um período de planeamento (e. g., 12 meses) para determinar a sensibilidade de ativos e passivos à taxa de juro.

2) Agrupar ativos e passivos em compartimentos definidos arbitrariamente, seja em termos de vencimento ou quando o mercado os avaliará; a parcela principal do ativo ou passivo que é reavaliada é classificada como sendo sensível à taxa.

3) Determinar a lacuna em termos da diferença de euros entre RSAs e RSLs para cada compartimento de tempo.

4) Permitir que a gestão administrativa avalie informações de lacunas diretamente e/ou através de análise de sensibilidade.

Exemplo:

Os seguintes ativos e passivos (em milhões de €) de um banco hipotético ilustram a mensuração da análise de lacunas:

Compartimento	Ativo	Passivo	Lacuna
0–7 dias	9.100	10.300	−1.200
7 dias – 3 meses	80.500	90.500	−10.000
3–6 meses	95.000	75.000	20.000
1–2 ano	4.000	3.000	1.000
Acima de 2 anos	20.100	10.000	10.100
Total	118.700	98.700	19.900

No exemplo acima, os ativos e passivos foram divididos em cinco intervalos de reavaliação, como de 0 a 7 dias e 3 a 6 meses. Cada intervalo contém ativos e passivos que vencem nesse intervalo de tempo e, portanto, fornecem uma indicação da direção e magnitude do impacto da alteração da taxa de juros.

Dessa forma, a administração do banco utiliza as informações das lacunas acima em relação às expectativas de alterações nas taxas de juros para proteger a receita líquida de juros ou para alterar especulativamente o tamanho da lacuna para cada intervalo de tempo. A utilização de investimentos alavancados remove a volatilidade da receita líquida de juros, alterando a quantia em euros de ativos e passivos sensíveis às variações da taxa de juros. A especulação, por outro lado, concentra-se em melhorar a rentabilidade após as mudanças previstas nas taxas de juros. Se a mudança prevista não se concretizar, é provável que a rentabilidade piore.

O impacto das alterações da taxa de juros no valor do banco depende da exposição do banco em relação aos ganhos, mix de portfólio e valor das lacunas. Assim, alterações nas taxas de juros podem aumentar, diminuir ou não ter efeito na receita líquida de juros do banco em geral. Uma diferença negativa de lacuna indica que o banco tem mais RSLs que RSAs; portanto, mais passivos do que ativos devem chegar à maturidade durante todo o período que abrange a lacuna. Quando as taxas de juros diminuem com uma lacuna negativa, o banco paga taxas de juros mais baixas em todos os passivos com preço elevado e obtém rendimentos mais baixos em todos os ativos com preço alto. Uma vez que tais passivos excedem os ativos, a economia na despesa de juros neste caso será maior que a perda na receita de juros. Portanto, a receita líquida de juros aumenta com uma diferença negativa quando as taxas de juros diminuem. O contrário ocorre quando as taxas de juros aumentam: existem perdas com uma diferença negativa. Em resumo, uma diferença negativa ajuda os resultados bancários durante a queda das taxas de juros e prejudica os mesmos durante o aumento das taxas de juros.

Uma diferença/lacuna positiva indica que um banco tem mais RSAs do que os RSLs. Quando as taxas de juros aumentam nesse intervalo, a receita de juros aumenta mais do que a despesa de juros, porque mais ativos são reavaliados e, portanto, a receita líquida aumenta. Reduções nas taxas têm o efeito oposto: a receita de juros cai mais do que a despesa de juros, causando a queda da receita financeira. Se o banco tiver uma lacuna a zero, os RSAs serão iguais aos RSLs e as mudanças nas taxas de juros não terão impacto na receita líquida de juros.

Um banco pode optar por especular sobre as taxas de juros futuras, gerindo ativamente a diferença. Por exemplo, se a administração esperar por um aumento da taxa de juros num determinado intervalo de tempo, pode mover sua lacuna na direção positiva, ou seja, diminuir a maturidade de seus ativos e/ou aumentar a maturidade de seus passivos pertencentes a intervalos de tempo mais longos. Obviamente, tal ação se baseia não apenas numa previsão precisa da taxa de juros, mas também na capacidade de manipular vencimentos das suas aplicações (tanto dos ativos como dos passivos) a um custo razoável. A discussão anterior também sugere que, quando um banco tem uma lacuna diferente de zero, está a especular num determinado sentido. Assim sendo, um banco com uma lacuna positiva aposta explícita ou implicitamente que a taxa de juros aumentará.

A principal força da análise de lacunas é que os seus cálculos são fáceis de efetuar e os seus resultados são facilmente compreensíveis. Muitos programas de software para ativos/passivos estão disponíveis para produzir um relatório de lacunas e analisar a sensibilidade geral da taxa de juros de um banco. No entanto, este método também sofre de algumas fraquezas, nomeadamente:

1) Gera erros de medição ex post; por exemplo, empréstimos concedidos com taxas vinculados à taxa de referência de juros de um banco podem não se alterar com a mesma dinâmica das taxas oferecidas nos depósitos a prazo na qual o banco capta fundos.

2) Ignora o valor temporal do dinheiro em cada intervalo;

3) Ignora o impacto cumulativo das alterações nas taxas de juros na posição de um banco. As mudanças na taxa de juros também afetam o valor dos ativos e passivos de taxa fixa. Essas alterações cumulativas na posição geral do banco (ou seja, o seu impacto na posição patrimonial) são ignoradas pela análise de lacunas.

4) Ativos e passivos que estejam em moedas diferentes são mais difíceis de analisar, pois as taxas de juros em moedas diferentes não se movem em consonância; e o impacto líquido dos retornos desses instrumentos denominados em moeda estrangeira na rentabilidade geral do banco permanece ainda mais confuso, pois esses retornos exigem conversão na moeda nacional.

1.2.3 Maturidades diferenciadas

Claro que, nem todos os ativos e/ou passivos de taxa variável têm as mesmas maturidades, pelo que, para aferir a exposição a variações da taxa de juro, os gestores financeiros usam umas análises mais sofisticadas, tais como:

• Método do balde de maturação-mede o diferencial para vários sub-intervalos de maturação (denominados de baldes);

• Análise diferencial standard-mede as variações do lucro face a vários níveis de alterações nas taxas de juro;

• Análise da duração-também conhecida como a duração de Macaulay, mede a duração média ponderada dos ativos e passivos, para aferir o valor líquido da resposta a alterações na taxa de juro.

A duração é usada para estimar a sensibilidade à alteração do valor de mercado de um título ou portfolio de produtos à variação da taxa de juro consoante a fórmula:

$$\Delta\% P = -\Delta\% i \times d$$

Em que:

$\Delta\% P$ = alteração percentual do valor de mercado

d = duração (em anos)

Δi = alteração da taxa de juro. Note que a variação da taxa tem o sinal negativo à frente, uma vez que as taxas de juro e os preços são inversamente correlacionados.

Dessa forma, se a taxa de juro aumentar 2% e a duração média de um ativo bancário de 100M€ de taxa variável for de 3 anos, então o valor desses ativos irá descer $\Delta\% P = -2\% \times 3 = -6\%$, descendo 6M€. Se o valor do passivo de taxa variável for 95M€, e a duração igualmente de 3 anos, o valor desse passivo irá também descer em 6%, pelo que esse passivo irá custar menos 5,7M€ ao banco. Dessa forma, neste exemplo temos os ativos a desvalorizarem 6M€ e os passivos a custarem menos 5,7M€ (um ganho para o banco), pelo que efetivamente, temos um resultado líquido negativo de 5,7M€ − 6M€ = −0,3M€, pelo que este resultado irá diminuir o capital próprio do banco.

Se a duração do passivo do banco fosse de apenas 1 ano, então o custo desse passivo iria descer $\Delta\% P = -2\% \times 1 = -2\%$, pelo que o banco iria poupar apenas 95M€ x 2% = 1,9M€. Se compararmos com a perda de valor dos ativos a 3 anos, teríamos um prejuízo de 1,9M€ − 6M€ = 4,1M€, mas esta conta apenas evidencia que não podemos comparar de forma direta a alteração de valor de produtos com maturidades diferentes. Neste caso, poderíamos dizer que o banco teria um enorme prejuízo, mas obviamente que o mesmo banco poderia ir buscar mais passivo de taxa variável no segundo ano, a uma taxa de juro mais baixa; porém, assumindo que a taxa de juro se iria manter os tais 2% abaixo, o banco nunca iria deixar de ter o tal resultado liquido negativo dos 0,3M€.

1.2.4 O Modelo de Duração de Lacuna

Pegando no modelo de lacuna descrito anteriormente, podemos também aplicar as referidas lacunas consoante a duração dos ativos. O conceito de duração está intimamente ligado à maturidade, sendo na realidade, uma maturidade ponderada.

$$D_a = \sum_{t=1}^{T} \frac{(t \times CFA_t/(1+r)^t)}{(CFA_t/(1+r)^t)}$$

Em que D_a é a duração do ativo com fluxos monetários (cash flows) para T períodos, T é a maturidade do ativo, CFA_t é o fluxo monetário no período t e r é a taxa de desconto/taxa de juro. O numerador da equação acima é a média ponderada dos pagamentos descontados durante o tempo de vida do ativo. Assim sendo, o valor presente do pagamento do segundo período será multiplicado por 2, a do terceiro período por 3, etc. O numerador atribui mais peso a pagamentos mais remotos do que aos pagamentos mais próximo, sendo que o denominador é o valor presente de todos os pagamentos periódicos. Esta definição leva-nos às seguintes generalizações:

1) Se tivermos dois ativos com o mesmo valor (presente) e a mesma maturidade, o ativo que tiver os seus pagamentos efetuados mais cedo terá uma duração inferior ao ativo que tiver os seus pagamentos efetuados mais tarde.

2) Se um ativo tiver apenas um pagamento na sua maturidade, ou seja, uma obrigação de cupão zero (*zero-coupon bond*), a maturidade e a duração serão idênticos. Qualquer pagamento recebido num ativo durante a sua duração irá reduzir a sua duração. Assim sendo, a duração nunca pode exceder a maturidade do ativo.

A duração é na realidade a elasticidade do valor do ativo face a alterações na taxa de juros. A gestão bancária usa a duração para medir o risco da taxa de juro. Sem nos metermos em grandes deduções matemáticas, podemos dizer que ΔE, a alteração do capital próprio do banco, é igual a (Mehta e Fung 2004):

$$\Delta E = -(A \times D_A - L \times D_L) \times \Delta r/(1+r)$$

Onde A é o valor dos ativos do banco, L é o valor do passivo do banco, r é a taxa de juro e $D_A(D_L)$ é a duração dos ativos (passivos). Fatorizando pelos ativos, temos a equação chamada de modelo de duração de lacunas (*d-gap model*):

$$\Delta E = -A(D_A - k \times D_L) \times \Delta r/(1+r)$$

Onde k é o rácio entre o passivo e ativo, também chamado de rácio de endividamento, que mede a alavancagem financeira do banco. Desta forma, facilmente deduzimos que o capital próprio do banco é afectado por 3 grandes fatores:

1) A duração ajustada $-(D_A - k \times D_L)$,

2) O tamanho do banco A e

3) A dimensão da alteração da taxa de juro.

O modelo d-gap é usado para gerir o valor de mercado das ações dos acionistas à luz do movimento da taxa de juro. A equação foca na duração ajustada para estabilizar ou melhor o capital próprio do banco. A administração do banco pode, dessa forma, encurtar ou aumentar a duração ajustada dos seus ativos para ir de encontro às alterações esperadas da taxa de juro.

Vamos a um pequeno exemplo:

Imaginemos o balanço do banco como sendo:

Ativos = 100M€; Passivos = 80M€; Capital Próprio = 20M€

Suponhamos também o seguinte:

$D_A = 6$, $D_L = 4$, $\Delta r = 1\%$ e $R = 10\%$

A duração ajustada será:

$-(D_A - k \times D_L) = -6 + 0,8 \times 4 = -2,8$

A alteração no valor do capital próprio do banco será:

$\Delta E = -A(D_A - k \times D_L) \times \Delta r/(1+r) = 100M€ \times (-2,8) \times (0,01/1,1) = -2,55M€$

Isto quer dizer que um aumento de 1% na taxa de juro irá reduzir o capital próprio em 2,55M€

Depois de vermos este exemplo, podemos dizer que:

1) Uma lacuna positiva ou d-gap responde favoravelmente a um aumento da taxa de juro

2) A análise da duração concentra-se no valor do capital próprio; a abordagem de lacunas analisa apenas o lucro líquido para os acionistas.

3) As medidas de duração são aditivas. Dessa forma, o banco pode combinar ativos com passivos, em vez de contas individuais correspondentes.

4) O método d-gap adota um ponto de vista de longo prazo.

O método d-gap também tem as suas fraquezas, nomeadamente:

1) A dificuldade em estimar futuras variações da taxa de juro e quando

2) Um banco deve monitorar e ajustar a duração de seu portfólio de uma forma continua; o esforço e os custos de transação inerentes a eventuais alterações podem ser excessivos.

3) A análise do d-gap, tal como a medida da lacuna, não considera o risco

base. Veremos um exemplo no próximo ponto.

1.2.5 Exemplo sobre o risco de base

Imaginemos um banco com as seguintes rubricas no seu balanço:

Ativo	Passivo
Empréstimos sensíveis à taxa 50M€	Depósitos sensíveis à taxa 40M€
Taxa fixa	Taxa fixa
Reservas 12M€	Obrigações cupão zero a 5 anos 82,2M€
Cupão zero de 20 anos 64,6M€	(110M€ a 6%)
(250M€ a 7%)	Capital líquido 4,4M€
Total de Ativos = Total de Passivos = 126,6M€	

No balanço, podemos calcular a lacuna para o banco como:

RSA − RSL = 50M€ − 40M€ = 10M€

Quando a taxa de juro aumentar por um valor de 2% para ambos os empréstimos e depósitos, a lacuna positiva irá gerar um juro adicional de 10M€ x 2% = 200.000€.

Porém, a folha de balanço do banco após o aumento da taxa de juro irá ser a seguinte:

Ativo	Passivo
Empréstimos sensíveis à taxa 50M€	Depósitos sensíveis à taxa 40M€
Taxa fixa	Taxa fixa
Reservas 12M€	Obrigações cupão zero a 5 anos 74,86M€
Cupão zero de 20 anos 44,61M€	(110M€ a 8%)
(250M€ a 9%)	Capital líquido −8,25M€
Total de Ativos = Total de Passivos = 106,61M€	

Um aumento de 2% na taxa de juro irá baixar o valor dos ativos do banco por 19,99M€ (126,6M€ − 106,61M€), levando a que o capital próprio baixe 12,65M€ (4,4M€ + 8,25M€), levando o banco rapidamente para a bancarrota.

1.2.6 A Convexidade

Na análise da duração e das lacunas, focamos no risco de taxa de juros que surgiria da mudança paralela[1] da estrutura dos termos da taxa de juros. A regra de decisão para a estratégia de imunização da taxa de juros é que o produto da duração dos ativos multiplicados pelo valor do ativo deve ser igual à duração do passivo multiplicado pelo valor do passivo.

Em muitos casos, porém, a estrutura dos termos da taxa de juro não exibe uma mudança paralela. De fato, a inclinação da estrutura dos termos de juros muda a taxas diferentes, porque a mudança nas taxas de juros para diferentes vencimentos não é constante. Por exemplo, quando o Banco Central Europeu aumenta a taxa de curto prazo, as taxas de juros dos títulos de longo prazo podem mostrar aumentos menores (maiores). Nesse cenário, a inclinação da estrutura dos termos da taxa de juro será mais plana (mais íngreme). Por sua vez, uma mudança menor na taxa de juros para um determinado vencimento mostrará uma mudança menor no valor do título associado. Assim, uma mudança geral na estrutura dos termos induz mudanças de preço menores ou maiores.

A convexidade reflete a taxa de variação no aumento (redução) do preço dos títulos como resultado da taxa de variação na redução (aumento) da taxa de juros. Um valor maior de convexidade sugere maior sensibilidade do preço do título a uma determinada alteração na sua taxa de juros. Um valor menor de convexidade significa menos sensibilidade ao preço dos títulos à sua mudança na taxa de juros.

Como tal, existem equações mais complexas para as alterações do capital próprio consoante a convexidade entre os diferentes termos das taxas de juros, mas não iremos discutir esse assunto neste livro.

1.2.7 Ativos e Passivos de taxa fixa

Analisámos a dinâmica dos produtos de taxa variável; nos produtos de taxa fixa o raciocínio é semelhante, embora inverso. Uma estratégia de redução do risco da taxa de juros quando se espera que as taxas de juros caiam, é manter a duração do passivo de taxa fixa curta e a duração dos ativos de taxa fixa longa. Dessa forma, o banco continua a ganhar a antiga taxa mais alta nos seus ativos, mas beneficia das novas taxas mais baixas nos seus depósitos, CDs e outras

---

[1] Pelo termo paralelo estamos a assumir todas as taxas de juros de prazos diferentes alterarem-se da mesma forma

obrigações. Como mencionado acima, a concessão de empréstimos a descoberto e a concessão de empréstimos longos é de segunda natureza para os bancos, que tendem a prosperar quando as taxas de juros caem. Quando as taxas de juros aumentam, os bancos gostariam de manter a duração dos ativos curta e a duração dos seus passivos longa. Dessa forma, o banco ganharia a taxa mais alta nos seus ativos e manteria os seus passivos atrelados às taxas mais antigas e mais baixas. Mas os bancos só podem ir até certo sítio nessa direção, pois isso vai contra a sua natureza; poucas pessoas querem pedir empréstimos de curta duração e menos ainda querem efetuar depósitos a longo prazo!

1.2.8 Risco do País

Os banqueiros não conseguem controlar a política dos Países onde se inserem, nem o contexto socioeconómico das suas zonas de influência, embora tenham de estar atentos aos mesmos. O risco sistémico de um País irá influenciar o retorno pedido, por parte dos investidores, de investimentos feitos no País em causa. Dessa forma, para compensar o risco do País (um País com políticas erráticas ou com grandes desigualdades que possam levar a uma crise financeira, acarretará um risco maior do que um País com políticas mais estáveis e economia pujante e de boa saúde), o retorno pedido é maior, pelo que os juros pedidos também irão ser maiores, para compensar pelo risco acrescido. De certa forma, isto pode ser ingrato, uma vez que uma empresa num País mais débil tem mais dificuldade em obter financiamento que uma empresa semelhante num País mais estável…aqui o truque é mesmo o saber explorar o potencial ainda por capturar no País mais débil, com investimentos que consigam obter um maior retorno, e dessa forma compensar pelos juros mais elevados.

Assim sendo, O prémio de risco do País (*Country Risk Premium* em inglês, ou CRP) é influenciado por:

1) Instabilidade Política;

2) Riscos económicos tais como condições de recessão, inflação elevada, etc.;

3) Flutuações cambiais fortes (o que geralmente são descendentes, e que sugere que o País anda a imprimir moeda para pagar dívida, desvalorizando a sua moe-

da e o poder de compra dos seus habitantes);

4) Regulamentações governamentais adversas (tais como expropriações ou controlos cambiais).

O risco de um País é algo muito importante a considerar, especialmente para os investidores quando ponderam investir num País/mercado estrangeiro. Muitas agências de auxílio à exportação têm dossiers a reportar os riscos associados com o fazer negócios com os diferentes Países do mundo.

O CRP pode ser calculado, tradicionalmente, de duas formas:

1) Método da Dívida Pública: o CRP para um dado País pode ser facilmente estimado ao comparar os juros da dívida entre um País estável (e. g. Alemanha ou os Estados Unidos) e o País em questão. Neste caso, assumimos que o mercado está a funcionar bem, e já fatorizou o CRP no acréscimo dos juros pedidos para emprestar ao Governo desse País. O CRP será a diferença entre a taxa de juro do País em questão face à taxa de juro pedida ao País estável;

2) Método da Volatilidade do mercado de capitais: Neste método, o CRP é medido através da volatilidade relativa dos retornos do mercado de capitais entre o País em questão e um País estável.

Porém, existem desvantagens para ambos os métodos. Se for expectável que um País possa entrar em incumprimento com a sua dívida soberana, as taxas de juro pedidas para comprar dívida pública irá disparar no mercado (tal como aconteceu na segunda década dos anos 2000 a vários Países Europeus), sendo que, nesses casos, o método da dívida pública deixa de ser um bom indicador para financiar investimentos no País em questão. O método da volatilidade também pode falhar se a economia do País em questão fôr um mercado de fronteira, com poucos empresas listadas e/ou mercado com pouca liquidez.

Existe um terceiro método para calcular o risco, que pode ser usado pelos investidores financeiros que compensam os riscos/desvantagens dos dois métodos anteriores. Neste método, o CRP é calculado da seguinte forma:

$$CRP = (\textit{Tx. juro soberana} - \textit{Tx. juro Paísref}) \times \frac{\sigma A\textit{ções}}{\sigma Obriga\textit{ções}}$$

A diferença entre as taxas de juro do País em causa (soberana) e a taxa de juro do País de referência (estável) é o spread aplicado ao País em causa e σ é o desvio padrão anualizado do índice acionista/obrigacionista. O racional para comparar a volatilidade do mercado acionista com a do mercado obrigacionista para um dado País neste método, é derivado do facto que ambos os mercados competem um com o outro para atrair os fundos dos investidores. Dessa forma, se o mercado acionista de determinado País for mais volátil do que o seu mercado obrigacionista, o seu CRP seria mais alto, sugerindo que os investidores iriam requerer um prémio maior para investir no mercado acionista desse País (comparado com o mercado de obrigações), uma vez que este seria mais arriscado.

O Professor de finanças Aswath Damodaran, da Stern School of Business de Nova Iorque, EUA, mantem uma base de dados pública usada por muitas empresas que querem investir no estrangeiro. Essa tabela pode ser encontrada em Damodaran(2019), e é usada como referência base em muitas análises financeiras de investimento estrangeiro.

1.3 Risco de Responsabilidade

Os bancos e outros intermediários financeiros também costumam especular em derivativos e nos mercados de câmbio, esperando fazer um grande lucro. É claro que, juntamente com o potencial de altos retornos, há altos níveis de risco. Diversos bancos antigos entraram em falência porque assumiram demasiados riscos extrapatrimoniais, levados pela ganância e incompetência dos seus gestores. Existem muitos controles internos básicos que impõem rácios e reservas mínimas de forma a evitar tais situações, que quando ultrapassados elevam bastante o risco de falência do banco.

Dessa forma, podemos invocar aqui o risco de responsabilidade do gestor bancário, pois cabe ao mesmo tomar decisões ponderadas, e não tratar o banco como se fosse um casino. Infelizmente, existiram muitos casos em que os relatórios financeiros do banco foram forjados de forma a dar a entender que o mesmo cumpria com todos os rácios, enquanto que na realidade, grande parte do capital estavam metidos em negócios bastante arriscados. No final das contas, os bancos faliram e o Estado teve de meter dinheiro dos contribuintes nos mesmos, de forma a evitar uma catástrofe económica, com as pessoas a perderem os seus depósitos (foi o caso de muitos Países, onde se incluem Portugal e os Estados Unidos da América). Posteriormente, a justiça foi atrás dos banqueiros que tomaram decisões imprudentes.

1.4 Risco Operacional

O Comité de Supervisão Bancária de Basileia define risco operacional "como o risco de perda resultante de processos, pessoas e sistemas internos inadequados ou com falha ou de eventos externos. Esta definição inclui o risco legal, mas exclui o risco estratégico e de reputação."

O risco operacional ocorre em todas as atividades bancárias do dia-a-dia. Exemplos de risco operacional incluem um cheque compensado incorretamente ou um pedido errado efetuado num terminal de negociação. Este risco surge em quase todos os departamentos bancários-crédito, investimento, tesouraria e tecnologia da informação.

Existem muitas causas de riscos operacionais. É difícil preparar uma lista exaustiva de causas, pois podem ocorrer riscos operacionais de fontes desconhecidas e inesperadas. De maneira geral, a maioria dos riscos operacionais surge de uma das três fontes:

1) Risco de pessoas: Incompetência ou colocação incorreta de pessoal, bem como mau uso/abuso do poder.

2) Risco da tecnologia da informação: a falha do sistema de tecnologia da informação, a invasão da rede de computadores por terceiros e os erros de programação que podem ocorrer a qualquer momento e causar prejuízos ao banco.

3) Riscos relacionados ao processo: Possibilidades de erros no processamento de informações, transmissão de dados, recuperação de dados e imprecisão do resultado ou da saída.

1.5 Risco de Liquidez

O grande desafio do gestor bancário será de gerir ambos os riscos de crédito e de taxa de juro, enquanto que ao mesmo tempo é necessário gerir a liquidez (e evitar o risco de falta de liquidez). O banco tem de garantir sempre um montante de reserva mínimo, para fazer face a saídas de capital.

Imaginemos que o Banco X tem o seguinte balanço (veja Tabela 4.3).

Tabela 4.3   Balanço do banco X, em biliões de €, exemplo 2

Ativos	Passivos
Reservas 10M€	Depósitos transacionáveis 30M€
Títulos 10M€	Depósitos não transacionáveis 55M€
Empréstimos concedidos 70€	Empréstimo pedidos 5M€
Outros Ativos 10M€	Capital 10M€
Totais 100M€	100M€

Suponhamos que agora o banco teve um resultado líquido de saída de capital para outra instituição de 5M€. A folha de balanço do banco iria ficar da seguinte forma (poderíamos usar uma conta – T aqui, mas optou-se pelo balanço para não introduzir nenhuma dúvida) Tabela 4.4.

Tabela 4.4   Balanço do banco X, em biliões de €, exemplo 3

Ativos	Passivos
Reservas 5M€	Depósitos transacionáveis 25M€
Títulos 10M€	Depósitos não transacionáveis 55M€
Empréstimos concedidos 70€	Empréstimo pedidos 5M€
Outros Ativos 10M€	Capital 10M€
Totais 95M€	95M€

O rácio de reserva do banco (reservas/Depósitos transacionáveis) desceu de $10/30 = 1/3$ para $5/25 = 1/5$, o que ainda é bom. Porém, se no dia a seguir sair um total de 5M€ líquidos do banco (podem ter entrado 10M€ através de depósitos, mas saído 15M€ para outras instituições, dando a diferença líquida de 5M€), a folha de balanço terá o seguinte aspeto Tabela 4.5.

Tabela 4.5   Balanço do banco X, em biliões de €, exemplo 4

Ativos	Passivos
Reservas 0€	Depósitos transacionáveis 20M€
Títulos 10M€	Depósitos não transacionáveis 55 M€

Contínuo

Ativos	Passivos
Empréstimos concedidos 70 M€	Empréstimo pedidos 5 M€
Outros Ativos 10 M€	Capital 10 M€
Totais 90 M€	90 M€

Neste caso, o rácio de reserva do banco caiu para $0/20 = 0$, o que é preocupante, pois deixa de ter liquidez disponível. Para além disso, o banco não consegue cumprir com o rácio de reserva mínimo exigido pelo regulador, pelo que estará em incumprimento. O que fazer nestes casos? De forma a gerir este problema de liquidez, os banqueiros irão tentar aumentar as suas reservas pelos meios mais económicos ao seu dispor. Geralmente esta opção não irá resultar na venda dos seus imóveis (excluindo aqueles em que o banco tem as suas agências, pois fazem parte do negócio), uma vez que provavelmente os mesmos (pelo menos aqueles resultantes de hipotecas) já estarão à venda, e o banco não irá querer perder dinheiro na venda antecipada dos mesmos. Outra hipótese seria terminar alguns empréstimos, não os renovar e/ou vender os mesmos a terceiros, mas isso iria antagonizar as entidades que pediram emprestados, e iria condenar o banco a perder clientes (a venda de empréstimos a terceiros geralmente também não é boa opção, pois os potenciais compradores não iriam oferecer o valor justo por tais empréstimos; poderia haver desconfiança pois os bancos geralmente tendem a querer vender os seus empréstimos mais problemáticos primeiro...a opção seria vender com garantia de cobrir os empréstimos que iriam entrar em incumprimento, mas tal opção iria manter todo o risco do lado do banco, o que na prática, se traduz numa venda mais barata; a perder dinheiro).

Assim sendo, o banco irá primeiro vender os seus títulos financeiros (razão pela qual até costumam ser chamados de reservas secundárias). Se os banqueiros optarem por essa opção, a folha de balança irá ter o seguinte aspecto

Tabela 4.6   Balanço do banco X, em biliões de €, exemplo 5

Ativos	Passivos
Reservas 10M€	Depósitos transacionáveis 20 M€
Títulos 0	Depósitos não transacionáveis 55 M€

Contínuo

Ativos	Passivos
Empréstimos concedidos 70 M€	Empréstimo pedidos 5 M€
Outros Ativos 10 M€	Capital 10 M€
Totais 90 M€	90 M€

O rácio de reserva é de 50%, que é elevado, mas prudente, caso os gestores do banco achem que é provável que hajam mais saídas de capital do banco. Reservas em excesso atuam como uma garantia contra futuras saídas de capital do banco, mas manter tais reservas é custoso para o banco, pois não está a ganhar dinheiro com as mesmas. No nosso exemplo, o banco deixou de ganhar juros dos 10M€ em títulos financeiros que vendeu; claro que poderia ter vendido apenas 2–3M€ se estimassem que a saída de capitais do banco estaria prestes a parar.

Os banqueiros também podem optar por atrair futuros depositantes ao oferecer uma taxa de juro superior, comissões mais baixas ou melhor qualidade de serviço. Como essa captação pode demorar algum tempo, o banco pode pedir emprestado 5M€ (por exemplo) ao banco central ou aos outros bancos, no mercado interbancário. Nesse caso, a folha de balanço seria a seguinte

Tabela 4.7 Balanço do banco X, em biliões de €, exemplo 6

Ativos	Passivos
Reservas 5M€	Depósitos transacionáveis 20 M€
Títulos 10 M€	Depósitos não transacionáveis 55 M€
Empréstimos concedidos 70 M€	Empréstimo pedidos 10 M€
Outros Ativos 10 M€	Capital 10 M€
Totais 95 M€	95 M€

Repare nas alterações do passivo do banco, e na forma que estas comandam o tamanho do banco, que encolheu de 100M€ para 90M€ quando os depósitos diminuíram; que ficou do mesmo tamanho quando os ativos foram manipulados, mas que cresceu quando pediu 5M€ emprestado. Por estes factos, podemos chamar ao passivo do banco a sua "fonte de fundos".

2　Análise de dificuldade e suplemento de conhecimento

2.1　Gestão de Risco dos Banco Comerciais
商业银行风险管理

商业银行风险管理是指商业银行通过风险识别、风险估价、风险评估(avaliação de risco)和风险处理(tratamento de risco)等环节,预防、回避、分散或转移经营中的风险,从而减少或避免经济损失,保证经营资金安全的行为。风险管理是商业银行管理的另一项重要工作。

2.2　Conteúdo da Gestão de Riscos Bancários Comerciais
商业银行风险管理内容

2.2.1　利率风险管理

尽管近年来商业银行表外业务的发展开拓了银行更广泛的非利息收入来源,但利息收入在银行的总收入中仍然占有重要份额。20世纪80年代以后宏观经济的变化带来市场利率的波动,严重影响了商业银行的利息收入,利率波动风险已成为商业银行的基本风险之一。因此利率风险管理至关重要。

利率风险(risco da taxa de juros)是指由于市场利率变动的不确定性所导致的银行金融风险。除了影响利率变动的一些客观因素外,银行自身的存贷结构差异是产生利率风险的主要原因。因为,如果一家银行的存款和贷款的类型、数量和期限完全一致,利率的变动对银行存款与贷款的影响一致,就不会影响到银行存贷之间的利差收益,从而也不存在利率风险。因此银行管理者在进行利率风险管理时,要将资产和负债作为一个系统,将两者结合起来,具体可以采取以下一些措施:一是运用利差(diferencial da taxa de juro)管理技术,通过预期的资金成本率来确定盈利资产的最低收益率(rendimento mínimo),保持正的利差,再通过调整资产负债的期限组合和利率期限结构(estrutura a prazo das taxas de juros),使利差大于零。二是进行利率敏感性分析(análise de sensibilidade da taxa de juros),不断调整资产负债结构(estrutura de ativos e passivos),适应利率变化。三是制定缺口战略,争取最优的风险效益组合。

2.2.2　信贷风险管理

商业银行信贷风险(risco de crédito)是指银行在放款后,借款人不能按约偿还贷款的可能性。同时也称为违约风险（risco padrão）。这是商业银行的传统风险和主要风险之一。

商业银行信贷风险管理是一个完整的控制过程，这个过程包括预先控制、过程控制和事后控制。预先控制，包括制定风险管理政策、办法，制定信贷投向政策，核定客户等级和风险限额，确定客户授信总量。过程控制，包括按照授权有限的原则，制定授权方案，完善尽职调查和风险评审机制，对各类超权限授信业务进行审查。事后控制，包括对授信风险管理政策制度执行情况和授信项目执行情况进行现场或非现场检查，对贷后管理、资产质量状况作后评价，并以此相应调整授信政策和授权方案。

在整个风险控制过程中，重要环节是单笔资产的风险识别，即将若干单笔资产的集合构成的整体资产组合。其中，客户评级体系和债项评级体系（贷款风险分类）构成的两维评级体系，又是风险识别的重要内容。

客户信用评级体系（sistema de classificação de crédito do cliente）是指根据企业的客观指标（财务指标），并结合主观因素进行分析，确定风险大小。由于各银行内部评级体系的结构和操作特点各不相同，风险级别的设定，每一级别对应的风险大小以及确定风险级别的主体、方法都不尽相同。银行在设计评级系统时要权衡许多因素，如银行业务特性、内部评级用途、评级一致性、员工激励等。

银行对客户评级时考虑的因素有：对借款人财务报表的分析，对借款人行业的分析，对借款人财务信息质量的分析，对借款人资产的变现性分析，对借款人管理水平的分析，对评级交易的结构分析等。

债项评级体系（贷款风险分类）是贷款资产组合质量管理信息中的有机组成部分，它的背后隐藏着贷款的损失率与清偿率，是银行制定贷款损失准备金和贷款定价决策的依据。

目前世界各国的贷款风险分类制度主要有两类：一是以风险为依据，按银行所承受的风险大小来划分贷款质量的分类法，即通常所说的将贷款分为正常、关注、次级、可疑、损失五类的"五级分类法"，这种分类法体现了贷款风险的预警思想。目前大多数国家实行这类方法。二是以期限为依据，按贷款是否付息，将其分为正常和受损害两类。实行这种分类方法的主要是澳大利亚和新西兰等大洋洲国家。

2.2.3 资产组合管理

资产组合管理（gerenciamento de portfólio）是指购入和持有资产的控制过程。商业银行进行资产组合管理时，首先要对资产整体风险进行定量分析，且在对风险有较为准确认识的基础上，根据目标约束条件，运用最优化模型测算出拟新增每笔贷款的风险对银行组合总体风险的影响大小，最终确定贷款投向。

2.3 Sistema de Reserva de Depósitos
存款准备金体系

存款准备金政策是指中央银行对商业银行的存款等债务规定存款准备金比率(rácio de reserva de depósitos),强制性地要求商业银行按此准备率上缴存款准备金;并通过调整存款准备主比率以增加或减少商业银行的超额准备,促使信用扩张或收缩,从而达到调节货币供应量的目的。

每个银行从保证自身资金的流动性(liquidez)出发,都会自觉地保持一定的现金准备,以备存户的提取。在国家干预的情况下,现金准备则由法律规定而存入中央银行,这就从制度上保证了商业银行不致因受到好的贷款条件的诱惑而将款项大量贷出,从而影响自身资金的流动性和清偿力。

而且,由于存款准备金缴存中央银行,使中央银行在客观上掌握了国内一部分信贷资金,可以用来履行其银行职能,办理银行同业之间的清算,并对它们进行再贷款和再贴现,以平衡不同地区不同银行间的资金余缺。

但究其本质而言,存款准备金政策是影响货币供应量的最强有力的政策。调整存款准备率不但影响基础货币,而且影响货币乘数。以中央银行实行紧缩政策为例,当法定存款准备率提高时,一方面使得货币乘数变小,另一方面,由于准备金比率提高,使商业银行的应缴准备金额增加,超额准备金则相应减少。虽然法定准备与超额准备同属基础货币的组成部分,但法定准备商业银行是不能动用,只有超额准备才构成派生存款的基础。这两个项目的二增一减无疑使基础货币的结构发生了变化,降低了商业银行创造信用与派生存款的能力。综合上述两方面可知,提高准备比率会迫使商业银行减少放款和投资,使货币供应量缩小,由于银根抽紧而导致利率水平提高,社会投资和支出都相应缩减,从而达到紧缩效果。根据同样的道理,降低准备率会使信贷规模和货币供应总量得以扩张。

若商业银行的超额准备金(excesso de reservas)已经全部贷出,则提高存款准备率的影响力则更为巨大。因为这迫使商业银行迅速收回它们已贷出的部分款项和已做出的部分投资,使其在中央银行的存款符合法定准备的要求。因此准备金法定限额的调整影响十分深远。

3 Terminologia de negócios

Margem de lucro　　　　　　　　　利润率
Prémio de Risco do País　　　　　　国家风险溢价,CRP
mercado de fronteira　　　　　　　 前沿市场,边境市场

primeiro a entrar é o primeiro a sair	先进先出，FIFO
Deitar produtos "lixo" fora rapidamente	垃圾进垃圾出，GIGO
mutuário	借款人
relatórios de crédito	信用报告
distinguir o trigo do joio	分辨善恶
garantias colaterais	抵押担保
Capital Próprio	权益
inflação	通货膨胀
rácio de reserva	准备金率
diversificação	多样化
ativos sensíveis à taxa de juros	利率敏感性资产，RSA
passivos sensíveis à taxa de juros	利率敏感性负债，RSL
obrigação de cupão zero	零息债券
modelo de duração de lacunas	d－差距模型
Gestão de Risco do Banco Comercial	商业银行风险管
avaliação de risco	风险评估
tratamento de risco	风险处理
Conteúdo da Gestão de Riscos Bancários Comerciais	商业银行风险管理内容
risco da taxa de juros	利率风险
diferencial da taxa de juro	利差
rendimento mínimo	最低收益率
estrutura a prazo das taxas de juros	利率期限结构
análise de sensibilidade da taxa de juros	利率敏感性分析
estrutura de ativos e passivos	资产负债结构
risco de crédito	信贷风险
risco padrão	违约风险
sistema de classificação de crédito do cliente	客户信用评级体系
gerenciamento de portfólio	资产组合管理

4　Exercícios

1) Quais os principais riscos inerentes à gestão bancária?
2) Quais as vantagens de desvantagens da especialização de clientes?
3) Qual é geralmente a garantia colateral dada aquando da compra de uma casa para habitação?

4) Qual dos Países acha que apresenta um risco inferior; um País do terceiro mundo em desenvolvimento, ou um País com uma economia já consolidada?
5) Porque razão é necessário ter um rácio de reserva?
6) Qual a relação existente entre risco e retorno? Qual a fórmula que relaciona estas duas variáveis?

Exercícios Quantitativos

Imagine um banco que tem um rácio de reserva de 80%, depósitos transacionáveis de 100M€ e 50M€ em títulos. Sabendo que pode haver uma corrida aos depósitos (derivado de uma notícia negativa sobre o banco), que, de acordo com as projeções, podem levar a que 60M€ seja levantados, o que aconselharia os gestores do banco a fazer, se estes têm de garantir um rácio de reserva mínimo de 40%? E se forem levantados 70M€?

5 Caso de Estudo: CGD tem novo responsável pelo risco após saída de diretor para Macau (China)[1]

Novo responsável pelo risco de crédito tem 27 anos de casa e é um especialista na recuperação de empréstimos. Paulo Macedo operou várias mudanças na direção de risco da Caixa Geral de Depósitos (CGD), departamento que tem estado no centro das atenções depois de a auditoria independente da EY ter relevado operações de crédito ruinosas e que não seguiram exatamente os pareceres dos técnicos daquele departamento.

A última alteração atingiu um quadro de topo do Departamento de Risco de Crédito: José Rui Gomes, que está no banco público há 19 anos, os últimos oito enquanto diretor de risco, mudou-se em fevereiro para outro continente, nomeadamente para o BNU Macau, liderado por Carlos Álvares. José Rui Gomes aguardava luz verde das autoridades monetárias macaenses para poder iniciar funções do outro lado do mundo, tal como deu conta o *ECO Insider* (newsletter do ECO de acesso reservado a assinantes) há cerca de um mês. Já recebeu, entretanto, autorização e vai exercer as mesmas funções de gestão de risco de crédito no banco macaense da CGD.

Para o seu lugar vai entrar um homem que conhece bem os cantos à casa, tem uma experiência de quase três décadas anos ligada à banca e apresenta forte competência na recuperação de crédito, referiu ao ECO fonte oficial do banco, que não quis adiantar o nome

---

[1] Retirado e adaptado de: https://eco.sapo.pt/2019/03/17/cgd-tem-novo-responsavel-pelo-risco-apos-saida-de-diretor-para-macau/

do novo responsável. Mas o ECO sabe que o novo diretor de risco de crédito será Raúl de Almeida, que vem do departamento de recuperação de crédito.

  A trabalhar na região outrora administrada por Portugal do outro lado do mundo, José Rui Gomes poderá ter de regressar em breve a Portugal. E isto porque os deputados da comissão parlamentar de inquérito querem ouvir o antigo diretor de risco para perceber o contexto em determinadas operações de crédito foram realizadas pelo banco do Estado. José Rui Gomes foi mesmo um dos responsáveis ouvidos pelos auditores da EY no âmbito da auditoria aos atos de gestão do banco público entre 2000 e 2015. O relatório final mostrou vários financiamentos ruinosos devido às perdas que geraram e nas quais o parecer de risco (que não tem poder vinculativo) não foi seguido à risca.

  Em concreto, a EY identificou 13 grandes créditos que mereceram o parecer desfavorável da direção de risco sem que a administração tenha apresentado qualquer justificação para essa decisão. Geraram perdas de quase 50 milhões de euros. Por outro lado, nas operações de reestruturação de financiamentos que também mereceram chumbo do departamento de risco, mas que avançaram na mesma, o banco perdeu quase dez vezes mais, de 500 milhões.

Capítulo V Instrumentos Bancários Secundários

1 Texto

Neste capítulo iremos falar sobre alguns aspetos bastante importantes a ter em conta pelos bancos, nomeadamente formas alternativas destes fazerem dinheiro sem ser através do seu negócio principal, sejam empréstimos e/ou depósitos. Grande parte da faturação bancária advém da utilização de instrumentos secundários tais como os instrumentos derivativos e o alcance melhorado com custos reduzidos via internet.

1.1 Risco e Retorno de Projetos e Aplicações Financeiras

Quando investimos num projeto/aplicação financeira, esperamos determinado retorno do mesmo, embora por vezes as nossas expectativas saiam frustradas. Podemos dizer que o risco de insucesso na obtenção do retorno esperado está diretamente ligado ao desvio padrão esperado do mesmo. A probabilidade de um projeto correr bem é uma função do risco; quanto maior a probabilidade de sucesso de um projeto (basicamente conseguir obter o retorno igual ou superior ao esperado), menor é o risco. Assim sendo, para alguém apostar num projeto com baixas probabilidades de sucesso, ou seja, de elevado risco, tem que apontar para um retorno esperado proporcionalmente elevado. Quem investe numa aplicação financeira arriscada sabe que pode perder a maior parte do seu investimento, pelo que somente a perspetiva de poder obter uma remuneração elevada pode compensar a possibilidade de a aplicação ter um mau desfecho. Podemos concluir que existe uma relação direta entre o risco e o retorno.

Neste contexto, faz sentido que nos questionemos previamente acerca de qual a taxa de retorno esperada para um projeto financeiro sem risco(reforça-se aqui a ideia de que não existem projetos com risco zero; quando a expressão "sem risco" é utilizada, referimo-nos a um risco bastante diminuto). A melhor forma de medir a taxa de retorno sem risco é olhar para o retorno das obrigações do tesouro de um País financeiramente estável e que controle a sua moeda; na Europa, em que vários Países utilizam o euro, essa taxa pode ser estimada (por excesso) pelas obrigações europeias que tiverem o menor retorno(tendo em princípio o risco mais baixo e mais próximo de zero).

Um projeto que já tenha risco, para ser economicamente viável tem de proporcionar um retorno superior a um projeto sem risco. Assim sendo, se a taxa de retorno sem risco for de 2%, um projeto com risco terá de ter um retorno superior a 2%, senão não será apelativo-pelo que surge o conceito de prémio de risco. Obviamente que dentro dos projetos com o mesmo nível de risco, o projeto que ofereça uma melhor remuneração é aquele que deverá ser escolhido(conceito de custo de oportunidade).

O prémio de risco é o acréscimo de remuneração exigido pelos investidores para cobrir o risco de um determinado projeto-quanto maior o risco de um projeto, maior deveria ser o seu prémio de risco, caso contrário ninguém vai investir no mesmo. Determinar qual o nível de risco apropriado a uma pessoa não tem resposta fácil. A tolerância ao risco varia de pessoa para pessoa. A decisão dependerá dos objetivos a alcançar, salário e situação pessoal, entre outros fatores. Podemos então dizer que cada pessoa terá o seu perfil de risco associado, pelo que, dado um conjunto de projetos com risco, vai escolher a combinação que melhor se adequa ao seu nível de risco.

Resta ainda referir que a taxa de risco sem juro é dinâmica, tendo oscilações consideráveis ao longo dos ciclos económicos. Na Europa, já passou de 4% em 2007 para 0% em 2015, pelo que comparações entre projetos em instantes diferentes do tempo terão de ter isso em conta(um projeto arriscado em 2007 que providenciasse um retorno de 7% equivale a um projeto de igual risco em 2015 que providencia um retorno de 3%).

Uma forma de gerir o risco será pela via da diversificação. Já dizia o ditado para "não juntar todos os ovos na mesma cesta", pois arriscamo-nos a perder todos os ovos de uma só assentada. Apostar muito dinheiro num único projeto/investimento é muito arriscado, pois apesar de nos poder dar um grande lucro se o projeto for bem-sucedido, também poderá resultar num grande prejuízo caso não o seja. Por outro lado, se diversificarmos o nosso investimento em vários projetos, existirão uns bem-sucedidos e outros malsucedidos, providenciando-nos com um retorno médio aceitável (em média). Note-se então que a diversificação dos investimentos não vai influenciar a "média" do retorno, porém a variância de um portefólio diversificado é menor (e estando o risco relacionado com essa variância, conseguimos um risco menor) do que apostar todas as fichas num único projeto- mais vale apostar no valor médio de um portefólio diversificado do que arriscar a ganhar (ou perder) tudo num único investimento. A diversificação pode (e deve) ser feita abrangendo classes de riscos, indústrias, instrumentos financeiros e países diferenciados, para minimizar a possível correlação entre os diferentes projetos selecionados.

A relação entre risco e retorno esperado é calculada pelo CAPM (*Capital Asset Pricing Model* em inglês), em que o retorno esperado de um investimento equivale ao retorno sem risco mais um prémio de risco. Se o retorno esperado for inferior ao retorno calculado pelo CAPM, o projeto não deveria ser efetuado. Antes de avançar para a fórmula, é necessário introduzir o conceito do *Beta*[1]. O *Beta* (β) mede a relação entre variações da rendibilidade de um ativo e variações da rendibilidade do mercado (neste caso podemos referenciar o mercado como o mercado de ações de determinado País/região/organização, como por exemplo a S&P Global 1200)[2]. Assim sendo, o β do mercado 1 (basicamente estamos a relacionar o mercado consigo próprio), sendo que o risco (e retorno) de determinado projeto é sempre efetuado tendo como referência o risco (e retorno) do mercado. Assim sendo, um $\beta = 2$ é atribuído a um projeto duas vezes mais arriscado do que o merca-

---

[1] O cálculo do β tem por base o risco associado a um projeto, que por sua vez é medido pela covariância entre o retorno esperado desse mesmo projeto com o retorno esperado do mercado, normalizado pela variância do retorno do mercado. Dessa forma, $\beta = \dfrac{Cov(i,m)}{\sigma_m^2}$, onde $Cov(i,m)$ é a covariância entre o retorno do ativo e do mercado, e σ_m^2 é a variância do retorno do mercado.

[2] Quanto maior a representatividade do mercado, melhor, por existir maior representatividade estatística.

do, enquanto um β = 0,5 tem metade do risco do mercado. Note-se que o β não é uma medida de risco total e referencia-se sempre a um determinado mercado. Um projeto bastante promissor pode ter variações de rendibilidades em crescendo, fazendo com que o mesmo tenha um β bastante elevado, e os investidores podem ser levados pela febre desse mesmo projeto (veja-se o caso dos bitcoins), mas é preciso ter cuidado pois nada cresce infinitamente, e geralmente após "a febre" passar, existem sempre quedas abruptas.

O *CAPM* é simplesmente $R_{minimo} = R_{s/risco} + (R_{mercado} - R_{s/risco}) \times \beta_{projeto}$. Assim sendo, sabemos que um projeto que seja tão arriscado quanto o mercado ($\beta = 1$), tem que ter um retorno mínimo igual do mercado (e se tiver um retorno esperado igual ao do mercado, talvez seja melhor investir no mercado). Um exemplo para a utilização do CAPM: suponhamos que o mercado seja representado pela S&P Global 1200, e que o retorno esperado do mercado seja de 6%. A taxa de retorno sem risco em 2015 está muito baixa, suponhamos 1%, e analisamos um projeto arriscado com $\beta = 2$, e promessa de retorno de 15%. Para aferirmos da viabilidade do projeto, usando o CAPM temos que o retorno mínimo esperado do projeto para que valha a pena investir no mesmo seria de $R_{minimo} = 1\% + (6\% - 1\%) \times 2 = 11\%$. Ora, como 15% > 11%, valerá a pena investir no mesmo projeto.

O banco terá de efetuar este tipo de análises de forma a aferir se os projetos dos seus clientes são viáveis, tendo em conta o custo de capital que a empresa pagará ao banco, e o retorno esperado do projeto, tendo já o custo do capital em consideração.

1.2 Instrumentos Derivativos

Um produto derivado/derivativo é um contrato entre duas ou mais partes cujo valor é baseado em um ativo financeiro subjacente acordado (como um título) ou em um conjunto de ativos (como um índice). Instrumentos subjacentes comuns incluem títulos, mercadorias, moedas, taxas de juros, índices de mercado e ações.

Os bancos comerciais estão envolvidos em futuros, opções e outros instrumentos derivativos de duas maneiras importantes. Primeiro, eles desenham e/ou precificam estes instrumentos derivativos para os seus clientes. Segundo, os bancos também usam instrumentos derivativos para gerir riscos de taxa de juros e moeda.

A introdução da dimensão internacional na gestão bancária transforma várias facetas de risco e a sua gestão correspondente. Por exemplo, o risco de taxa de juros doméstica de um banco pode ser mitigado ou ampliado na presença do risco cambial que ele enfrenta. Além disso, o racional económico inerente à análise de custo-benefício referente à gestão de riscos em nome dos clientes do banco, bem como por da sua própria conta, muda significativamente na presença de uma variedade desconcertante de instrumentos derivativos disponíveis na dimensão internacional (onde se incluem os swaps). Assim, a compreensão destes instrumentos é vital para gerir as operações de bancos multinacionais.

Nesta secção iremo-nos concentrar principalmente nas taxas de câmbio e de juros relacionadas aos instrumentos derivativos, porque eles são amplamente utilizados pelos bancos multinacionais. Primeiro, são discutidas diferenças e semelhanças entre contratos futuros e futuros. Em seguida, são descritas características marcantes dos contratos futuros de moeda e taxa de juros.

1.2.1 Contratos de futuro e a termo

Um contrato de futuros é um contrato padronizado entre uma entidade individual e uma câmara de compensação de uma bolsa organizada referente à troca futura de um bem (mercadoria, moeda ou ativo financeiro) a um preço pré-acordado. Basicamente, os contratos de futuros representam um compromisso a ser executado no futuro a um preço acordado. Diversas características importantes, como a existência de troca organizada, contratos padronizados, o papel de uma câmara de compensação e práticas de liquidação, distinguem os contratos futuros dos contratos a termo. Cada um desses recursos é discutido abaixo.

1.2.1.1 Bolsa organizada

Os contratos de futuros são negociados em bolsa organizada, numa associação voluntária e sem fins lucrativos dos seus membros. Por exemplo, vários futuros de moedas são negociados no Mercado Monetário Internacional (IMM – International Money Market em inglês) da Chicago Mercantile Exchange (CME). A negociação física em contratos futuros ocorre apenas durante o horário oficial de negociação numa área designada como poço (*pit*).

A negociação eletrônica de contratos futuros tornou-se cada vez mais importante nos últimos anos, permitindo aos intervenientes adquirirem estes contratos em qualquer local, via os seus dispositivos ligados à internet. Esse desenvolvimento pode ter um impacto substancial nos mercados de derivativos dos EUA, Europa e do mundo.

Os comerciantes no poço usam um sistema não oficial de sinais manuais para expressar ordens de compra e venda. Oficialmente, todas as ofertas de compra ou venda devem ser feitas através de ordens vocais (muitas vezes berros e gritos) no poço, em contraste com o sistema especializado usado nas negociações em bolsa de valores. Os contratos a termo, por seu turno, têm os seus mercados vagamente organizados, sem localização física dedicada à negociação.

1.2.1.2 Contrato padronizado

Os contratos futuros regem-se por termos padronizados, enquanto os contratos a termo são feitos sob medida para os clientes. Em geral, o contrato futuro especifica:

(1) a quantidade da moeda a ser entregue,

(2) a data de entrega e o método de fechamento do contrato e

(3) flutuações de preço mínimas e máximas permitidas nas negociações diárias.

Contratos padronizados servem um propósito importante; eles são uma condição necessária para a transparência nas transações. Por sua vez, a transparência reduz as barreiras de custos de transação para possíveis participantes do mercado. Maior participação, por sua vez, promove maior concorrência no mercado que, entre outras coisas, provavelmente evita a manipulação de preços por alguns participantes às custas do restante do mercado.

1.2.1.3 Câmara de compensação

A câmara de compensação é uma empresa separada ou parte da bolsa de futuros, que tem como propósito garantir a integridade de todos os negócios. A câmara de compensação é o comprador para todos os vendedores e o vendedor para todos os compradores; portanto, todos os operadores do mercado de futuros têm obrigações apenas para com a câmara de compensação. Como resultado, as partes envolvidas nos dois lados de uma transação não precisam de ter confiança mútua ou mesmo se conhecer. As partes precisam apenas de se preocupar com a confiabilidade de apenas a câmara de compensação. Dada uma câmara de compensação bem capitalizada, o risco de uma inadimplência (bancarrota) futura da câmara de compensação é pequeno.

A câmara de compensação fornece um meio econômico para reduzir o impacto do risco de crédito. Um banco, por exemplo, enfrenta risco de crédito do contrato a termo quando um cliente não o respeita. Em caso de inadimplência, o banco precisa de tomar ações legais caras para fazer cumprir o contrato, a fim de reduzir as suas perdas.

No mercado futuro, o número de contratos comprados deve ser igual ao número de contratos vendidos. Assim, se todas as posições em aberto no mercado de longo e de curto prazo forem atendidas, o total sempre será igual a zero.

1.2.1.4 Requisito de margem e marcação a mercado

O potencial investidor deve depositar fundos numa corretora para adquirir um contrato futuro. Esse depósito é chamado de margem inicial, cujo objetivo é fornecer uma salvaguarda financeira para as suas obrigações contratuais. O valor dessa margem varia de contrato para contrato e pode variar consoante os corretores. A margem inicial é aproximadamente igual à flutuação máxima diária permitida no contrato. A margem pode ser depositada em dinheiro, uma carta de crédito bancária ou títulos do Tesouro. O corretor mantém o título desses fundos.

Após o contrato inicial, se o preço diário se mover contra o comprador (ou seja, o preço cai) ou contra o vendedor (ou seja, o preço sobe), a perda resultante será cobrada na conta de margem. Quando o saldo na conta do corretor cair para um nível especificado chamado de margem de manutenção, o corretor solicitará ao comerciante que forneça fundos adicionais para reabastecer a conta do corretor até a margem inicial. A margem de manutenção é geralmente cerca de 75% do valor da margem inicial. O valor adicional que o comerciante deve fornecer quando o depósito no corretor é menor que a margem de manutenção é chamada de margem de variação. No final do dia de negociação, há uma liquidação do contrato e o contrato futuro é marcado a mercado. É como se o antigo contrato futuro fosse encerrado e um novo contrato fosse escrito no seu lugar. Como resultado, o comerciante terá a obrigação de vender ou comprar pelo novo preço pelo tempo restante do contrato futuro.

Quando um corretor cuja conta cai na margem de manutenção falha em atender o requisito da margem de variação, o contrato é imediatamente fechado. Assim, o mecanismo de liquidação diária garante a integridade do contrato futuro e evita a inadimplência do corretor. Como a liquidação diária acaba com a necessidade de investigação de crédito ou do custo de cobrança do contrato futuro, é de esperar que o contrato futuro tenha um preço minimizado, visto não padecer desses riscos.

1.2.2 Opções

A alta volatilidade nas taxas de juros e de câmbio despertou o interesse num instrumento que permite ao usuário proteger os seus negócios contra movimentos adversos numa variável financeira enquanto tira proveito dos seus movimentos favoráveis. Essa flexibilidade distingue o instrumento da opção do contrato a termo ou de futuros.

As opções são direitos adquiridos por um determinado valor, de comprar (*call*) ou vender(*put*) determinado ativo a um valor previamente fixado. Tal instrumento já se assemelha muito a uma aposta (embora em finanças o mais correto será falar em especulação) que usa ativos financeiros, sendo na prática um instrumento financeiro criado a partir de um outro instrumento(e. g. ações). Assim sendo, tem o nome de um "derivado". As opções são abordadas nesta secção devido à sua popularidade em grandes empresas Americanas e Europeias, em que parte da remuneração é dada em "*stock options*", geralmente a opção que é dada ao trabalhador de adquirir ações da empresa após algum tempo predefinido por um valor previamente estabelecido(geralmente o valor é o valor das ações de quando o empregado chegou à empresa). Assim sendo, essa opção de compra de ações valerá tanto mais quanto mais as ações da empresa subirem de valor; promovendo a vontade dos trabalhadores fazerem com que o valor da empresa aumente o mais possível.

Na nomenclatura das opções, temos que, num *call*, existe a opção do detentor da opção exercer a compra (*go long*) da ação, e consequentemente a obrigação do vendedor da opção de vender essa mesma ação. Da mesma forma, num *put*, existe a opção do detentor da opção exercer a venda da ação e a obrigação do vendedor da opção de comprar a mesma.

Nas opções, existem vários aspetos a ter em conta: qual o valor a que é permitido ao detentor da opção de comprar (ou vender em inglês) o ativo financeiro (*exercise price* em inglês) e em que altura é que a opção é exercida (note-se que na *call* Americana, a opção de compra pode ser exercida em qualquer altura até à data de maturidade, enquanto que na *call* Europeia, a opção só pode ser exercida na data de maturidade). O valor da opção depende então de múltiplos fatores, sendo os principais o *exercise price*, o preço do ativo financeiro quando a opção é vendida (maturidade), do risco das ações, dos dividendos pagos e da taxa de juro sem risco. O risco da opção depende do risco da ação. Sempre que o risco da ação muda, o risco da opção muda, o que torna impossível estimar um custo do capital que reflita o risco da opção. Daí que se use a rendibilidade do ativo sem risco, sendo o risco da opção refletido de forma especial na distribuição probabilística do preço das ações.

Para melhor compreender a lógica das opções, vamos supor que detemos 1.000 ações da empresa XPTO, que valem 1€ cada. Ao invés de vendermos todas as ações no mercado por 1.000€, decidimos que queremos vender uma opção de compra da totalidade das nossas ações (podiam ser só uma parte das mesmas), por 900€, daqui a 6 meses (uma *call* Europeia). Porém, quem quiser o privilégio de comprar estas ações que valem 1.000€ por 900€ daqui a 6 meses, tem de pagar 150€. Efetivamente, ganharíamos (900 + 150) − 1.000 = 50€ com a operação (os 900€ teriam que ser descontado à taxa de desconto, pelo que o lucro seria um pouco inferior aos 50€) se a opção fosse exercida, caso contrário manteríamos as ações e embolsávamos os 150€. Porém, neste último caso, se a opção de comprar as ações por 900€ não tiver sido exercida, é porque as ações valerão menos que isso daqui a 6 meses, pelo que efetivamente teremos perdido dinheiro se as ações estivessem abaixo de 850€ (ignorando o desconto de capital). Ao vender a opção, o vendedor da mesma assume a responsabilidade perante a mesma, sendo que poderá no final simplesmente pagar o ganho do detentor da opção (se houver), vender as ações ao preço acordado (se ainda as tiver), ou ir ao mercado comprar as ações para posteriormente vender ao preço estabelecido pela opção. Comparando com um cenário alternativo em que a opção de compra das ações por 1.000€ ao final de 6 meses custaria 50€, iríamos ganhar os mesmos 50€ (menos que isso porque os 1000€ teriam de ser descontados à taxa de desconto), embora possamos correr o risco das ações desvalorizarem e de perdermos dinheiro se as ações caírem abaixo dos 950€. Ora, analisando ambos os casos, vimos que este cenário alternativo não nos é tão favorável quanto o cenário inicial.

O exemplo dado acima pode suscitar muitas dúvidas ao leitor, nomeadamente qual a forma de avaliar uma opção. A avaliação de opções tem suscitado muitos modelos em Finanças, o principal sendo o modelo de Black – Scholes (BS). O modelo BS tem em conta várias variáveis iniciais, como por exemplo o preço da ação atual S, o tempo até ao termo da opção t, o preço de exercício da opção no final do termo K, o desvio padrão do preço da ação s (baseada nos preços históricos da mesma) e a taxa de juro sem risco r. A fórmula para o valor da opção C é dada por:

$$C = SN(d_1) - Ke^{-rt}N(d_2)$$

Em que

$$d_1 = \frac{\ln(S/K) + (r + s^2/2)t}{s\sqrt{t}}$$ e $d_2 = d_1 - s\sqrt{t}$, sendo N() a distribuição normal

cumulativa, ln o logaritmo natural e "e" o número de Euler (constante 2,71828183…). Não iremos discutir como a fórmula foi deduzida, mas sim o seu significado geral. A primeira parte da equação, $N(d_1)$ é o fator em que o valor descontado do recebimento da ação no término da opção excede S, contingente à probabilidade de exercício da opção (assumindo que o valor final da ação é superior a K) e $N(d_2)$ é a probabilidade da ação estar a um valor superior a K no termo (exercenco então o direito da opção). Essa probabilidade multiplicada por K dá-nos o valor esperado do pagamento da opção, descontado até ao início da opção através de e^{-rt}. Assim, em traços gerais, $SN(d_1)$ seria o valor esperado da ação no término da opção descontado até ao tempo presente, e $Ke^{-rt}N(d_2)$ o valor que iríamos pagar pela compra da ação (nas condições da opção, ao comprar a K), também descontado ao tempo presente. O "lucro" esperado é assim o preço da opção.

Não iremos debruçar-nos sobre modelos de valorização de opções; iremos sim, ver como é que as opções podem ser usadas para modelarmos o nosso risco.

Efetivamente, se tivermos uma ação (ou conjunto de ações) que vale 1.000€ e comprarmos uma opção de vender essa ação a 950€, estamo-nos a proteger da queda de valor dessa ação para valores inferiores a 950€. Dessa forma, a compra da opção serviu para anular o risco de a ação cair em demasia (esta estratégia tem o nome de "*protective put*" em inglês). Se quisermos comprar uma opção de venda a 950€ e uma opção de compra a 1050€, estamos a precaver-nos de uma descida da ação, e por outro lado, se o valor das ação subir, ainda iremos comprar mais-neste caso, só iremos perder (pouco) dinheiro caso o valor da ação permaneça constante ou desça, sendo o dinheiro perdido bastante diminuto. Existem outras estratégicas, todas baseadas nesta forma de pensar.

1.2.3 Swaps

O mercado de swaps teve origem no final da década de 1970, quando foram introduzidas transações de empréstimos paralelos, precursores de swaps de moeda, para contornar o controlo da moeda. Um empréstimo paralelo envolvia duas empresas multinacionais (MNC), cada uma de um país diferente. Cada MNC concordaria em estender um empréstimo denominado na sua própria moeda para a subsidiária da outra MNC domiciliada no seu próprio país, e as taxas de juro prevalecentes em cada país ditavam a taxa de empréstimo.

O empréstimo paralelo exigia dois contratos separados, mas era complicado, uma vez que não possuía um formato padrão nem um conjunto de convénios previamente estabelecidos. Uma variante do empréstimo paralelo era o empréstimo back-to-back, pelo qual as duas empresas-mãe estabeleceriam um único acordo entre si para conceder empréstimos às subsidiárias uma da outra na moeda local. Embora essa variante pudesse reduzir o custo da transação, ainda não superava o problema das responsabilidades inerentes à eventual inadimplência de uma das subsidiárias.

O desenvolvimento do contrato simples de troca de moeda conseguiu superar os problemas dos empréstimos paralelo e back-to-back, acelerando a formulação e a execução do contrato: as moedas seriam trocadas entre duas partes, diretamente ou através de um intermediário, durante um determinado período temporal. Essa conveniência permitiu que os swaps mantivessem sua popularidade na era pós –

- Bretton Woods de taxas de câmbio voláteis, mesmo quando os controlos de câmbio nas principais moedas foram eliminados.

Uma grande transação de troca de moeda entre o Banco Mundial e a IBM aumentou o brilho dos swaps de moeda em 1981. A IBM queria converter as suas obrigações de serviço de dívida denominadas em DM (marcos alemãos) e CHF (francos suíços) em US $. O Banco Mundial, com a maior parte dos seus empréstimos programados denominados em DM e SF (portanto, receberia pagamentos futuros nessas moedas) queria aproveitar o mercado eurodólar para financiar esses empréstimos. A Salomon Brothers fez o acordo pelo qual a IBM concordou em contrair empréstimos denominados em dólares norte-americanos do Banco Mundial e o Banco Mundial concordou em passar a deter a quantia designada de empréstimos da IBM em DM e SF.

Além do swap de moeda, a outra transação básica é o swap de juros em que uma parte concorda em assumir a obrigação de juros fixos da outra parte em troca da assunção da outra parte das suas obrigações baseadas em juros variáveis.

Essas duas formas básicas de swaps geraram uma variedade de transações de swap ao longo dos anos, permitindo que uma entidade individual procure a forma mais rápida de financiamento sem se expor a custos ou riscos excessivos, dadas as suas características de fluxo de caixa. O mercado de swaps cresceu tremendamente desde 1987. Em 1991, o saldo pendente no mercado de swaps, era superior a 4 trilhões de euros, com cerca de 80% dos swaps sendo swaps de taxa de juros e os 20% restantes sendo swaps de moeda.

No mercado de swaps cambiais, os swaps denominados em dólar têm sido o maior e, consequentemente, o componente mais dominante das transações de swap; no entanto, o mercado do dólar em novos swaps tem declinado.

Um contrato de swap normalmente engloba uma série de transações futuras, sendo comparável aos contratos de futuros e a termo. Os swaps oferecem várias vantagens sobre os futuros financeiros ou transações a termo.

Os swaps são feitos sob medida para atender às necessidades especificas do cliente. Assim, é mais provável que os contratos de swap atendam às necessidades específicas dos participantes do que os instrumentos negociados em bolsa. Os contratos a termo e futuros têm uma vida útil curta, enquanto os contratos de swap podem ser facilmente criados a longo prazo, por exemplo, 10 anos. Mesmo quando os contratos a termo convencionais estavam disponíveis por mais tempo para algumas moedas, estar confinados a uma única transação significava executar vários contratos para realizar o que um contrato de swap pode fazer com um único contrato.

Podemos assim sumarizar o seguinte:

1) Os swaps são feitos sob medida para atender às necessidades do cliente. Assim, é mais provável que os acordos de swap atendam às necessidades específicas dos participantes do que os instrumentos negociados em bolsa.

2) Os contratos a termo e futuros têm uma vida útil curta, enquanto os contratos de swap podem ser facilmente criados a longo prazo, por exemplo, 10 anos. Mesmo quando os contratos a termo convencionais estavam disponíveis por mais tempo para algumas moedas, estar confinados a uma única transação significava executar vários contratos para realizar o que um contrato de swap pode fazer com um único contrato.

3) A documentação da troca é padronizada e as empresas participantes podem negociar acordos-mestre com parceiros para aprimorar o desenvolvimento de relacionamentos comerciais de longo prazo.

4) Os swaps são administrativamente mais baratos porque exigem menos monitorização do governo.

5) Uma das vantagens mais significativas oferecidas pela transação de swap é a cláusula de compensação pela qual uma parte do contrato é absolvida de sua obrigação se uma contraparte não cumprir sua obrigação. Por exemplo, se uma parte falir, a contraparte pode ter que cumprir a sua parte da obrigação e, em seguida, ser um credor quirografário na ausência de uma cláusula de compensação (outros contratos relacionados já adotaram este recurso dos contratos swap).

O contrato de swap também tem algumas limitações inerentes, nomeadamente:

1) Para consumar uma transação de swap, é necessário encontrar uma contraparte disposta a tomar o lado oposto da transação. Uma empresa que deseja uma troca por fluxos de caixa estruturados especificamente pode achar extremamente difícil, se não impossível, encontrar uma contraparte.

2) As transações de swap não podem ser alteradas ou finalizadas sem o consentimento mútuo.

3) Apesar da cláusula de compensação, o risco de inadimplência num contrato de swap é maior do que num contrato de futuros negociados em bolsa. Como vimos anteriormente, a liquidação diária e a exigência de margem permitem que uma contraparte evite o risco de inadimplência. Num contrato de swap, se uma das partes inadimplir, a contraparte pode ficar com um custo muito mais alto para replicar o saldo do contrato de swap devido a circunstâncias externas desfavoráveis.

1.2.3.1 Envolvimento bancário no mercado de Swaps

Os bancos comerciais internacionais estão envolvidos no mercado de swap de três maneiras:

1) podem ser usuários finais,
2) corretores de swap e
3) revendedores de swap.

Como usuário final das transações de swap, o objetivo principal de um banco é gerir o risco de taxa de juros devido ao desalinhamento entre ativos e passivos. Considere o Banco A, que levantou fundos emitindo notas de médio prazo denominadas em € euros com uma obrigação de taxa de juros fixa de 10%. Nesse cenário, essa obrigação de taxa fixa aparecerá no lado do passivo do balanço do Banco A. No lado dos ativos, o banco faz empréstimos com taxa ajustável e denominados em euros indexados à EURIBOR ou a outras taxas de referência. Por causa dos seus empréstimos de taxa variável no lado do ativo e de seus passivos de taxa fixa, o banco A enfrenta uma lacuna de duração negativa (ou seja, a duração do ativo é mais curta que a duração do passivo). O Banco A pode proteger a exposição à taxa de juros diminuindo a duração dos passivos, trocando-os (via swap) por passivos de taxa variável.

Nas transações de swap, um banco comercial pode servir como corretor de swap. O banco não assume riscos financeiros, mas apenas auxilia as duas partes (comprador e vendedor dos swaps) na conclusão da transação de swap. Os participantes potenciais dos swaps podem entrar em contato com o negociante de swap para obter conselhos e assistência para encontrar uma contraparte. Uma vez que o corretor de swap encontre a contraparte adequada, ele reúne as duas partes e ajuda a negociar e concluir o contrato de swap. O corretor de swap recebe uma taxa de cada uma das contrapartes como comissão.

1.2.3.2 Racional para transações swap

A literatura financeira sugere que pelo menos dois fatores são responsáveis pelas operações de swap.

1) O primeiro refere-se a imperfeições nos mercados financeiros,

2) o segundo está relacionado à necessidade de gestão de risco referente a taxas de juros e flutuações cambiais.

(1) Imperfeições do mercado: vantagem de custo comparativa

Em muitas situações, uma empresa pode ter melhor acesso a certas partes do mercado de capitais do que outra empresa. Por exemplo, uma empresa americana pode conseguir empréstimos facilmente nos EUA, mas pode não ter acesso tão favorável ao mercado de capitais na Alemanha. Da mesma forma, uma empresa alemã pode ter boas oportunidades de empréstimos no mercado interno, mas poucas oportunidades nos EUA. Outras imperfeições do mercado-como controlos cambiais impostos por vários governos, diferenças nos tratamentos tributários de interesse em diferentes países e garantias de empréstimos governamentais-também distorcem os preços no mercado e podem se traduzir em custos de transação fixos ou variáveis mais altos para alguns participantes do mercado. Da mesma forma, essas imperfeições podem gerar oportunidades lucrativas para outros participantes (Tabela 5.1).

Tabela 5.1   O use do Swap de Taxa de Juros(a)

Projecto	Empresa A	Empresa B	Diferença (%)
Rating	Aa	Bb	
Taxa Fixa	7,75%	8,75%	1
Taxa Variável	Euribor +0,35%	Euribor +0,55%	0,2

Para ilustrar ainda mais o uso da vantagem comparativa do swap de taxa de juros, suponha que a empresa A, classificada nas agências de rating como Aa, pode pedir emprestado fundos à taxa fixa de 7,75% e à taxa variável de EURIBOR +0,35%. Por outro lado, a empresa B, classificada como nas agências de rating como Bb(maior risco), pode emprestar pedir fundos à taxa fixa de 8,75% e à taxa variável da EURBOR +0,55%. Neste caso, ambas as empresas podem beneficiar de um swap de taxa de juros. A Tabela acima ilustra a situação.

A diferença no mercado de taxa fixa entre a empresa A e B é de $1,0\%$, enquanto que no mercado de taxa variável é de $0,2\%$. A empresa B parece ter uma vantagem relativa no mercado de taxa variável e a empresa A tem uma vantagem comparativa no mercado de taxa fixa. Observe que um valor de $0,8\%$ de diferencial de juros(ou seja, a diferença entre $1,0\%$ no mercado de taxa fixa e $0,2\%$ no mercado de taxa fixa) motiva a transação de swap de taxa de juros.

Suponha que a Empresa A peça empréstimos no mercado de taxa fixa a $7,75\%$ e concorde em pagar à Empresa B EURIBOR $+0,30\%$ pelo swap, enquanto a Empresa B pede empréstimos no mercado de taxa variável a EURIBOR $+0,55\%$ e concorda em pagar uma taxa fixa de $8,25\%$ à empresa A.

O efeito líquido do swap para as empresas A e B é mostrado na tabela seguinte(Tabela 5.2).

Tabela 5.2　　　　　O use do Swap de Taxa de Juros(b)

Projeto	Swap	Original	Diferença(%)
Empresa A	$8,25\%$	$7,75\%$	$0,5$
Empresa B	Euribor $+0,3\%$	Euribor $+0,55\%$	$-0,25$

Para a empresa A, o pagamento da taxa de juros líquida é

Euribor $-0,2\%$ (que resulta de Euribor $+0,3\%-8,25\%+7,75\%$)

Assim, é gerado um ganho de $0,55\%$ sobre o pedido de empréstimos diretos no mercado de taxas flutuantes.

Da mesma forma, a empresa B também ganhará. O seu pagamento de juros líquidos será de $8,5\%$, que resulta da equação

$8,25\%+$ Euribor $+0,55\%-$ (Euribor $+0,3\%$)

Assim, o ganho para a empresa B será de $0,25\%$ em comparação com os empréstimos diretos no mercado de taxa fixa.

O ganho total para as empresas A e B é de $0,8\%$ (ou seja, $0,55\%$ para a empresa A e $0,25\%$ para a empresa B). Estes $0,8\%$ é exatamente igual ao diferencial de taxa de juros mostrado na tabela inicial. Se houver um intermediário financeiro na transação de swap, três partes(um banco, Empresa A e Empresa B) irão compartilhar o diferencial de juros de $0,8\%$.

Os swaps cambiais, como os swaps de taxas de juros, podem ser motivados por vantagens comparativas e pela necessidade de cobertura de riscos cambiais e de taxas de juros. Primeiro, usamos um exemplo para explicar como os swaps de moedas são motivados por vantagens comparativas. Suponha que uma empresa de Portugal e uma empresa do Reino Unido está sujeite a taxas de juros fixas em euros e libras esterlinas, mostradas na seguinte tabela (Tabela 5.3).

Tabela 5.3　　　　　　　　O use do Swap de Taxa de Juros (c)

Empresa	Europa (€)	UK (£)	Diferencial
Empresa PT	9.0%	7.9%	2.0%
Empresa UK	11.0%	7.5%	3.5%

Esta tabela mostra que as taxas de juros de Portugal são mais altas que as do Reino Unido. A empresa de Portugal é claramente mais digna de crédito (neste exemplo) do que a empresa do Reino Unido, pois obtém taxas de juros mais favoráveis nas duas moedas. No entanto, as diferenças entre as taxas oferecidas à empresa de Portugal e à empresa do Reino Unido nos dois mercados não são as mesmas. A empresa do Reino Unido paga 2,0% a mais do que a empresa portuguesa no mercado Europeu€ e apenas 0,50% a mais que a empresa portuguesa no mercado de libras esterlinas. É claro que a empresa do Reino Unido tem uma vantagem comparativa de empréstimos no mercado de libras esterlinas e a empresa portuguesa tem uma vantagem comparativa de empréstimos no mercado do euro. Isso pode ser porque a empresa do Reino Unido é mais conhecida pelos investidores do Reino Unido, enquanto a empresa portuguesa é mais conhecida pelos investidores europeus.

Suponha que a firma portuguesa queira emprestar libras esterlinas enquanto a firma do Reino Unido deseja emprestar Euros €. Isso cria uma situação perfeita para uma troca de moeda. A firma portuguesa e a firma do Reino Unido emprestam no mercado onde se tem uma vantagem comparativa; ou seja, a empresa portuguesa toma emprestado Euros € enquanto a empresa do Reino Unido pede emprestado libras esterlinas. Em seguida, ambas as empresas usam uma troca de moeda para transformar o empréstimo da empresa portuguesa num empréstimo de libras esterlinas e o empréstimo da empresa do Reino Unido num empréstimo de

Euros €.

Como já mencionado, a diferença entre as taxas de juros do euro é de 2,0%, enquanto a diferença entre as taxas de juros reais é de 0,5%. Por analogia com o caso de swaps de taxa de juros, podemos esperar que o ganho total para todas as partes seja de $2\% - 0,50\% = 1,50\%$ ao ano.

(2) Necessidade de gerenciamento de riscos

A segunda motivação para os swaps está associada às operações comerciais normais. As instituições financeiras gerem os seus ativos e passivos por meio de um processo conhecido como gestão de lacuna, reestruturando o mix de dívida variável e de taxa fixa nas carteiras de empréstimos e na estrutura de depósitos.

Por exemplo, para um banco comercial com uma lacuna positiva (ou seja, os valores dos ativos são mais suscetíveis do que os passivos às flutuações da taxa de juros), um swap de taxa de juros pode ajudar a preencher a lacuna entre os seus ativos e os seus passivos sensíveis à taxa, trocando um fluxo de renda vinculada a taxa variável por um fluxo de ativos de taxa fixa.

Da mesma forma, muitas poupanças e empréstimos têm uma lacuna negativa em que o valor de seus passivos (contas de depósito no mercado monetário e certificados de depósito de taxa variável) é mais propenso a alterações nas taxas de juros em comparação com seus ativos (hipoteca e prestação ao consumidor). Um swap de taxa de juros pode alterar o mix de dívida de taxa variável para uma dívida de taxa fixa.

Nos swaps cambiais, a gestão de risco de taxa de câmbio e taxa de juros é uma consideração importante. Considere:

1) Um banco português detém principalmente ativos denominados em euros de curto prazo e de taxa variável, que são parcialmente financiados com uma nota de £ 50 milhões em quatro anos com cupões fixos de 10% ao ano; e

2) Um banco do Reino Unido com ativos de taxa fixa de longo prazo denominados em libras esterlinas financiou parcialmente a sua carteira de ativos com EuroCDs de 100 milhões de euros a curto prazo, com taxa de juros de um ano referenciada à EURIBOR $+2,00\%$.

Aqui, o banco português enfrenta riscos de taxa de juros e de taxa de câmbio. Especificamente, se a taxa de juros de curto prazo em euro cair e o euro se depreciar em relação à libra esterlina, o banco português poderá enfrentar um problema ao cobrir os pagamentos prometidos de cupão fixo e principal na nota denominada em £ . Consequentemente, pode desejar transformar os seus passivos com taxa fixa denominados em £ em passivos com taxa variável denominados em euros.

O banco britânico também enfrenta exposições a taxas de juros e câmbio. Se a taxa de juro europeia subir e o euro se valorizar em relação à libra esterlina, o banco do Reino Unido sofrerá uma perda ao cobrir o serviço da dívida baseado em euros com os seus fluxos de caixa de taxa fixa baseados em libras esterlinas.

Consequentemente, o banco do Reino Unido pode querer transformar os seus passivos denominados em euros de taxa variável a curto prazo em passivos de libra esterlina de taxa fixa.

A motivação da gestão de riscos pode ser reformulada numa estrutura de risco-retorno. As empresas podem ter diferentes habilidades em assumir riscos. Consequentemente, o requisito de retorno para assumir riscos pode ser diferente entre as mesmas. Se for esse o caso, as empresas com capacidade superior de assumir riscos podem exigir uma compensação menor por fazê-lo do que o preço vigente no mercado por esse risco. Este processo de arbitragem é benéfico para ambas as partes. A capacidade superior do banco do Reino Unido de suportar a exposição às Libras esterlinas e a capacidade superior do banco português de assumir exposição em euros são motivos para que as transações de swap possam ocorrer. Se as transações desejadas forem compatíveis em tamanho e vencimento, um swap cambial ajudaria ambos os bancos a evitar exposições indesejadas nos mercados de juros e câmbio.

1.2.3.3 Valorização de swap de taxa de juros

Os formadores de mercado, geralmente grandes bancos comerciais, que tomam o lado oposto de qualquer transação de swap razoável, organizam o mercado para os swaps de taxa de juros. Os pagamentos de juros são feitos com base num valor principal de referência, que não é pago nem recebido.

Existem duas maneiras convencionais de precificar/valorizar um swap de taxa de juros:

(1) Abordagem baseada em obrigações

(2) Acordo de taxa a termo (FRA-forward rate arrangement)

Comecemos pela primeira abordagem:

(1) Abordagem baseada em obrigações

Um banco com uma posição adquirida (long) numa transação de swap pode ser visto como tendo emitido uma obrigação (bond) de cupão de taxa fixa (BF) e investido numa obrigação de cupão variável (BV). Da mesma forma, um banco com uma posição vendida num swap emite uma obrigação de taxa variável (BV) e utiliza os recursos para comprar uma obrigação de taxa fixa (BF); portanto, paga a uma taxa variável e recebe a receita de juros a taxa fixa. Ambos os títulos têm um valor nominal de P. O valor presente do swap da taxa de juros para a posição vendida (short) é, portanto, o valor presente do BF menos o valor presente do BV descontado às taxas de juros apropriadas r, ou seja,

$$\text{Valor(short)} = B_F - B_V$$

Onde

$$B_F = \sum_{t=1}^{n} \frac{C}{(1+r_t)^t} + \frac{P}{(1+r_n)^n}$$

e

$$B_V = \frac{C_V}{(1+r_1)^1} + \frac{P}{(1+r_1)^1}$$

No título de taxa variável acima, pode-se observar que o CV é o cupão de taxa variável e que imediatamente após uma data de pagamento, o BV é sempre igual ao valor nominal P, porque o cupão paga a taxa de juros do mercado.

No início da transação swap, o valor da transação deve ser zero. Se não for zero, a parte que tem um valor positivo deve pagar o valor líquido à outra parte. Durante a vida do swap, o valor do swap não é necessariamente igual a zero. De fato, é provável que um tenha um valor positivo, enquanto o outro tenha um valor negativo. A parte que tem um valor negativo no swap provavelmente terá uma maior probabilidade de inadimplência.

Exemplo:

Suponha que um banco tenha concordado em pagar a EURIBOR de seis meses e receber 10% ao ano num valor principal de 100 milhões de euros. O swap tem uma vida útil restante de 1,5 anos. As taxas de desconto para maturidades de 6, 12 e 18 meses são, respectivamente de 11,0%, 11,5% e 12,0% ao ano. Como a taxa EURIBOR atual de seis meses é de 11,0% ao ano, os juros de seis meses do título de cupão fixo de 5 milhões de euros-ou seja, $(10\%/2) \times 100\text{M}€$-serão descontados a $5,5\%$ $(11\%/2)$. O primeiro pagamento de taxa variável a seis meses para o título de taxa variável é de $5,5$ milhões de euros-ou seja, $(11\%/2) \times 100$. Os valores de ambos os títulos podem ser expressos como:

$$B_F = \frac{5}{\left(1+\frac{0.11}{2}\right)^1} + \frac{5}{\left(1+\frac{0.115}{2}\right)^2} + \frac{105}{\left(1+\frac{0,12}{2}\right)^3} = 97,37 Milhões$$

e

$$B_V = \frac{5.5}{\left(1+\frac{0.11}{2}\right)^1} + \frac{100}{\left(1+\frac{0,11}{2}\right)^1} = 100,00 Milhões$$

Sendo o valor da posição swap para a posição vendida de $B_F - B_V = -2,63$ Milhões

Se um banco tiver uma posição longa(pagando taxa fixa e receber variável), o valor do swap seria de +$ 2,63 milhões. Nesse caso, o banco com uma posição comprada no swap pagará US $ 2,63 milhões à contraparte que possui a posição vendida.

(2) Acordo de taxa a termo(FRA-forward rate arrangement)

Um contrato de taxa a termo(FRA) é um contrato entre duas partes para fixar uma taxa de juro num nível especificado numa data futura por um período futuro especificado. Na data futura, se a taxa de mercado for diferente da taxa de juros contratada, a parte vencida deve pagar à parte vencedora o diferencial de juros entre as taxas de mercado e as contratadas. Especificamente, se a taxa de juros real for superior à taxa do contrato, a taxa de juros se moverá a favor do mutuário-comprador de uma FRA. Nesse caso, o mutuário receberá uma compensação do vendedor-credor de uma FRA. Por outro lado, se a taxa de juros for menor que a taxa do contrato, o comprador paga ao vendedor da FRA.

Como exemplo, suponha que uma FRA de seis meses com valor de 10 milhões de euros tenha a taxa do contrato(acordada) de 10% em termos da EURIBOR de 180 dias. Seis meses depois, a taxa de referência(EURIBOR de 180 dias) é de 12%. Nesse caso, a taxa de juro é mais alta que a taxa do contrato e mudou-se a favor do mutuário. Dado o valor do empréstimo de 10 milhões de euros, o credor pagará 2% (ou seja, $12\% - 10\%$) sobre o montante principal ao mutuário pelo montante de: 10 milhões€ $\times (180/360) \times 2\% = 100.000€$

Como a compensação é paga no início do período e não no final, o pagamento em dinheiro é o valor presente de 100.000€, descontado a 12% para o período de seis meses.

Uma FRA é simplesmente um contrato a termo entre as duas partes para trocar um pagamento/recibo de taxa variável por um pagamento/recibo de taxa fixa, sendo que o comprador paga a taxa fixa e o vendedor paga a taxa variável. Quando as partes concordam com uma série de FRAs para vários períodos sucessivos futuros, o contrato torna-se num swap de taxa de juros. Esta é a razão pela qual o swap de taxa de juros às vezes é chamado de swap de cupão (coupon swap).

$$SWAP = FRA_{1,2} + FRA_{2,3} + \ldots + FRA_{n-1,n}$$

1.2.3.4 Riscos nos acordos de swap

O banco enfrenta dois riscos como negociante de swap:

1) risco de mercado-o risco de mercado refere-se à probabilidade de que as taxas de câmbio ou de juros possam-se mover contra o banco e de uma maneira que torne o valor do swap negativo. Nesse caso, se o banco precisar liquidar a posição no mercado secundário, incorre num custo adicional para compensar o valor negativo do swap.

2) risco de crédito-resulta da possibilidade da contraparte(do banco) entrar em incumprimento quando o valor do swap é positivo para o banco, ou seja, quando o valor do swap é negativo para a contraparte. Para um valor de swap negativo, considere o caso em que as taxas de juros caem; nesse caso, o pagador de taxa fixa sofrerá uma perda por causa da taxa fixa contratual mais alta que a taxa de mercado. Como resultado, as taxas de juros decrescentes acionam o potencial de risco de crédito do pagador de taxa fixa. Da mesma forma, as taxas de juros em espiral disparam o potencial de risco de crédito do pagador de taxa variável. Esta linha de raciocínio sugere que a probabilidade de perda para o revendedor(por exemplo, um banco comercial) depende de uma série de eventos compostos-queda da taxa de juros e inadimplência da contraparte pagadora de taxa fixa e aumento da taxa de juros e inadimplência do pagador de taxa variável.

As transações de swap aumentaram em volume, de alguma quantidade insignificante no início dos anos 80 para uma quantia superior a 6 trilhões de euros nos últimos tempos. Ao mesmo tempo, os bancos, como intermediários, agora raramente ganham um spread superior a 10 pontos base. Assim, um banco pode lucrar com os swaps apenas se tiver um volume suficientemente grande. De meados da década de 1980 até hoje, o número de bancos atuando como intermediários em swaps caiu drasticamente.

Essas observações têm duas implicações alternativas.

1) Uma visão pessimista. A explosão do tamanho no mercado de swaps pode advir apenas da redução dos padrões de crédito. O baixo risco de crédito leva a um número crescente de swaps com falha. Como apenas alguns bancos lidam com o crescimento explosivo das transações de swap, é provável que uma falha por atacado (grandes quantidades) leve a falhas dramáticas de alguns grandes bancos. Esse fenómeno pode até levar a um risco sistémico de uma corrida nos bancos.

2) Uma visão otimista do mundo. O risco de crédito tem dois componentes relacionados ao não pagamento: incapacidade e falta de vontade. A incapacidade de pagar decorre da falta extrema de recursos. Por outro lado, um devedor com recursos inadequados para cumprir com todas as suas obrigações recorre a uma hierarquia de reivindicações (consoante as suas prioridades) em relação aos recursos disponíveis e cumpre as obrigações de acordo com essa hierarquia até esgotar os recursos.

A estratégia de um banco credor é, então:

1) melhorar a prioridade de suas reivindicações na hierarquia da contraparte;

2) pedir ao devedor que estique os seus recursos para cumprir com pagamentos parciais aos credores mais altos na hierarquia; ou

3) construir um swap que satisfaça indiretamente a necessidade do devedor, envolvendo B como contraparte, onde B atribui uma prioridade mais alta ao banco do que aquela que o devedor atribui.

Estas etapas, individualmente ou em conjunto, permitem que o banco reduza o risco de crédito efetivo do devedor. Ainda assim, a terceira alternativa pode ser mais realista do que as duas primeiras.

1.2.4 Swaptions

Swaptions são opções relacionadas a swaps. Uma opção de troca dá ao comprador o direito, e não a obrigação, de receber um pagamento fixo à taxa de juros fixa (chamada preço de exercício) e pagar à taxa varável. Assim sendo, o comprador da swaption tem a opção de não querer exercer o seu direito à swap. Por outro lado, o autor da swaption tem a obrigação de adotar a honrar a swap se esse direito for exercido pelo comprador.

Uma swaption é o direito, e não a obrigação, de pagar a uma taxa fixa e receber a uma taxa variável. Tais como as opções, uma swaption americana pode ser exercida a qualquer momento antes da data de vencimento, enquanto que uma swaption europeia só pode ser exercida no momento do seu vencimento.

1.3 A Internet como instrumento de minimizar custos

Um desenvolvimento com um potencial de longo alcance é a Internet. Os desenvolvimentos tecnológicos mudaram a ênfase de transações presenciais com os clientes para interativas baseadas na comunicação via computador. Os bancos agora estão a incentivar os clientes a usar a Internet, Caixas multibanco (ATM – Automatic Teller Machines) e cartões inteligentes; todos estes modos de transação tornam supérflua a forma física convencional das filiais.

Um banco típico da Internet não possui uma localização física para agências e os seus clientes realizam todas as transações via caixas multibanco e Internet. A vantagem serve ambos o banco e os seus clientes, pois o banco consegue cobrar uma taxa abaixo da média aos seus clientes, pagar taxas de juros acima da média sobre os depósitos e gerar uma taxa de retorno dos investimentos significativamente acima da taxa obtida por sistemas convencionais, mesmo que bem administrados.

Podemos observar quatro implicações significativas de bancos puramente baseados na Internet (PIBB – Purely Internet – Based Banks):

1) As economias de escala aplicáveis aos bancos convencionais são praticamente irrelevantes. Um PIBB, por exemplo, consegue alcançar e exceder o volume de equilíbrio muito antes que um banco convencional, pois requer uma massa crítica muito menor da base de clientes. Assim, a banca via Internet mudou não apenas os parâmetros económicos, mas também os parâmetros de referência para avaliação.

2) Os bancos que enxertam na base da Internet estão a gerar lucros. No entanto, é questionável se os mesmos consigam materializar com aumentos dos seus resultados. A questão fundamental prende-se com o facto de muitos terem simplesmente acrescentado a camada internet às suas operações, pelo que basicamente adicionaram outra camada de custos fixos sem reduzirem significativamente os outros custos fixos existentes, inerentes à sua presença física.

3) Talvez a implicação mais significativa seja o impacto da Internet nas barreiras internacionais induzidas pelos governos. A Internet torna irrelevantes os limites físicos entre países e, no processo, promove a remoção ou harmonização de barreiras que impedem o crescimento do setor bancário internacional. Ainda assim, barreiras estruturais, tais como o desejo de transações presenciais cara-a-cara ou de atenção personalizada, são ainda uma barreira desafiadora para a banca através da internet.

4) Finalmente, no que diz respeito às várias partes interessadas (stakeholders), existem várias questões pertinentes, tais como:

- A natureza da concorrência alterada pela Internet irá afetar favoravelmente os investidores.

- Os clientes terão que avaliar os benefícios dos serviços financeiros mais baratos e mais rápidos disponíveis online contra o custo de processos complexos impessoais e às vezes evitáveis. Eles também podem achar difícil comparar o custo de pacotes de serviços oferecidos por bancos concorrentes, por estes geralmente variarem entre si.

- É muito provável que os funcionários sejam forçados a adaptarem-se às novas necessidades que os seus empregos lhe imponham, tendo de adquirir conhecimentos e competências de informática. Ao mesmo tempo, os funcionários podem ter mais flexibilidade de horário de trabalho, podendo efetuar muitas partes do seu trabalho a partir de casa.

- A receita do governo com a concessão de licenças bancárias pode mudar dependendo da capacidade de este conseguir atrair ou perder bancos; no entanto, um impacto mais significativo pode vir de benefícios e custos indiretos, tais como o aumento de gastos dos consumidores e custos da formação superior e benefícios de desemprego para os funcionários demitidos. Ainda assim, parece inegável que a capacidade de um País é muito limitada quando se trata de controlar a penetração nacional de bancos offshore que venham invadir o território dos bancos domésticos, pelo que é fundamental que tanto o País como os seus bancos ajam em conjunto de forma a serem competitivos.

É comum constatar que os bancos comerciais físicos frequentemente cobram demais ou demoram muito para enviar ou receber pagamentos além-fronteiras. Com o advento da internet, novas redes de pagamentos estão a começar a oferecer um serviço mais rápido, confiável e com preços mais competitivos. Estes serviços ameaçam, obviamente, os acordos bilaterais tradicionais (ou correspondentes) entre bancos individuais e a rede global de processamento SWIFT, que é a maior rede utilizada para processar pagamentos internacionais.

Isto não quer dizer que os pequenos bancos domésticos com apenas envolvimento periférico transfronteiriço tenham pouca chance de sobrevivência. Como tem sido o caso com o setor de serviços financeiros em geral, não só esses bancos poderão sobreviver, como também vêem melhoradas as suas perspetivas de prosperidade. A condição crítica é que os mesmos definam cuidadosamente qual o seu nicho e sigam o preceito da teoria do mercado contestável. Clientes, locais e internacionais, à procura de serviços personalizados exigentes-e dispostos a pagar por eles-terão pouco uso para os grandes supermercados de serviços financeiros ou para os bancos sem rosto na Internet. O perigo, portanto, não é tanto o aperto dos grandes bancos, mas sim a gestão cuidada dos pequenos bancos. Os gestores dos pequenos bancos têm de ter ambos os pés bem assentes na terra, sem terem a ambição de jogar na liga grande sem os meios necessários para competir com os grandes bancos; foi assim que muitos pequenos bancos entraram em falência.

1.3.1 Análise dos custos para transações da Internet

O custo de uma transação requer consideração dos pontos de vista do banco e da sua clientela.

1.3.1.1 Perspectiva do Banco

Para o banco, o lucro de cada transação requer a consideração de seu custo total, composto por componentes fixos e componentes variáveis.

O desafio que enfrenta está na determinação do componente de custo fixo, que deve ser determinado, idealmente, através da determinação de:

- a estimativa do tempo de vida económica (em contraposição ao tempo de vida útil ou contabilística) do investimento (por exemplo, um computador ou programas relacionados); essa estimativa, por sua vez, permitirá aos bancos estimar periodicamente os encargos com base na vida económica; e
- o volume esperado de transações.

Quando a cobrança periódica é distribuída sobre o volume estimado de transações, podemos calcular os custos fixos inerentes à transação.

A estimativa de custo fixo varia em duas dimensões. A primeira está relacionada com a fonte: a sede versus a filial. A segunda está relacionada com o tempo/momento: cobrança pontual a ser adiada ao longo da vida (por exemplo, custo de compra de máquinas ou software) versus periódico (por exemplo, encargos anuais de reparações e manutenção).

Os modos de custeio alternativos têm uma composição diferente de custos fixos no nível da filial e no nível da sede. O componente de nível da filial (subsidiária) dominará no modo de transação presencial, enquanto o componente no nível da sede dominará a transação baseada na Internet. Um tratamento adequado destes custos provavelmente levaria a estimativas totalmente diferentes daquelas em que a classificação de custo fixo é ignorada ou agrupada independentemente da fonte: uma mudança de custo fixo do nível da filial para o nível da sede tem um impacto significativo na capacidade de manobra do banco.

- No curto prazo, uma mudança do custo fixo da filial para a sede, por exemplo, permite a uma filial ter maior flexibilidade em relação às mudanças na política de preços. Isso ocorre porque o ramo terá que cobrir os custos fixos baseado em filiais (agora reduzidos) e contribuir positivamente para os custos fixos baseados em sede (agora aumentado); dessa forma, o ponto de equilíbrio financeiro para a filial será menor do que antes.
- No longo prazo, o fecho isolado de uma filial mantém constante o ponto de equilíbrio de outras filiais sobreviventes em relação ao montante de custo fixo ao nível da filial (agora evitada), mas aumenta o ponto de equilíbrio devido à redistribuição da carga de custos fixos da sede (que era anteriormente suportado pela filial entretanto fechada) pelas outras filiais.

1.3.1.2 Perspectiva do cliente

Do ponto de vista do cliente, o custo não deve incluir apenas aquilo que o banco cobra, mas também quais são os custos do próprio cliente para efetuar os seus negócios. Por exemplo, a transação pela Internet requer não apenas o custo anunciado pelo banco através do computador, mas também os custos incrementais de um negócio, tais como a conexão telefónica, a eletricidade e as taxas cobradas pelo provedor de serviços de Internet. Assim, o banco que fornece acesso à Internet aos clientes também está a transferir uma parte do seu custo para o cliente.

As duas perspectivas acima permitem ao banco determinar

(1) se o empreendimento será rentável e.

(2) se também é vantajoso para o cliente.

Este último atua não apenas como uma restrição, mas também tem implicações estratégicas. Suponha que um banco considere que, embora a empresa seja lucrativa, as vantagens da nova oferta são apenas marginais para a maioria dos seus clientes. Nesse caso, convém segmentar a minoria que iria beneficiar dessa oferta. Os gestores do banco podem descobrir no processo, que a sua base de clientes-alvo é inadequada. Nesse caso, convém considerar abandonar o projeto ou alcançar agressivamente a base de clientes pretendida. Nesse sentido, a análise financeira e a função de marketing têm implicações importantes para a entrada num novo empreendimento.

2 Análise de dificuldade e suplemento de conhecimento

2.1 Os Derivados
金融衍生产品

金融衍生产品是指其价值依赖于标的资产(activo subjacente)价值变动的合约。这种合约可以是标准化的,也可以是非标准化的。标准化合约(contratos de padronização)是指其标的资产(也称基础资产)的交易价格、交易时间、资产特征、交易方式等都是事先标准化的,因此此类合约大多在交易所上市交易,如期货。非标准化合约是指以上各项由交易的双方自行约定,因此具有很强的灵活性,比如远期合约。

金融衍生产品的共同特征是保证金交易(negociação de margem),即只要支付一定比例的保证金(margem)就可进行全额交易,不需实际上的本金转移,合约的了结一般也采用现金差价结算的方式进行,只有在满期日以实物交割方式履约的合约才需要买方交足贷款。因此,金融衍生产品交易具有杠杆效应(efeito de alavancagem)。保证金越低,杠杆效应越大,风险也就越大。

2.2　Tipos de Derivativos Financeiros
　　　金融衍生产品的种类

2.2.1　期货

期货(Futuros)是包含金融工具或未来交割实物商品销售(一般在商品交易所(troca de mercadorias)进行)的金融合约。期货合约是买卖期货的合同,是约定交易双方在特定的时间交易的凭证。

期货是一种跨越时间的交易方式。买卖双方透过签订标准化合约(期货合约),同意按指定的时间、价格与其他交易条件,交收指定数量的现货。通常期货集中在期货交易所进行买卖,但亦有部分期货合约可透过柜台交易(Mercado de balcão①)进行买卖。

期货是一种衍生性金融商品,按现货标的物之种类,期货可分为商品期货与金融期货(futuros financeiros)两大类。参与期货交易者之中,套保者(或称对冲者)透过买卖期货,锁定利润与成本,减低时间带来的价格波动风险(risco de flutuações de preços)。投机者(o especulador)则透过期货交易承担更多风险,伺机在价格波动中牟取利润。

不少期货市场发展自远期合约,指一对一个别签订的跨时间买卖合同,交易细则由买卖双方自行约定。期货合约(Contrato Futuro)则由交易所划一标准化,让四方八面的交易者可在同一个平台上方便地交易。期权(选择权)是从期货合约上再衍生出来的另一种衍生性金融商品。

2.2.2　远期利率协议

远期利率协议(contratos de taxa a termo)是一种远期合约,买卖双方(客户与银行或两个银行同业之间)商定将来一定时间点(指利息起算日)开始的一定期限的协议利率,并规定以何种利率为参照利率,在将来利息起算日,按规定的协议利率、期限和本金额,由当事人一方向另一方支付协议利率与参照利率利息差的贴现额。

---

① 一般业内也用其英文缩写 OTC 表示柜台交易。

在这种协议下,交易双方约定从将来某一确定的日期开始在某一特定的时期内借贷一笔利率固定、数额确定、以具体货币表示的名义本金(principal notional)。远期利率协议的买方就是名义借款人,如果市场利率(taxa de mercado)上升的话,他按协议上确定的利率支付利息,就避免了利率风险;但若市场利率下跌的话,他仍然必须按协议利率支付利息,就会受到损失。远期利率协议的卖方就是名义贷款人,他按照协议确定的利率收取利息,显然,若市场利率下跌,他将受益;若市场利率上升,他则受损(见表5.4)。

表5.4　　　　　　　　　　　　远期利率协议与利率期货的区别

类别	远期利率协议	利率期货
交易形态	场外交易市场成交,交易金额和交割日期都不受限制,灵活简便	交易所内交易,标准化契约交易
信用风险	双方均存在信用风险	信用风险极小
交割前的现金流	不发生现金流	每日保证金账户内有现金净流动
适用货币	一切可兑换货币	交易所规定的货币

2.2.3　期权

期权(Opção),是一种选择权,指是一种能在未来某特定时间以特定价格买入或卖出一定数量的某种特定商品的权利。它是在期货的基础上产生的一种金融工具,给予买方(或持有者)购买或出售标的资产的权利。期权的持有者可以在该项期权规定的时间内选择买或不买、卖或不卖的权利,他可以实施该权利,也可以放弃该权利,而期权的出卖者则只负有期权合约(contratos de opção)规定的义务。

按期权的权利划分,可以分为看涨期权和看跌期权两种类型。看涨期权(opções de chamada)是指期权的买方向期权的卖方支付一定数额的权利金后,即拥有在期权合约的有效期内,按事先约定的价格向期权卖方买入一定数量的期权合约规定的特定商品的权利,但不负有必须买进的义务。而期权卖方有义务在期权规定的有效期内,应期权买方的要求,以期权合约事先规定的价格卖出期权合约规定的特定商品。看跌期权(opções de venda)是指期权的买方向期权的卖方支付一定数额的权利金(preço da opção/opção premium)后,即拥有在期权合约的有效期内,按事先约定的价格向期权卖方卖出一定数量的期权合约规定的特定商品的权利,但不负有必须卖出的义务。而期权卖方有义务在期权规定的有效期内,应期权买方的要求,以期权合约事先规定的价格买入期权合约规定的特定商品。

按期权合约上的标的划分,有股票期权、股指期权、利率期权、商品期权以及外汇期权等种类。

2.2.4 互换/掉期

互换(troca/swap)是一种双方商定在一段时间内彼此相互交换现金的金融交易。这种交易的渊源是背对背贷款。例如,一家法国银行向一家美国银行贷出一笔为期 5 年的法国法郎贷款,利率 10%,而这家美国银行反过来又向这家法国银行贷出一笔等值的同样为期 5 年的美元贷款,利率 8%,通过这一过程,这两家公司就交换了本金和利息支付,这就等于法国银行按固定汇率以一定量的法郎换取一定量美元。

互换的类型非常多种,包括:

利率互换(swap de taxa de juros),是指双方同意在未来的一定期限内根据同种货币的同样的名义本金交换现金流,其中一方的现金根据浮动利率计算出来,而另一方的现金流根据固定利率计算。

货币互换(troca de moeda),是指将一种货币的本金和固定利息与另一货币的等价本金和固定利息进行交换。

商品互换,是一种特殊类型的金融交易,交易双方为了管理商品价格风险,同意交换与商品价格有关的现金流。它包括固定价格及浮动价格的商品价格互换和商品价格与利率的互换。

其它互换,包括股权互换(swap de ações)、信用互换、气候互换和互换期权等。

掉期合约、期货合约和期权合约不同的是,掉期合约一般都是非标准化的,因此不能像期货合约和期权合约那样上市交易。

2.3 CAPM
资本资产定价模型

资本资产定价模型(CAPM)是由美国学者威廉·夏普(William Sharpe)、林特尔(John Lintner)、特里诺(Jack Treynor)和莫辛(Jan Mossin)等人在现代投资组合理论的基础上发展起来的,是现代金融市场价格理论的支柱,广泛应用于投资决策和公司理财领域。资本资产定价模型中,所谓资本资产主要指的是股票资产,而定价则试图解释资本市场如何决定股票收益率,进而决定股票价格。

按照 CAPM 的规定,Beta 系数是用以度量一项资产系统风险的指针,是用来衡量一种证券或一个投资组合相对总体市场的波动性(volatilidade)的一种风险评估工具。也就是说,如果一个股票的价格和市场的价格波动性是一致的,那么这个股票的 Beta 值就是 1。如果一个股票的 Beta 是 1.5,就意味着当市场上升 10% 时,该股票价格则上升 15%;而市场下降 10% 时,股票的价格亦会下降 15%。

Beta 是通过统计分析同一时期市场每天的收益情况以及单个股票每天的价格收益来

计算出的。当 Beta 值处于较高位置时，投资者便会因为股份的风险高，而会相应提升股票的预期回报率。

3 Terminologia de negócios

diretor financeiro	首席财务官，CFO
Fluxos monetários	现金流
Período de recuperação do investimento	回收期
Reembolso descontado	贴现投资回报
Taxa Interna de Rentabilidade	内部收益率
taxa de juro nominal	名义利率
taxa de juro real	实际利率
Valor Económico Adicionado	经济附加值
Lucros Operacionais Líquidos Após Impostos	税后净营业利润
híper-competição	过度竞争
dividendos	红利
acionistas	股东
taxa de desconto	折扣率
capital alheio	外资
Divida sobre capital próprio	债务/权益
custos "afundados"	沉没成本
custo médio de capital ponderado	加权平均资本成本，WACC
Modelo de Precificação de Ativos de Capital	资本资产定价模型，CAPM
Beta de mercado	市场测试版
Negócio em que ambas as partes ficam a ganhar	双赢
derivado/derivativo	衍生品
Instrumento de troca de instrumentos financeiros	掉期工具
Mercado Monetário Internacional	国际货币市场，IMM
Bolsa Mercantil de Chicago	芝加哥商品交易所，CME
contratos futuros	期货合约
câmara de compensação	清算所
Inadimplência (bancarrota)	违约（破产）
margem inicial	初始保证金
margem de manutenção	维持保证金

opções de ações	股票期权
empresas multinacionais	跨国公司, MNC
De uma ponta à outra	背对背
agências de rating	评级机构
taxa flutuante/variável	浮动/可变利率
Depósitos a prazo Europeus	欧洲信用违约互换
cupão	优惠券
Acordo de taxa a termo	远期汇率安排, FRA
opções relacionadas a swaps	掉期期权
Caixas multibanco	自动柜员机, ATM
bancos puramente baseados na Internet	互联网银行, PIBB
O Derivados	金融衍生产品
activo subjacente	标的资产
contratos de padronização	标准化合约
negociação de margem	保证金交易
margem	保证金
efeito de alavancagem	杠杆效应
Futuros	期货
troca de mercadorias	商品交易所
Mercado de balcão	柜台交易
futuros financeiros	金融期货
risco de flutuações de preços	价格波动风险
o especulador	投机者
Contrato Futuro	期货合约
contratos de taxa a termo	远期利率协议
principal notional	名义本金
taxa de mercado	市场利率
Opção	期权
contratos de opção	期权合约
opções de chamada	看涨期权
opções de venda	看跌期权
preço da opção/opção premium	期权价格/期权溢价
swap de taxa de juros	利率互换
troca de moeda	货币互换
swap de ações	股权互换

4　Exercícios

1) O que é um instrumento derivativo?
2) Como funciona uma câmara de compensação?
3) Um swap é uma troca do quê, no contexto dos instrumentos derivativos?
4) Quais as diferenças entre um swap, uma opção e uma swaption?
5) Acha que a Internet veio matar a banca tradicional?

Exercícios Quantitativos

1) Suponha que a empresa A, classificada nas agências de rating como Aa, pode pedir emprestado fundos à taxa fixa de 7% e à taxa variável de EURIBOR $+0,2\%$. Por outro lado, a empresa B, classificada como nas agências de rating como Bb(maior risco), pode emprestar pedir fundos à taxa fixa de 8 % e à taxa variável da EURBOR $+0,5\%$. Será que as empresas podem beneficiar de um swap de taxa de juro?
2) Do exemplo de cima, em que situação é que ambas as empresas ficam com um ganho semelhante?

5　Caso de Estudo: Macau (China) quer captar serviços financeiros nas relações entre China e Portugal[①]

O responsável da área de Economia e Finanças do governo de Macau, Lionel Leong, visita Portugal a partir de quarta-feira. Com ele, vem uma delegação de 60 dirigentes e empresários. A região administrativa especial chinesa quer passar a ter um papel mais relevante nas transações financeiras que suportam os fluxos de investimento entre China e Portugal. Até aqui, são mais de 9 mil milhões de euros de investimento direto no país, que poderão duplicar caso a recente oferta da China Three Gorges sobre a EDP venha a ser bem-sucedida.

Os governos de Pequim e Lisboa, que no próximo ano celebram 40 anos de relações diplomáticas, querem reforçar a ligação, o que poderá trazer mais investimentos para sectores

---

① Retirado e adaptado de: https://www.dinheirovivo.pt/banca/macau-quer-captar-servicos-financeiros-nas-relacoes-entre-china-e-portugal/

como portos ou indústria automóvel. Macau, com um regime económico de mercado e uma história de mediação entre China e Portugal, quer captar parte do negócio para os seus bancos onde se contam dependências de instituições da China e de Portugal como o Banco da China e a Caixa Geral de Depósitos. Lionel Leong afirma que as apostas são feitas na liquidação de transações na moeda chinesa, no leasing para financiar equipamentos usados na construção, e também no *wealth management.*

Quais os frutos que espera que nasçam a partir desta visita? E quão importante é ela para Macau?

"Espero que a visita ajude a promover a construção de uma plataforma de contacto entre a China e Portugal, especialmente uma ligada a serviços financeiros. Espero espalhar mais conhecimento sobre as vantagens de Macau nesta área, e incentivar à participação na criação de um Centro de Liquidação em Renminbi para Países de Língua Portuguesa. Como tal, é necessário que sejam desenvolvidos serviços financeiros caracteristicamente de Macau, como locação financeira e gestão de fortunas, para que seja estabelecida uma cooperação mais forte. Este encontro servirá também para a assinatura de vários documentos ligados à cooperação por parte de empresas e instituições de Macau. A viagem irá ainda servir como lançamento desses mesmos projetos. Estes projetos irão contribuir para a consolidação da função de Macau como plataforma de contacto entre a China e Portugal".

Entende que Macau tem a possibilidade de se tornar num centro financeiro de ligação entre a China e países lusófonos. Durante esta visita, e a curto prazo, que passos planeia dar rumo a este objetivo?

"Desde agosto de 2015 que o Banco da China (sucursal de Macau) tem autorização para realizar serviços de liquidação de renminbi em trocas comercias de produtos e serviços com bancos de países lusófonos. Mais tarde, em março de 2016, com o lançamento do sistema de liquidação de renminbi em tempo real, foi estabelecida uma base sólida para o desenvolvimento deste centro de liquidação em renminbi para países de língua portuguesa. Recentemente, como forma de promover este papel da região, a Autoridade Monetária de Macau, através da Associação de Bancos, incentivou a que bancos chineses e portugueses em Macau, além de desenvolverem uma ligação mais próxima com os seus clientes, procurassem também a consolidação de negócios entre a China e Portugal em que estão envolvidas sucursais de bancos chineses no território. Tal coordenação, juntamente com o centro de liquidação, irá ajudar a reforçar a liquidez do renminbi no mercado local. Para que isto seja devidamente implementado, a Autoridade Monetária de Macau entrou em janeiro deste ano em contacto com o Banco de Portugal, a Caixa Geral de Depósitos e a Associação Portuguesa de Bancos, apresentando às mesmas a atual situação económica de Macau, as novas políticas financeiras, e discutindo possibilidades de uma futura colaboração".

Em que é que isto se pode traduzir no futuro?

"A longo prazo, com base no facto de o renminbi estar incluído nos Direitos Especiais de Saque do Fundo Monetário Internacional, espera-se que bancos centrais e investidores aumentem as suas reservas de renminbi. Desta forma, o Governo de Macau irá promover ativamente a participação de bancos centrais de países lusófonos e de grandes instituições financeiras em serviços de moeda chinesa. Por um lado, esta participação poderá satisfazer as necessidades de cooperação económica e comercial entre a China e países lusófonos. Por outro, poderá reforçar ainda a extensão da indústria financeira de Macau, consolidando ainda mais a posição da região como plataforma de serviços financeiros entre a China e países lusófonos".

Capítulo VI O Sistema Bancário Português

1 Texto

Neste capítulo iremos apresentar uma noção da implementação da banca em Portugal, começando pela história da banca neste país. Posteriormente, enquadramos o estado atual da banca Portuguesa no Sistema Bancário Europeu, e discutimos a situação atual dos bancos a operar em Portugal. Acabamos com uma listagem e descrição dos principais bancos em Portugal, seguidos dos outros bancos de menor dimensão.

1.1 Breve História da Banca em Portugal

O Rei Dom João VI de Portugal autorizou o estabelecimento do Banco do Brasil na colónia Portuguesa do Brasil, ainda antes de existirem bancos em Portugal. O primeiro banco existente no espaço de soberania portuguesa, e o 4.º a nível mundial com funções emissoras de papel-moeda, foi criado em 1808, no Rio de Janeiro. Em Portugal, o primeiro banco foi o Banco de Lisboa (1821–1846), tendo sido fundado em 31 de Dezembro de 1821 por iniciativa do parlamento constituinte saído da Revolução Liberal do Porto. O banco, criado debaixo da imediata proteção das Cortes, tinha funções comerciais e emissoras de papel-moeda, tendo iniciado a sua atividade com 5 mil contos (equivalente a cinco milhões de escudos) de capital. O banco abriu ao público no dia 21 de Agosto de 1822.

Nas suas funções de emissão de papel-moeda, o Banco de Lisboa produziu algumas das primeiras notas que circularam em Portugal. As notas, de grande valor estético, foram desenhadas pelo pintor Domingos Sequeira, que era acionista do Banco, e impressas inicialmente em papel fornecido pela Fábrica de Alenquer(cidade Portuguesa próxima de Lisboa), passando depois a ser comprado em Inglaterra.

A impressão das primeiras notas pelo banco em Portugal foi feita usando um tórculo, tendo o mesmo sido usado para imprimir as notas nos valores de 19$200, 48$000 e 96$000, com desenho do pintor Domingos Sequeira. O tórculo está em exposição na Casa da Moeda, em Lisboa.

Em Março de 1825 foi aprovada a abertura de uma Caixa – Filial na cidade do Porto, que se instalou na parte fronteira do extinto Convento de São Domingos do Porto, originando a atual sucursal do Banco de Portugal naquela cidade.

Apesar do contrato de exclusividade de emissão de notas outorgado ao Banco de Lisboa prever uma duração de pelo menos 20 anos, o exclusivo de emissão de notas foi mantido apenas até 1835, ano em que o recém-criado Banco Comercial do Porto foi autorizado a emitir notas pagáveis ao portador. Surgiram posteriormente outros bancos emissores no Norte de Portugal, como o Banco Aliança, o Banco Comercial de Braga, o Banco União do Porto e o Banco do Minho, ficando a partir de 1850 a exclusividade do Banco de Lisboa restrita ao Distrito de Lisboa.

1.1.1 Surgimento do Banco de Portugal[①]

A 19 de Novembro de 1846 o Banco de Lisboa foi fundido com a Companhia Confiança Nacional, uma sociedade de investimentos especializada no financiamento da dívida pública, dando origem ao atual Banco de Portugal(BdP). O BdP começou por ser apenas mais um banco, sem o monopólio da emissão de notas, continuando apenas as emissões do Banco de Lisboa, impressas a uma só cor sobre fundo branco. Para aproveitar o papel existente em armazém no Banco de Lisboa, o Banco de Portugal imprimiu até 1875, durante mais de 28 anos, as suas notas com a marca de água do extinto Banco de Lisboa. O BdP Foi fundado com

---

① Adaptado de https://www.bportugal.pt/page/historia

o estatuto de sociedade anónima e, até à sua nacionalização, em 1974, era maioritariamente privado.

O direito de emissão de notas foi partilhado com outras instituições bancárias até 1891. Após a publicação do Decreto de 9 de Julho de 1891, o Banco de Portugal passou efetivamente a deter o exclusivo da emissão para o Continente, Açores e Madeira.

1.1.2 Crescimento do Banco de Portugal

Depois das suas primeiras décadas de existência algo atribuladas, em que só tinha o pelouro de Lisboa, o Banco de Portugal entrou numa fase de crescimento vigoroso, que durou até à I Guerra Mundial, tornando-se no banco comercial mais importante do País. O BdP acompanhava a evolução da dívida pública, que era persistente, e a conseguia equivaler através de empréstimos públicos (ao invés da emissão de moeda).

Enquanto vigorou o padrão-ouro (*gold standard*), até 1891, uma das principais preocupações do Banco de Portugal foi assegurar a convertibilidade em moeda metálica das notas que emitia. Sem que oficialmente fosse parte das suas atribuições, o Banco de Portugal assegurava ao mesmo tempo a função de "prestamista de última instância" no sistema bancário (desempenhar o papel de "banco dos bancos"), prevenindo ou atenuando várias crises.

A partir da crise financeira e monetária de 1891, e do estabelecimento da inconvertibilidade das notas do Banco de Portugal, cessou a política monetária ativa, fixando-se a taxa de desconto num nível que perdurou até 1914. Em contrapartida, o Banco de Portugal formalizou o seu papel de banco central de Portugal, acompanhando o sector bancário sob um olhar de supervisor passivo.

Em junho de 1931, operou-se uma profunda reforma nas funções e nos estatutos do Banco de Portugal. Foram definidas novas regras que limitavam a expansão do passivo do Banco, relacionando-o com o montante de reservas em divisas. Estas regras, juntamente com outras de aplicação rigorosa, que limitavam a capacidade do Banco de Portugal para financiar o Estado, criaram condições para o controlo monetário efetivo. Doravante, o BdP assumiu o compromisso de prosseguir uma política de taxas de juros e de câmbios fixos.

1.1.3 As Restrições impostas pela Guerra

Foram introduzidas grandes restrições às transações durante a II Guerra Mundial e no período do pós-guerra. As restrições impostas deram origem a um sistema muito complexo de controlo cambial, abrangendo as operações de capitais, de mercadorias e de invisíveis correntes. Sendo o BdP o "banco central" Português, passou a ter as competências normativas nesta área, juntamente com a supervisão do sistema. Dessa forma, o BdP passou a ser um agente do Governo nas relações com organizações monetárias internacionais.

Após a II Guerra Mundial, o comércio e os movimentos de capitais foram gradualmente liberalizados. Devido a ter havido excedentes orçamentais, a liberalização foi facilitada e foi implementada uma política monetária de modo geral passiva (a seguir o mercado), até meados de 1970. Durante este período, o BdP foi crescendo em tamanho e em responsabilidades, tendo-se alargado aos pagamentos internacionais, à gestão das reservas e à política monetária interna. Foi no final da década de 1950 que foram aprovadas leis que obrigavam aos bancos a constituição de reservas mínimas de caixa, e que conferiam ao BdP grandes responsabilidades, permitindo-lhe maior intervenção nas áreas de controlo do crédito e na fixação das taxas de juro.

1.1.4 A Nacionalização do Banco de Portugal

A 25 de Abril de 1974, a ditadura em Portugal foi abolida (o regime ditatorial estava vigente desde 1933), e deu-se inicio a um processo que viria a terminar com a implantação de um regime democrático e com a entrada em vigor da nova Constituição a 25 de abril de 1976. Em consequência da Revolução de Abril (também conhecida como a revolução dos cravos), O Banco de Portugal foi nacionalizado em Setembro de 1974. Como consequência da nacionalização, as funções e estatutos do Banco de Portugal foram redefinidos, sendo-lhe atribuído formalmente o estatuto de banco central e de supervisor do sistema bancário.

A implementação da democracia fez com que a política monetária se tenha tornado mais ativa, tendo o BdP assumido importantes responsabilidades nas áreas do controlo monetário e do crédito e na organização e regulamentação dos mercados monetários. A atividade do setor financeiro aumentou ainda mais quando Portugal aderiu à então denominada "Comunidade Económica Europeia" (CEE, ou *EEC – European Economic Community* em inglês), em 1986. O BdP rapidamente se aproximou dos restantes bancos centrais europeus, à medida que se verificava uma integração crescente da economia Portuguesa nos mercados europeus.

A integração Europeia trouxe vários novos normativos a cumprir a partir de 1990. Em outubro de 1990, foi promulgada uma nova Lei Orgânica, sendo que as principais inovações diziam respeito às limitações impostas ao financiamento dos défices do Estado. A CEE na altura também queria maior distanciamento entre os bancos centrais de cada País e dos seus Governos, pelo que a lei de 1990 também garantia maior independência ao Conselho de Administração do Banco de Portugal.

Em 1992, no tratado de Maastricht, a CEE passou-se a designar simplesmente de Comunidade Europeia (CE, ou *EC – European Community* em inglês). O conjunto da CE, juntamente com outras duas comunidades (Comunidade Europeia da Energia Atómica – EURATOM/*European Atomic Energy Community* e Comunidade Europeia do Carvão e do Aço – CECA/*European Coal and Steel Community* em inglês) foi fundido naquilo que passou a chamar-se de o primeiro pilar da estrutura europeia. O segundo pilar da estrutura basear-se-ia na segurança e defesa comum, e o terceiro pilar seria para a cooperação policial e judicial entre os Estados membros. À junção dos três pilares (os dois últimos pilares ainda em fase precoce de desenvolvimento aos dias de hoje), deu-se o nome de União Europeia (UE ou *EU – European Union* em inglês). A UE orientou a política económica para políticas voltadas para a estabilidade nominal. Assim sendo, nesse ano o escudo (moeda de Portugal) aderiu ao Mecanismo das Taxas de Câmbio do Sistema Monetário Europeu, e no final desse ano foi decidida a completa liberalização dos movimentos de capitais, tornando o escudo plenamente convertível. Posteriormente, em 1995, a Lei Orgânica do Banco de Portugal voltou a sofrer alterações profundas, no quadro da preparação para a União Económica e Monetária. Doravante, a missão principal do Banco de Portugal foi a de assegurar a estabilidade dos preços, tendo a sua autonomia sido alargada na condução da política monetária.

1.2 Enquadramento da Banca Portuguesa no Sistema Bancário Europeu

1.2.1 Enquadramento da Banca Portuguesa

O ano de 1998 começou a todo o gás, com a Lei Orgânica do Banco de Portugal a sofrer novas alterações para reforçar a autonomia do banco central, nos termos exigidos pela participação de Portugal na terceira fase da União Económica e Monetária, e para preparar a sua integração no Sistema Europeu de Bancos Centrais. Em Maio de 1998, os chefes de Estado e de Governo da CE decidiram que a União Económica e Monetária se iniciaria em 1 de janeiro de 1999 com 11 Estados – Membros, de entre os quais Portugal. Na mesma altura, foi chegado a acordo relativamente ao método de determinação das taxas de conversão irrevogáveis para o euro (€), a moeda que iria aproximar ainda mais os Países da CE.

Em Junho de 1998, o BdP passa a fazer parte do Sistema Europeu de Bancos Centrais, e logo no primeiro dia de 1999, depois de, na véspera, o Conselho da União Europeia ter aprovado as taxas irrevogáveis de conversão entre o euro e as moedas dos 11 Estados – Membros participantes, deu-se início à terceira fase da União Económica e Monetária. Foi nessa altura que o euro "nasceu" oficialmente, sendo que as moedas dos 11 Estado – Membros participantes iriam passar a ser meras denominações nacionais do euro.

BANCO DE PORTUGAL
EUROSISTEMA

O euro foi posto em circulação e uso em 1 de Janeiro de 2002, com a entrada em circulação das notas e moedas europeias. Era requerido às pessoas que fossem aos bancos trocar os seus escudos por euros, sendo que as suas contas eletrónicas seriam automaticamente convertidas em euros. O BdP também teve aqui um papel determinante para auxiliar na introdução do euro na economia Portuguesa, com bastantes campanhas de informação associada. As contas eram fáceis de fazer: 1 euro = 200 escudos.

1.2.2 A crise financeira de 2008

Os bancos europeus abalaram com a crise financeira de 2008, o que veio a revelar algumas vulnerabilidades da arquitetura da União Económica e Monetária. Foram prontamente criadas novas iniciativas legislativas como consequência, que voltaram a resultar em profundas alterações às responsabilidades do Banco de Portugal. Assim sendo, a partir de 2012, o Banco de Portugal passou a deter poderes para intervir nas instituições supervisionadas em situações de desequilíbrio financeiro, tendo em vista a preservação da estabilidade financeira.

No decurso das Conclusões do Conselho Europeu e da Declaração da Cimeira da Área do Euro de junho de 2012, a Comissão Europeia apresentou um pacote de propostas legislativas para criar um Mecanismo Único de Supervisão, constituído pelo Banco Central Europeu e pelas autoridades nacionais de supervisão bancária. Este mecanismo constituiria o primeiro passo para a criação de uma União Bancária na Europa que garantisse a aplicação consistente de regras ao sistema bancário e, deste modo, reforçasse a União Económica e Monetária.

Dessa forma, o BdP voltou a alterar a sua Lei Orgânica em 2013, de forma a salvaguardar a sua participação no Mecanismo Único de Supervisão. O BdP foi também nomeado como autoridade macro prudencial nacional, tendo passado a ser também o organismo formalmente responsável por identificar, acompanhar e avaliar os riscos para a estabilidade financeira e por adotar as correspondentes medidas de prevenção e mitigação.

O Mecanismo Único de Supervisão entrou em funcionamento em Novembro de 2014, tendo então o BdP passado a exercer as suas competências de supervisor num modelo de responsabilidade partilhada com o Banco Central Europeu e as demais autoridades nacionais competentes. Posteriormente, em 2016, entrou em funcionamento o Mecanismo Único de Resolução, passando o BdP a exercer as suas responsabilidades de resolução no âmbito deste mecanismo.

O MUS e o MUR-que contemplaram, essencialmente, a transferência para o nível europeu dos poderes e competências de supervisão prudencial e de resolução das instituições de crédito(embora com a participação das respetivas autoridades nacionais), encontram-se em funcionamento, mas a plena realização da União Bancária Europeia exige ainda a implementação de um terceiro pilar, que deverá passar pela criação de um sistema europeu de garantia de depósitos(*EDIS – European Deposit Insurance Scheme* em inglês).

1.3　A Situação Atual(2019)dos Bancos Portugueses

Existem períodos favoráveis e desfavoráveis em todas as economias, e no caso da economia Portuguesa, o comportamento do mercado económico também sempre foi cíclico. Porém, em 2019, todos ainda falavam dos efeitos da crise de 2008, que tinha atirado o País para uma depressão profunda, tenho os bancos tido um papel bastante significativo para a magnitude dessa depressão.

A crise financeira que eclodiu em 2008, que teve na falência do grande banco de investimento dos EUA, Lehman Brothers, o seu grande marco e ponto de partida(porém, a crise já vinha de trás; a falência do banco considerado intocável foi o "rebentar" formal da bolha), veio a ter repercussões em todo o mundo, numa espécie de efeito dominó que levou à falência de muitas outras instituições financeiras em todo o mundo. A chamada "crise do subprime①" alastrou-se, e veio a desmascarar muitas falcatruas cometidas pelos bancos.

Aquilo que era "apenas" uma crise financeira transformou-se numa crise económica devido aos efeitos secundários dos mercados e, a partir de 2010, a crise das dívidas soberanas levou mesmo a resgates à Grécia, Portugal, Irlanda e Chipre, enquanto Espanha recebeu apoios para o setor financeiro, num total de quase 500 mil milhões de euros. Os investidores que perderam muito dinheiro começaram a ser muito mais criteriosos em relação aos seus empréstimos, e começaram a exigir juros muito mais elevados a determinados Países com maior risco, tal como era o caso de Portugal.

Em contrapartida aos resgates financeiros, foram aplicadas políticas de auste-

---

① Subprime é o nome dado a ativos de risco elevado, em que o pagamento do mesmo por parte do tomador do empréstimo tem um risco elevado de poder falhar.

ridade, reformas do mercado laboral e reduzidos gastos com educação, saúde e pensões, criando descontentamento na população. Em Portugal, houve mesmo um corte salarial a todos os funcionários públicos, que subitamente se viram a ganhar menos, e a ter dificuldades em cumprir com os seus compromissos financeiros; foi nesta altura que muitos entraram em incumprimento com os bancos, e os preços dos imóveis começaram a descer.

Porém, em Portugal, seriam precisos alguns anos para a crise bancária vir ao de cima. Em 2008, os analistas eram da opinião de que as ondas de choque ao sistema financeiro mundial pouparíam os bancos portugueses, perante a menor exposição a derivados 'tóxicos' e o apoio das autoridades europeias ao setor financeiro, com injeções de dinheiro do Banco Central Europeu (BCE) no mercado monetário e emissão de garantias de Estado pelos Governos para que os bancos conseguissem liquidez. Ainda em 2008, a nacionalização do Banco Português de Negócios (BPN) trouxe ao de cima algumas imparidades, mas tais pareciam meramente episódicas, e algo expectáveis por parte de um banco "que se tenha portado mal". Aliás, os cinco maiores bancos que em 2008 operavam em Portugal – Caixa Geral de Depósitos (CGD), Banco Comercial Português (BCP), Banco Espírito Santo (BES), Santander Totta e Banco Português de Investimento (BPI) - obtiveram lucros de 1,73 mil milhões de euros nesse ano.

Foi em 2012, já com a intervenção da 'troika' em vigor, que os bancos foram obrigados a recapitalizarem-se e terem de recorrer à ajuda do Estado. O BCP pediu emprestados 3.000 milhões de euros ao Tesouro e o BPI 1.500 milhões de euros. Já a CGD recebeu 1.650 milhões de euros, 750 milhões de euros em ações e 900 milhões de euros de emprestados. Meio ano depois, em início de 2013, o Estado pôs mais 1.100 milhões de euros no Banif (700 milhões em ações e 400 milhões em dívida) e tornou-se seu acionista maioritário. Por outro lado, o BES reforçou capital junto de privados, evitando o recurso ao apoio estatal.

Porém, foi o BES, que parecia respirar saúde financeira, e após um grande sucesso no seu aumento de capital privado, que causou um grande pânico em Portugal; a 3 de Agosto 2014, o BES anunciou um prejuízo semestral histórico de 3,6 mil milhões de euros, que levou o governador do Banco de Portugal a falar ao País para anunciar o fim do mesmo BES. A indignação no País foi total, uma vez que o próprio presidente da República tinha dito que o investimento no BES era seguro, aquando da subscrição de capital(o caso do BES pode ser lido em detalhe no capítulo do Novobanco, neste livro). Para finalizar a "sangria" financeira, em Dezembro de 2015 seria o Banco Banif a ser resgatado, sendo vendida parte da sua atividade ao Banco Santander Totta.

 Assim sendo, podemos concluir que a banca portuguesa tem vivido um grande período de transformação, que está longe de estar concluída. A CGD está em profundo processo de reestruturação, o BCP continua a sua reorganização, agora com o grupo chinês Fosun como maior acionista, o Novo Banco-o banco nascido na resolução do BES-pertence ao fundo norte-americano Lone Star e também tem uma reestruturação em curso e o BPI passou a ser controlado quase na totalidade pelo grupo espanhol CaixaBank. Entretanto, em contraciclo, o Banco Santader Totta, que beneficia do apoio da casa-mãe, o espanhol Santander, aproveitou para consolidar a sua posição no mercado(sobretudo após ter ficado com parte do Banif e com o Banco Popular Portugal) e aumentar lucros.

 Com todos os problemas descritos e pela situação económica, não é de estranhar que desde 2010, e de acordo com dados do BdP, verificou-se uma quebra significativa no crédito concedido pela banca e, por outro lado, um aumento muito grande das "imparidades", ou seja, de crédito perdido(que não será reembolsado à banca, o chamado "crédito mau"). A maioria das imparidades resultavam fundamentalmente de grandes créditos concedidos pela banca, em que se verifica uma grande concentração de risco, de que é exemplo o caso do BES/GES, onde cinco bancos tiveram uma exposição superior a 1.000 milhões € apenas num grupo económico sobre o qual existia há já bastante tempo informação sobre grandes riscos e má gestão.

 A banca tem sido muito criticada não só pelos erros clamorosos de gestão danosa passados(em que se suspeita terem existido muitos casos de corrupção), mas também por outras três questões bastante importantes:

  • A redução de pessoal-esta questão é compreensível, visto hoje em dia a maior parte das pessoas usarem a tecnologia em peso, e tratarem de todos os seus assuntos com a banco de forma "online". Porém, num País como Portugal, onde a recuperação económica tende a não surgir, e onde os bancos são vistos como os principais responsáveis da crise, é difícil não dizer mal dos bancos(todos eles, incluindo o BdP, que falhou na sua supervisão), pelo que esta sua contribuição para o aumento do desemprego, embora marginal, também não seja bem vista.

• Redução de crédito à economia e às famílias – Outro aspeto importante revelado pelos dados divulgados pelo Banco de Portugal é a alteração sensível do paradigma que carateriza a atividade bancária. Assim, enquanto o crédito concedido à economia e às famílias diminuiu (entre 2010 e Junho de 2014 reduziu-se em 44.303 milhões €), o investimento da banca em "ativos financeiros disponíveis para venda", ou seja, que têm como objetivo a obtenção de mais-valias, aumentou. A banca em Portugal, e não só, está-se a transformar gradualmente numa banca que procura obter ganhos elevados de atividades que não têm nada a ver com a sua função de conceder crédito à economia e famílias, aumentando o risco a que está exposta e a possibilidade de novas crises financeiras com efeitos económicos e sociais dramáticos.

• Prejuízos avultados e contribuição nula para o Estado – Os prejuízos da banca foram bastante avultados, com os créditos malparados, frutos de gestão danosa e favorecimento de certos grupos económicos. Como consequência, os impostos pagos ao Estado tornaram-se "negativos" (a banca pode deduzir os seus impostos negativos no futuro). Isto significa que a banca poderá deduzir tais valores em impostos que tiver de pagar no futuro, reduzindo assim a sua contribuição para as receitas do Estado e para a redução do défice orçamental, o que obriga os portugueses, para compensar a perda de receitas ficais causada por essa quebra, a pagarem mais impostos.

1.3.1 O Fundo de Resolução

O Fundo de Resolução Bancária foi criado em Portugal em 2012, num contexto de crise económica e financeira, dotado de autonomia administrativa e financeira, tendo como objetivo principal apoiar o financiamento da aplicação de medidas de resolução bancária que fossem determinadas pelo Banco de Portugal, na sua qualidade de autoridade nacional de resolução (Nunes, 2019).

Foi decidido que os recursos do Fundo de Resolução Bancária deviam provir das receitas provenientes da contribuição sobre o setor bancário, das contribuições iniciais e periódicas entregues pelas instituições participantes, bem como dos rendimentos da aplicação de recursos. O Fundo pode ainda obter contribuições especiais junto das instituições participantes, caso necessário.

Alguns exemplos do apoio financeiro dado pelo Fundo de Resolução são:

• A subscrição e realização de capital social de uma instituição de transição;

• A garantia dos ativos ou dos passivos da instituição de crédito objeto de resolução;

• A concessão de empréstimos à instituição de crédito objeto de resolução;

• Ou ainda o pagamento de indemnizações aos acionistas ou aos credores da instituição de crédito objeto de resolução.

As medidas de resolução devem-se aplicar quando já não existem condições para que determinada instituição financeira continue a exercer a sua atividade de forma autónoma e contemplam, essencialmente, dois tipos de medidas concretas:

• A alienação, parcial ou total, do património da instituição que se encontre em dificuldades financeiras para uma ou mais instituições autorizadas a desenvolver as atividades em causa;

• A constituição de um banco de transição e a transferência, parcial ou total, do património da instituição que se encontre em dificuldades financeiras para esse banco.

1.3.2 O Fundo Único de Resolução (FUR) Europeu

No âmbito da implementação do MUR, a União Europeia também criou um sistema centralizado de tomada de decisão em matéria de resolução, confiado ao Conselho Único de Resolução (CUR), e dotou-o de um mecanismo de financiamento único para todos os Estados membros participantes no MUS e no MUR: o Fundo Único de Resolução (FUR), que entrou em funcionamento em 1 de Janeiro de 2016. Tal como no caso do fundo de resolução, o FUR é financiado essencialmente por via de contribuições das instituições nele participantes. Essas instituições participantes são:

• As instituições de crédito estabelecidas nos Estados membros participantes no MUS e no MUR e

• As empresas de investimento estabelecidas nos Estados membros participantes no MUS e no MUR sujeitas a supervisão em base consolidada da empresa-mãe realizada pelo Banco Central Europeu.

O processo de capitalização do FUR e da plena mutualização dos seus recursos decorrerá até ao final do ano 2023, tendo sido fixado o objetivo de que o Fundo atinja um nível de capitalização equivalente a, pelo menos, 1% do montante dos depósitos cobertos de todas as instituições de crédito autorizadas em todos os Estados membros da União Bancária, que se encontram cobertos pela garantia de depósitos. Numa fase inicial, que se prolongará até 2024, o Fundo será constituído por "compartimentos nacionais" (sendo o compartimento Português o fundo de resolução discutido anteriormente, criado em 2012), e a utilização dos recursos do FUR será feita por utilização sequencial do "compartimento" do Estado membro em que se encontra sediada a instituição que é objeto de medidas de resolução e, só depois, por utilização de todos os restantes compartimentos. Estes compartimentos serão progressivamente fundidos durante uma fase transitória de oito anos.

1.4 Os Principais Bancos Portugueses

Em 2019, Portugal mantém vários bancos em atividade, tendo a maioria destes, participações económicas de grupos estrangeiros, exceção feita à CGD que é detida na sua maioria pelo Estado Português. Após os efeitos da crise do *subprime* e especificamente das exigências da "troika", que veio a descobrir várias práticas de má gestão da maioria da banca Portuguesa em geral (a crise da banca Portuguesa não teve origem na crise do *subprime* dos EUA, mas essencialmente de empréstimos avultados a companhias privadas, que não prestaram grandes garantias bancárias, pelo que nunca deveriam ter sido concedidos), praticamente todos os bancos a operar em Portugal ficaram numa situação delicada.

A estratégia de sobrevivência foi, contudo, diferente entre instituições. Com mais ou menos desespero em evidência, muitos bancos optaram por soluções radicais, outros tentaram suavizar o impacto e gerir melhor o capital disponível. Resultado: entre bancos que fecharam, bancos que foram vendidos e bancos que se remodelaram, ficou uma nova lista dos maiores bancos portugueses em atividade. Os bancos sobreviventes podem gabar-se de serem verdadeiros exemplos de perseverança, tendo os seus relatórios de contas para comprová-lo. Olhando para esses relatórios, podemos constatar que a partir de 2017, após mais de seis anos em esforço para se manterem acima da linha da sustentabilidade, os maiores bancos portugueses voltaram aos lucros.

O banco com os maiores lucros foi o Santander Totta, que na realidade, foi o banco a operar em Portugal que menos sofreu com a crise. Uma vez que tem fortes ligações com Espanha, nunca embarcou nos créditos danosos oferecidos pelos bancos Portugueses aos grandes grupos económicos (detidos ou liderados por Portugueses), pelo que nunca entrou propriamente em crise, apesar de ter tido sido sujeito a regras de controlo e segurança mais apertadas, tal como os restantes bancos. O Santander Totta, para ser ter uma ideia, teve um aumento de 10% nos lucros em 2017 face ao ano anterior.

Também convém referir que o crescimento dos bancos a operar em Portugal nem sempre é uma boa notícia para a economia portuguesa. Na verdade, muitos dos maiores bancos portugueses são detidos, na sua maioria, por grupos estrangeiros, o que faz com que uma boa parte do lucro gerado acabe por sair do país. Dessa forma, vale também a pena saber quais dos bancos a operar em Portugal contribuem mais para o crescimento da economia portuguesa, sendo que, para tal, tem de se olhar para a margem financeira do mesmo.

Posto isto, os cinco maiores bancos a operar em Portugal são:

1.4.1 Millennium BCP

Originalmente fundado como sendo o Banco Comercial Português, em 1985, o BCP foi um dos primeiros bancos privados a nascer em Portugal-na altura em que a banca deixou de estar inteiramente sob domínio do Estado. Quando, em 2000, o banco se fundiu com duas instituições concorrentes em 2000 (o Banco Atlântico e o Banco Mello e Sottomayor), a administração quis refundar a empresa e adotou a nova marca Millennium BCP.

Com um percurso positivo que a manteve sempre na lista dos maiores bancos portugueses, a marca Millennium BCP deu origem, recentemente, a outra marca, de espírito mais jovem e digital: o Activo Bank (originalmente activobank7). O Activo Bank é conhecido pelo seu site bastante apelativo e completo, isenção de comissões, simuladores e baixas taxas de corretagem para operações bolsistas. Tem também pequenos balcões, geralmente em centro comerciais, que fazem um horário mais alargado, ao contrário do horário dos bancos tradicionais, que fecham às 15:00 e têm grandes balcões.

Hoje em dia, o Millennium BCP é o maior banco privado em Portugal. Apesar da origem portuguesa, o Millennium BCP também tem presença física na Polónia, em Moçambique e em Angola.

1.4.2 BPI

O Banco Português de Investimento é a quinta maior instituição bancária a operar em Portugal. Foi fundado em 1981 com o nome de Sociedade Portuguesa de Investimentos (SPI), mas só entrou no mercado das operações de crédito e depósito em 1985, quando assumiu o nome atual. Em 1991, o BPI comprou o Banco Fonsecas & Burnay e aumentou consideravelmente o seu volume de negócios. Já em 1995 a estrutura acionista mudou radicalmente, tendo a instituição deixado de ser inteiramente portuguesa para passar a ser propriedade de vários grandes grupos estrangeiros: o brasileiro Itaú Unibanco, o espanhol Criteria CaixaCorp, o angolano Santoro Finance e o alemão Allianz.

Desde 1996, o BPI já comprou também o Banco de Fomento e Exterior e o Banco Borges & Irmão. Tentou também fundir-se com o Millennium BCP, mas a administração deste rejeitou a proposta. Hoje, os maiores acionistas do BPI são o grupo espanhol Caixa Bank e o grupo alemão Allianz.

1.4.3　Santander Totta

O Santander sempre foi um outsider muito bem-sucedido em Portugal, talvez por não ter grandes ligações aos grupos económicos portugueses que causaram a crise do crédito malparado aos outros bancos portugueses.

Após a sua fundação em 1988, o grupo Santander comprou, em 2000, o Crédito Predial Português, e, em 2004, o Banco Totta e Açores, passando a chamar-se de Santander Totta.

Em 2015, o Santander Totta absorveu o falido Banco Internacional do Funchal (Banif) e, no ano passado, "comprou" por um euro (basicamente outra absorção) o Banco Popular Espanhol (que operava em Portugal com o nome Banco Popular). É o segundo maior banco privado a operar em Portugal, mas é de capital quase exclusivamente estrangeiro. É conhecido em Portugal por ser um banco exemplar de boas práticas.

1.4.4　CGD

Fundada em 1876, no reinado de D. Luís, a história da Caixa Geral de Depósitos é bastante longa. É e sempre foi um dos maiores bancos portugueses em atividade e continua a ser inteiramente detido pelo Estado português. No ano de 2019, o banco está a atravessar uma fase negativa do ponto de vista da sustentabilidade financeira (muitos empréstimos duvidosos a grandes grupos económicos e personalidades de Portugal, alguns dos quais foram à falência ou simplesmente deixaram de pagar os seus empréstimos, muitos dos quais não tinham garantias financeiras associadas). Neste momento, o banco público tem atividade em mais de 20 países e detém participação em algumas empresas estratégicas a nível nacional, como a Galp, a REN e o BCP.

1.4.5 Novo Banco

NOVO BANCO

A história deste banco está explicada mais adiante, no capítulo do caso do Novobanco, pelo que não iremos aprofundar muito o assunto nesta secção. O Novo Banco nasceu de uma intervenção de emergência no falido Banco Espírito Santo (BES). Após a divisão dos ativos do BES em ativos "bons" (sustentáveis do ponto de vista financeiro) e ativos "maus" (ativos que geram imparidades devido à falta de pagamento), o Novo Banco foi criado apenas com os ativos "bons". Depois de uma atribulada série de eventos (explicados no capítulo próprio), um fundo de investimento americano chamado "Lone Star" comprou 75% da instituição bancária em 2017 e passou a deter a maioria das ações.

1.4.6 Os Restantes Bancos em Portugal

De resto, os restantes bancos a operar em Portugal são:
- Bankinter: A presença em Portugal iniciou-se com o Barclays, que tinha as suas origens do Reino Unido (fundado em 1690). O Barclays dedicava as suas operações ao mercado de retalho, investimentos e crédito. Em 2015, já com mais de 140 balcões, vendeu o seu negócio em Portugal ao grupo espanhol Bankinter (fundado em 1965, na Espanha). O grupo Bankinter foi o banco espanhol que melhor superou a crise económica, mas em Portugal reduziu o número dos seus balcões para 84 em 2019.
- BBVA: O Banco Bilbao Vizcaya Argentaria (BBVA) é um banco de ori-

gem espanhola multinacional, com um modelo de capital aberto e presença em mais de 30 países. Apresenta uma forte componente empresarial.

- Montepio: O banco, fundado em 1840 em Lisboa, tem de nome completo Montepio – Associação Mutualista. É muito conhecido pela sua componente de ação social e empresarial. O banco foca-se maioritariamente em fundos de pensões e planos de proteção.

- Banco do Brasil-fundado em 1808 no Rio de Janeiro (Brasil), este banco tem cinco agências em Portugal para responder às necessidades bancárias dos brasileiros residentes em Portugal, com serviços que auxiliam no envio/recebimento de remessas para o Brasil, por exemplo. Apesar destes serviços já serem disponibilizados por fintechs concorrentes, os brasileiros mais velhos residentes em Portugal continuam a usar o banco por inércia e/ou pelo sentimento caseiro que disfrutam ao entrar dentro do mesmo.

- Deutsche Bank – O banco alemão, fundado em 1870, em Berlim, tem presença em Portugal desde 1978, e em 2011 converteu-se numa sucursal, pelo que é um banco de direito Alemão. Atua na banca de investimento, no segmento corporativo, e faz gestão de ativos e investimentos corporativos.

- Invest-banco recente (fundado em 1997, em Lisboa), é um banco focado sobretudo em serviços de corretagem e gestão de fundos.

- Banco Finantia – Começou como uma empresa de serviços financeiros em 1987 (fundado em Lisboa), e obteve a sua licença bancária em 1992. Os seus serviços estão concentrados na banca privada e corporativa.

- Itaú BBA – Este banco brasileiro, fundado em 2008 em São Paulo, Brasil, foca-se essencialmente em clientes com grandes fortunas ou corporações, sendo um banco virado para o investimento financeiro.

- BNP Paribas-fundado em 1975, França, o banco francês é um dos maiores da Europa, fruto da fusão que o Paribas fez com o Banco Nacional de Paris. É um banco para o segmento corporativo, tendo uma visão mais sofisticada de banca de investimento. Está a alargar a sua presença em Portugal.

- EuroBIC-fundado em Lisboa, 2008, originalmente como banco BIC, é reconhecido pela sua presença no desenvolvimento das relações económicas entre Portugal e Angola. O banco é focado no cliente particular, tendo também interesses corporativos.

• Atlântico-fundado em 2006 em Angola, é mais um banco que aproxima Angola e Portugal em termos económicos. Curiosamente, foi votado como uma das melhores empresas para trabalhar em Portugal, em 2016.

• ABanca – Este banco espanhol, fundado em 2011, Espanha, era anteriormente conhecido como NovaGalicia. O banco tem apenas quatro agências em Portugal, e oferece serviços bancários típicos desde contas à ordem/prazo e crédito imobiliário.

• Banco Carregosa – Datado de 1833, foi fundado no Porto e é sobretudo uma instituição de crédito especializada na banca privada, no aconselhamento e proteção de património. O serviço de investimentos online GoBulling é detido pelo banco.

• Caja de Badajoz – Banco Espanhol fundado em 1889, em Badajoz (Espanha). Badajoz fica a escassos quilómetros da fronteira de Portugal (muito próximo da cidade Portuguesa de Elvas), pelo que a Caja decidiu ter uma pequena presença em solo Português, com somente três agências.

• Banco Português de Gestão – Este banco Lisboeta atua, sobretudo, na área da economia social e no apoio ao investimento.

• BNI Europa – Este banco angolano, fundado em 2006, está em Portugal desde 2014 e é, sobretudo, um banco on-line direcionado a particulares.

• Bank of China – Fundado em 1912 em Pequim (China), este gigante chinês tem como foco principal a banca comercial, nomeadamente o segmento corporativo (corporate banking), serviços bancários pessoais e serviços nos mercados financeiros. Tem também uma grande parte de negócios em auxílio de remessas em importação e exportação para a China.

• Banc Angolano – Fundado em 2007, em Angola, dirige-se principalmente a quem pretende abrir negócios em Angola e presta apoio nas decisões de investimento em Portugal.

• Credit Suisse – Fundado de 1856 na Suiça, tem presença em Portugal desde 2013 e dirige-se a clientes particulares com patrimónios elevados (acima de um milhão de euros).

• Crédito Agrícola – A Caixa de Crédito Agrícola foi fundada em 1911, em Lisboa, tendo atualmente 85 caixas regionais e 700 balcões. Dispõe dos serviços comuns a nível bancário, sempre de base nas Caixas Agrícolas.

• Banco Best – Fundado em 2011, Lisboa, é um banco online que atua sobretudo nas áreas tradicionais da banca e negociação de títulos. A sua estrutura acionista é composta pela participação do Novo Banco.

• Banco BIG – O Banco de Investimento Global foi fundado em 1999, em Lisboa, e disponibilizada produtos e serviços destinados a clientes particulares e institucionais. Atua também na área da tesouraria e mercados de capitais.

• Activobank – Fundado em 1994, Lisboa, pertence ao Millenium BCP. É um banco online com algumas agências de pequena dimensão, maioritariamente em centros comerciais, e destina-se a um público mais jovem. Para além das operações bancárias normais, destaca-se pelas baixas comissões em operações de bolsa de valores.

• Banco CTT – O mais jovem banco Português, fundado em 2015, nasceu dos Correios de Portugal, tendo os seus balcões em postos de atendimento dos correios. O banco disponibiliza produtos financeiros simples e competitivos, conhecidos pelas suas comissões baixas ou nulas, de forma a conseguir uma boa penetração no mercado.

• Banco Primus – Fundado em 2005 em Lisboa, este banco foca-se maioritariamente em crédito hipotecário e financiamento automóvel.

2 Análise de dificuldade e suplemento de conhecimento

2.1 Banco de Portugal
葡萄牙中央银行

葡萄牙中央银行最早成立于19世纪的1846年11月19日，最初是作为商业银行和发钞银行而存在。1887年以前，葡萄牙中央银行一直与其他机构共享发钞权；1891年7月9日，葡萄牙颁布法令，葡萄牙中央银行才开始独家拥有在葡萄牙大陆及马德拉和亚速尔两岛的货币发行权。历经150余年的发展，葡萄牙中央银行现今已是完整的欧洲中央银行系统（ESCB：European System of Central Banks）的一个组成部分。此外，葡萄牙央行还参加了其他几个国际组织，以确保葡政府在这些国际组织中的代表席位。

葡萄牙中央银行负责管理国家的外汇资产，充当政府国际货币关系的媒介，在经济和金融领域向政府提出建议,负责对国家的货币、金融、外汇和支付平衡表等统计数据的采集和编辑,尤其是要符合与欧洲中央银行合作的要求。

根据欧盟条约,欧洲中央银行系统的首要目标是保持价格的稳定。这一目标是通过货币政策来实现的。而根据葡萄牙中央银行组织法,作为欧洲中央银行系统的一部分,葡央行负有实现欧洲中央银行系统的目标和完成欧洲中央银行系统赋予的任务的职责。葡萄牙中央银行被赋予的另一个重要使命是保持国内金融系统的稳定。这一使命要通过对国内信用机构和金融公司的监管来完成。

葡萄牙央行受其行长和董事会的领导,在很大程度上独立于政治权力,这使其在可靠性和透明度方面负有更大责任。葡萄牙央行在欧洲中央银行的特别授权下可以发行钞票和金属硬币,但其必须切实履行起对本国各银行进行规范、监督和保证支付制度顺利运行的责任。

葡萄牙中央银行执行欧洲中央银行系统统一的货币与外汇政策,其中期目标是确保物价的稳定,例如,欧元货币购买能力的保持等。欧元区货币政策战略的首要目标也是保持物价的稳定,而物价稳定被定义为"欧元区的和谐消费者价格指数的年增长率在2%以下"。

2.2 Visão Geral do Setor Bancário Português
葡萄牙银行业概况

欧债危机下,葡萄牙于2011年5月与"三驾马车(Troika)"(欧盟委员会、欧洲央行和国际货币基金组织)达成了780亿欧元的援助协议。为获得援助,葡须按援助方案要求实行财政紧缩和经济改革计划。其中,葡萄牙安排120亿欧元用于扶持该国银行。2012年,葡萄牙政府向该国三大银行(葡萄牙商业银行、葡萄牙投资银行以及国有的葡萄牙储蓄总行)注资66亿欧元,成为依靠国际纾困资金救助本国金融业的欧元区国家之一。经过一系列的注资和资产重组及出售后,葡萄牙银行业逐渐稳定。

葡萄牙的金融体系中银行业占据主导地位,在2017年PSI20指数的19家成份股公司中,2家上市银行占16%以上的权重。

2017年,葡萄牙共有66家商业银行、158家信用机构、88家互助农业储蓄银行和4家储蓄银行。其支付系统拥有大约2.7万台ATM机和24万多台POS机。这些金融机构在葡萄牙境内共有5003家分支机构,共48278位员工,在国外有189家分支机构,共1886位员工。

2.3 Principais Bancos Comerciais de Portugal
葡萄牙主要商业银行

葡萄牙商业银行(Banco Comercial Português)在葡萄牙拥有695多家分支机构,为全球430多万客户提供服务,是市场份额最大的葡萄牙私人银行,总部位于大里斯本奥埃拉什。葡萄牙商业银行于1985年由JardimGonçalves和波尔图地区的投资者成立。2017年,银行收入为22亿欧元,净收入为2.9亿欧元,总资产为726.7亿欧元。

葡萄牙投资银行(Banco Português de Investimento)是一家葡萄牙商业银行集团,主要提供房屋贷款服务。该银行拥有674个分支机构,为140多万客户,个人,企业和机构提供服务。葡萄牙投资银行成立于1981年,总部位于葡萄牙波尔图,在葡萄牙和西班牙设有办事处。2016年,银行收入为7.166亿欧元,净收入为3.132亿欧元,总资产为382.9亿欧元。

葡萄牙桑坦德银行(Banco Santander Totta)是葡萄牙总资产第二大私人银行,总部位于里斯本,拥有650多家分支机构和6300名员工。葡萄牙桑坦德银行历史可以追溯到1843年,当时它被称为Banco Totta&Açores和Banco Totta。它被Global Finance评为葡萄牙最安全银行,被Euromoney评为葡萄牙最佳银行。2016年,银行收入为11.7亿欧元,净收入为3.8亿欧元,总资产为457.3亿欧元。

葡萄牙储蓄信贷银行(Caixa Geral de Depósitos)是一家葡萄牙国有金融机构,成立于1876年,总部位于里斯本,是葡萄牙总资产最大的银行,也是葡萄牙最大的公共部门银行公司。葡萄牙储蓄信贷银行在世界主要银行名单中排名第109位,是欧洲第69大银行。2017年,银行收入为11.5亿欧元,净收入为4990万欧元,总资产为960亿欧元。

Novo Banco是葡萄牙一家提供零售和投资银行,保险,资产管理和风险投资服务的银行,总部位于里斯本。2014年,它被引入葡萄牙银行,以拯救葡萄牙最古老,最负盛名的私人银行之一 Banco Espiritu Santo。截至2017年,Novo Banco管理576个国内分支机构和30个国际分支机构,在葡萄牙和其他国家共雇用6325名员工。2017年上半年,银行收入为4.366亿欧元,净收入为3.714亿欧元,总资产为552.7亿欧元。

3 Terminologia de negócios

Acionista	股东
Padrão-ouro	金本位
Prestamista de última instância	最终贷款人
Banco central	中央银行
Banco Central Europeu (BCE)	欧洲中央银行,ECB
Política monetária	货币政策
Cravos	康乃馨
Comunidade Económica Europeia (CEE)	欧洲经济共同体,EEC
Lei Orgânica	组织法

Comunidade Europeia (CE)	欧共体, EC
Comunidade Europeia da Energia Atómica (CEEA)	欧洲原子能共同体, EURATOM
Comunidade Europeia do Carvão e do Aço (CECA)	欧洲煤钢共同体, ECSC
União Europeia (EU)	欧盟, EU
Mecanismo das Taxas de Câmbio (MTC)	汇率机制, ERM
Sistema Monetário Europeu	欧洲货币体系
União Económica e Monetária	经济货币联盟
Sistema Europeu de Bancos Centrais	欧洲中央银行体系
Mecanismo Único de Supervisão (MUS)	单一监督机制, SSM
Mecanismo Único de Resolução (MUR)	单一解决机制, SRM
Sistema Europeu de Garantia de Depósitos	欧洲存款保险计划, EDIS
Ativos de elevado risco	次贷
Troika	三驾马车
Imparidades	减值
Fundo de Resolução	解决基金
Conselho Único de Resolução (CUR)	单一决议委员会, SRB
Fundo Único de Resolução (FUR)	单一决议基金, SRF
Empresas financeiras com forte componente tecnológica	金融科技公司
Banco de Portugal	葡萄牙中央银行
Banco Comercial Português	葡萄牙商业银行
Banco Português de Investimento	葡萄牙投资银行
Banco Santander Totta	葡萄牙桑坦德银行
Caixa Geral de Depósitos	葡萄牙储蓄信贷银行

4   Exercícios

1) Porque razão acha que Portugal teve o seu primeiro banco na sua colónia do Brasil, ao invés de começar por Lisboa?
2) Acha que o Banco de Portugal foi bem nacionalizado, ou deveria ter-se mantido privado?
3) Concorda com o Mecanismo Único de Supervisão Europeu, ou acha que cada País deveria ser soberano na supervisão dos seus bancos?
4) Comente a situação do Santander, que aproveitou a crise financeira para crescer.

5) Acha que a banca deveria deixar de fornecer crédito às famílias e começar a investir fortemente em produtos financeiros? Quais as principais desvantagens desta abordagem?

5　Caso de Estudo: Macau (China) considerada "relevante" para sistema bancário Português[①]

O Banco de Portugal (BdP) classificou na sexta-feira Angola, Moçambique e Macau como "relevantes" para o sistema bancário nacional (Português), até ao segundo trimestre de 2019.

"Por deliberação do Conselho de Administração adotada em 20 de Junho de 2018, o Banco de Portugal, no exercício das suas competências enquanto autoridade macro prudencial nacional, decidiu que a lista de países terceiros relevantes para o sistema bancário português, a vigorar até ao 2.° trimestre de 2019, inclui a República de Angola, a República de Moçambique e a Região Administrativa Especial de Macau da República Popular da China", lê-se num comunicado publicado esta sexta-feira na página do supervisor financeiro.

De acordo com o Banco de Portugal, o "exercício de identificação dos países terceiros, relevantes para o sistema bancário português pelo Banco de Portugal insere-se no cumprimento da recomendação […] relativa ao reconhecimento e fixação das percentagens da reserva contra cíclica de fundos próprios aplicáveis a posições em risco sobre países terceiros". A decisão será revista, anualmente, pelo BdP e publicada na sua página na internet.

[①] Retirado e adaptado de: https://hojemacau.com.mo/2018/07/02/banco-de-portugal-macau-considerada-relevante-para-sistema-bancario/

Capítulo VII   A Crise Financeira em Portugal

1   Texto

Neste capítulo, após uma apresentação breve da história de Portugal que tenta justificar e explicar parte da cultura e forma de ser dos portugueses, enquadramos os efeitos da crise global de 2008 na economia portuguesa, e como esta foi combatida. Exploramos também o contexto pós-crise e as projeções para o futuro, de acordo com o relatório do Banco de Portugal.

1.1   Breve História de Portugal

Dom Afonso Henriques, filho dos condes de Portucale (Conde Dom Henrique de Borgonha e Teresa de Leão, filha do Rei de Leão), foi o primeiro rei de Portugal, reinando de 1139 até à sua morte. Antes de ser coroado rei, e após a morte do seu pai em 1112, Dom Afonso Henriques tomou uma posição política contra a sua mãe, tendo-se armado em cavaleiro e vencido as forças da sua mãe na batalha de São Mamede em 1128. Desde então, assumiu o governo do condado de Portucale e concentrou os seus esforços em obter o reconhecimento como reino. Em 1139, depois da vitória na batalha de Ourique contra um contingente mouro, D. Afonso Henriques proclamou-se Rei de Portugal com o apoio das suas tropas. O tratado de Zamora proclama que D. Afonso Henriques só tornou o Condado Portucalense independente do Reino de Leão, mas a independência portuguesa foi reconhecida, em 1179, pelo papa Alexandre III. A fronteira foi rapidamente expandida até Lisboa, e depois o território alargado até abaixo do rio Tejo.

Quase um século depois, o rei D. Afonso III, que antes vivia em Boulogne, e por isso foi cognominado "O Bolonhês", veio tomar o seu lugar no trono, em 1248, tendo reorganizado o Estado e iniciado a intensificação das ligações com o norte da Europa. Tais ligações permitiram que o filho de Afonso III, D. Dinis (que, entretanto, tinha recebido do seu avô D. Afonso X, rei de Leão e Castela, o Algarve como presente), continuasse a organizar o País e a dar os passos iniciais para o desenvolvimento da marinha portuguesa.

Em 1380 a situação política complicou-se, pois o Rei D. Fernando não deixou nenhum herdeiro masculino aquando da sua morte, mas apenas uma filha casada com o Rei de Castela. O País ficou dividido entre os partidários de Castela, que eram a maior parte da nobreza, e os partidários de D. João Mestre de Avis, irmão bastardo de D. Fernando, que era apoiado principalmente pela burguesia de Lisboa e Porto, e que tinha excelentes relações com a Inglaterra. O confronto inevitável deu-se, e tendo ganho a guerra com a ajuda dos Ingleses, D. João de Avis tornou-se o rei D. João I, em 1385, iniciando desse modo a dinastia de Avis. Vendo que a expansão territorial só se podia realizar para sul e poente, isto é, pelo mar, a estratégia então decidida foi a expansão marítima.

A expansão marítima iniciou-se com Ceuta, tendo esta sido conquistada no ano de 1415; depois ao longo da costa de África e pelo meio do oceano Atlântico. Portugal alargou o seu território e o conhecimento avançado das correntes e dos ventos permitiu aos navegadores Portugueses conhecer todo o oceano de Norte a Sul, e ter alcançado a passagem para o oceano Índico pelo cabo da Boa Esperança. Posteriormente, Portugal empurrou os castelhanos para a América Central (com Colombo e o Tratado de Tordesilhas), deixando o caminho aberto para Vasco da Gama chegar à Índia em 1498, e Álvares Cabral tomar posse do Brasil em 1500.

As décadas seguintes serviram para estabelecer o Império do Oriente, ligando Portugal ao Japão, tendo mesmo chegado a ter algumas relações comerciais com a Austrália. Portugal tinha a marinha mais poderosa da época, e estava na vanguarda da expansão Europeia, tendo inclusive contribuído de forma decisiva para o renascimento europeu.

Entretanto, com a morte de D. João II, em 1495, a nobreza aumentou o seu poderio e conseguiu destruir a influência da burguesia, alicerçada nos judeus, perseguindo os mesmos e instaurando uma cultura de desprezo ao mérito em favor do compadrio e do negócio imediato. Foi nesta etapa que Portugal começou a perder a sua hegemonia e a entrar num percurso descente, que infelizmente dura até aos dias de hoje. Em consequência, a gestão do reino foi-se deteriorando, tendo o rei D. Sebastião fechado este ciclo desastroso com uma derrota em Alcácer Quibir, que deu início a um período de 60 anos de reinado espanhol em Portugal.

A independência foi restaurada com a ajuda da Inglaterra e da França, após a qual a exploração do Império foi retomada, mas tal não correu muito bem devido a graves erros de gestão, gastando mais em consumo interno do que em investimentos produtivos, e desprezando a educação da população, inclusive da própria elite que era bastante ignorante na altura. O grande terramoto de 1755 que devastou Lisboa veio a agravar ainda mais a situação, somado às invasões francesas no início do século XIX. Com o Império Português enfraquecido, foi ponderado a capital passar para o Rio de Janeiro, no Brasil, mas tal ideia foi abandonada, e a colónia do Brasil passou a ser independente. O século XIX acabou mal com vários erros na gestão colonial que culminaram com o episódio do ultimato da Inglaterra (o ultimato, na forma de memorando, exigia que Portugal retirasse as suas forças militares do território compreendido entre as colónias de Moçambique e Angola (nos atuais Zimbabwe e Zâmbia), a pretexto de ter havido um incidente militar com uma tribo local). A concessão de Portugal às exigências britânicas foi vista como uma humilhação nacional pelos republicanos portugueses, que acusaram o governo e o rei D. Carlos I de serem os seus responsáveis. Seguiu-se o assassinato do rei D. Carlos e pouco depois a queda da monarquia, em 1910.

A República, então implementada em Portugal, mudou a forma de acesso ao poder, mas a cultura de compadrios manteve-se, juntamente com os esquemas de má gestão vigentes iniciados no século XVI, o que explica as dificuldades económicas e sociais que devastaram o País e originaram o baixo grau de educação da maior parte da população.

Desta situação resultou o estabelecimento duma ditadura que durou quase 50 anos que, apesar de não corrigir os erros de gestão anteriores, compensou-os de certa forma com uma disciplina imposta, que permitiu ao País evitar os desastres da I Guerra Mundial e não participar na II Guerra Mundial, chegando aos anos de

1960s numa situação económica razoável. Porém, o povo português revoltou-se perante a ditadura, que apesar de ter uma política de contas sãs e organizadas, não se queria adaptar às mudanças provocadas pela evolução mundial (Portugal nesta altura importava muitos bens, fazendo com que surgisse o ditado "o que é estrangeiro, é bom"). A revolução deu-se a 25 de Abril de 1974, chamada a "revolução dos cravos", pois foi feita sem o disparo de um único tiro (os próprios militares estavam descontentes com a situação).

Depois da "revolução dos cravos", Portugal continuou a manter a tal cultura de compadrio e pouco eficiente, ignorando por completo a meritocracia. Os resultados desastrosos que daí advieram foram consequências naturais e expectáveis de qualquer economia que vive a gastar mais do que aquilo que produz, com muita corrupção à mistura, sem nenhuma política de distribuição de riqueza equitativa.

Em 1977, o FMI (Fundo Monetário Internacional/IMF – International Monetary Fund) teve de intervir em Portugal com um empréstimo condicionado, num período em que o país registava uma taxa de desemprego superior a sete por cento, os bens estavam racionados, a inflação era crescente chegando a alcançar os 20 por cento, havia forte conflitualidade política e o escudo estava desvalorizado. Em 1983 houve uma nova intervenção do FMI, durante um período do chamado bloco central, em que os dois principais partidos de Portugal, Partido Socialista (PS) e Partido Social Democrata (PSD), formavam um governo de aliança, liderado por Mário Soares. O governo do bloco central foi um governo de emergência nacional, criado por se ter considerado ser a melhor forma de lidar com a situação económica do País. O terceiro pedido surgiu em 2011, em novo período de rutura das finanças públicas.

Aos olhos da Europa, Portugal era um País com uma economia bastante fraca, juntamente com outros Países do sul da Europa, que padeciam do mesmo mal. Em meados da década de 1990, surgiu o acrónimo "*PIGS*", referindo-se a Portugal, Itália, Grécia e Espanha, claramente indicando que teriam economias "porcas", devido ao seu alto endividamento e alto deficit público em relação ao seu PIB (Produto interno Bruto). Em final de 2011, a Irlanda também foi incluída no lote, pelo que o acrónimo ganhou mais um "I", passando a "*PIIGS*".

Capítulo VII | A Crise Financeira em Portugal

1.2 A Crise Financeira Portuguesa de 2010-2014

A crise financeira de 2010-2014 em Portugal teve início na crise financeira global de 2007-2008, que acentuou a crise da dívida pública da Zona Euro, afetando essencialmente os países europeus meridionais e a Irlanda. Durante este período, a desigualdade social foi acentuada, houve uma redução drástica de serviços básicos, e o governo usou recursos públicos para salvar empresas, na sua grande maioria, bancos. No pico da crise, eram declaradas cerca de cinquenta e duas falências por dia, e os impostos tributários subiram vertiginosamente. Os salários do funcionalismo público tiveram uma redução acentuada, levando muitas famílias à falência e/ou obrigando-as a emigrar, visto que subitamente o Governo tinha rasgado o contrato social e as famílias, apanhadas desprevenidas, deixaram de fazer face às suas despesas. Era intenção do governo cortar igualmente nas pensões públicas, mas tal não foi permitido por algumas forças políticas-no meio do caos, houve muita fuga de capital para o estrangeiro e centenas de casos insólitos que apontavam para má gestão e/ou corrupção, tanto nas empresas privadas como estatais.

1.2.1 Sinais Antecipatórios da crise Portuguesa do século XXI

De 2002 a 2007, a taxa de desemprego em Portugal aumentou de 5% para 8% (270 500 cidadãos desempregados em 2002 para 448 600 cidadãos desempregados em 2007). Em 2009, o desemprego atingiu o valor de 10,2%, o maior em 23 anos. O jornal Português "Diário de Notícias", revelou, num relatório publicado em janeiro de 2011, que os sucessivos governos Portugueses haviam sobrecarregado o erário público com várias Parcerias Público-privadas (*PPPs*) pouco claras, em que o governo pagava mais aos privados do que seria suposto, em condições de mercado. Verificou-se também um custo excessivamente alto em consultorias ineficazes e desnecessárias na gestão de obras públicas. A economia haveria sido danificada por vários créditos de risco, excesso de dívida pública e má-gestão dos fundos estruturais e de coesão europeus durante cerca de quatro décadas.

A despesa pública passou de 33,5% do PIB em 1980 para 47,9% em 2010, sendo que a maior parte desse crescimento ocorreu entre 1985 e 1995, durante os três governos de Cavaco Silva(10,6%). Ainda assim, esta percentagem era inferior à média da UE(União Europeia) a 27 (50,8%). A dívida pública começou a subir fortemente entre 2004 e 2005, de 61,9% para 67,7% do PIB, situando-se o défice nos 6,5% (o 2° mais alto da UE, só abaixo da Hungria). Desde então e até 2011, a dívida pública cresceu ligeiramente para 71,7% em 2008 e depois disparou para 108,2% em 2011. O défice público subiu de 3,6% em 2008 para 10,2% em 2009 e 9,8% em 2010, tendo voltado a descer para 4,3% em 2011.

As principais despesas públicas de Portugal foram a proteção social(40%), os serviços públicos gerais (16%), a saúde (14%) e a educação (14%) (INE, 2012). A despesa pública foi previamente nomeada pelo então Presidente de Portugal, Cavaco Silva, como "um monstro incontrolável" (em declarações públicas que datam de 2000), cuja designação tornou-se atual na política portuguesa, significando que havia muita ineficiência no orçamento do país. Os custos com pensões de aposentadoria eram excessivos, previamente apoiados pelo crescimento populacional, e reconheceu-se que muitas ineficiências precisavam de ser corrigidas para poder diminuir os impostos e promover a economia.

1.2.1.1　Os elevados gastos face ao PIB, comparativamente à média da EU

As funções em que o Estado Português tem revelado uma tendência superior à média da UE para maiores gastos, em função do PIB são:

• Funções relacionadas com órgãos legislativos, executivos, financeiros, fiscais e diplomáticos(3,1% do PIB em 2003 e 3,8% em 2011, consistindo na grande maioria dos casos em gastos com remunerações, regalias, consumos intermédios e finais, sendo que estes custos só são inferiores aos da Hungria).

• Pagamentos de juros da dívida pública, particularmente a partir de 2011 (relativamente estável até 2010 em redor dos 3% do PIB, saltou para os 4,2% em 2011).

• Defesa militar(2,0% do PIB em 2011, sendo quase metade desta rubrica gasta em consumos finais).

• Serviços policiais(1,2% do PIB em 2011, sendo a esmagadora maioria da despesa gasta em remunerações e regalias).

• Serviços de transportes(subiu de 2,9% em 2003 para 3,2% em 2011)

• Serviços médicos sem internamento (subiu de 2, 3% em 2003 e disparou para os 4, 7% em 2011, só abaixo da Espanha).

• Na educação, os professores de todos os níveis de ensino auferem ordenados e regalias correspondentes a uma percentagem do PIB maior do que a média da UE, embora em termos absolutos os ordenados sejam baixos (O PIB per capita em Portugal é consideravelmente mais baixo que o PIB *per capita* médio da UE).

• Proteção social no que se refere aos apoios aos idosos, que subiu de 7, 8% em 2003 para 11, 2% em 2011. No entanto, deve-se ter em consideração que, em contrapartida, os gastos dirigidos aos serviços hospitalares que requerem internamento, maioritariamente usufruídos pelos idosos, são dos mais baixos da UE, pelo que não podemos afirmar que os apoios aos idosos sejam muito generosos.

1.2.1.2 Os reduzidos gastos face ao PIB, comparativamente à média da EU

Não podemos dizer que em Portugal o estado é totalmente despesista, até porque não tem verba para tal; porém, as funções onde o estado gasta menos são precisamente aquelas em que deveria gastar mais, de forma a tornar-se num País melhor e garantir um crescimento futuro. Infelizmente, as funções que ficaram mais desfavorecidas foram:

• Assuntos económicos gerais, comerciais e laborais (nomeadamente o investimento público, estável em 0, 2% do PIB entre 2003 e 2011 e os subsídios à atividade económica, que caíram gradualmente de 0, 4% em 2003 para 0, 1% em 2011). Esta rubrica, que deveria ser elevada, infelizmente é das menores. Sem um investimento (ponderado e eficiente) é normal não haver evolução...

• Serviços hospitalares com internamento (caiu de 2, 5% em 2003 para 0, 5% em 2011, um valor incrivelmente baixo em comparação com os outros países da UE). Note-se que a população envelheceu de 2003 para 2011, pelo que aqui vê-se um claro desinvestimento nesta rubrica, e clara tentativa de "encurtar" a vida dos mais idosos, de forma a poupar nas pensões.

• Tratamento de resíduos sólidos (estável em 0, 2% do PIB entre 2003 e 2011).

• Proteção social, embora neste campo Portugal tenha convergido, a nível de percentagem do PIB gasta, com a média da UE. Aqui o valor subiu de 14, 2% em 2003 para 18, 1 em 2011, embora ainda esteja longe dos 19, 6% da média da EU a 27.

1.2.1.3　Os Programas de Estabilidade e Crescimento(PECs)

O XVIII Governo Português começou a combater a crise de sobre-endividamento do Estado Português com aquilo que chamou de Programas de Estabilidade e Crescimento(PECs). Estes PECs (ao início, suponha-se com bastava apenas um PEC) serviram para tentar evitar ter de pedir um resgate financeiro à União Europeia e Fundo Monetário Internacional, mas infelizmente falharam na sua intenção.

O primeiro PEC, (que ficaria conhecido como PEC 1), foi apresentado em março de 2010 e contava com medidas de corte na despesa pública consideradas necessárias para o período 2010–2013. O segundo PEC (PEC 2) foi basicamente um reajustar das medidas aprovadas pelo PEC I, passados apenas dois meses, em Maio de 2010, prevendo mais cortes orçamentais e o aumento do IVA.

Passados quatro meses, em setembro de 2010, foi aprovado um terceiro PEC pouco tempo antes da aprovação do Orçamento de Estado para 2011, com cortes ainda maiores que os seus dois antecessores. Ao surgir um quarto projeto do PEC, este foi chumbado pelos partidos da oposição, quando o executivo liderado por José Sócrates o apresentou na Assembleia da República. O chumbo deste projeto levou o Primeiro-ministro a demitir-se e ao Presidente da República de Portugal a convocar eleições antecipadas, que foram vencidas pelo PSD (Partido Social Democrata).

Entre a demissão do governo PS (Partido Socialista) de José Sócrates e as eleições que seriam ganhas pelo PSD, ainda houve muita celeuma em relação ao pedido de resgate financeiro. Sócrates ainda lamentava o chumbo do "PEC IV", dizendo que faria tudo para evitar um pedido de ajuda externa, e o presidente da Comissão Europeia na altura, o português Durão Barroso, reiterava que a EU estava pronta para responder a um pedido de Portugal. A 6 de Abril 2011 a situação aqueceu de sobremaneira; nomeadamente:

- O presidente da Associação Portuguesa de Bancos (APB) considerou "urgente" Portugal pedir ajuda externa financeira à Europa, uma vez que os bancos nacionais não tinham mais dinheiro para emprestar.

- A agência de notação financeira Fitch baixou o 'rating' das obrigações hipotecárias de seis bancos portugueses, na sequência do corte da notação de Portugal em três níveis, estando a um nível de serem considerado 'lixo'.

• Os juros exigidos pelos investidores para deter títulos de dívida soberana portuguesa a cinco anos negociaram acima dos 10%, enquanto os de 10 anos eram negociados com uma taxa de 8,77%. Note-se que o BdP já haveria dito que pagar dívida a mais de 7% seria insustentável para as contas públicas, e Portugal já estava a entrar numa espiral de aumentos de juros e dívida de que dificilmente poderia sair.

Dadas as condicionantes, Sócrates anunciou, ainda a 6 de abril, que endereçou à Comissão Europeia um pedido de assistência financeira. Portugal iria ser resgatado.

1.2.2 O Resgate Financeiro de 2011

A fim de fazer face à crise financeira, foi elaborado um programa de resgate financeiro (programa de ajustamento económico para Portugal) (PFC, 2016) (EDC, 2016), (PEO, 2015). Um programa de 3 anos com um pacote de resgate de 78.000M€ foi aprovado em 16 de maio de 2011 pelo governo português (um novo governo teve lugar antes de pedir o programa de resgate) por um lado, e, por outro lado, pela Comissão Europeia em nome do Eurogrupo, o Banco Central Europeu (BCE) e o Fundo Monetário Internacional (FMI) -este último grupo de três popularmente conhecido como "Troika" (termo russo para um grupo de três). Segundo o governo português, a taxa média de juros sobre o empréstimo de resgate (dividida igualmente entre as três organizações, mas com rendimentos diferentes para cada um) era de 5,1% (esta taxa foi muito criticada por ser demasiado elevada, visto que os títulos de dívida pública a 10 anos da Alemanha em 2012 estavam a negociar em 1,45%). Como parte do acordo, Portugal concordou em reduzir o seu déficit orçamental de 9,8% do PIB em 2010 para 5,9% em 2011, 4,5% em 2012 e 3% em 2013.

Para evitar os procedimentos legislativos de ratificação exigidos para os tratados ao abrigo do direito internacional, o programa foi criado como um acordo intergovernamental constituído por:

• O memorando de políticas económicas e financeiras,

• O memorando de entendimento sobre a condicionalidade da política económica específica,

- O memorando técnico de entendimento, o acordo de facilidade de empréstimo real.

Os acordos foram assinados em junho de 2011 pelo governo português e pela Comissão Europeia. A fim de realizar o plano de resgate liderado pela UE/FMI para a crise da dívida soberana em Portugal, o novo governo anunciou que ia reduzir as despesas estatais e aumentar as medidas de austeridade, incluindo cortes salariais significativos aos funcionários públicos e um aumento de impostos, acompanhado de um imposto adicional sobre o rendimento.

1.2.3 Dívida Portuguesa classificada de "lixo"

A 6 de julho de 2011, a agência de classificações Moody's tinha baixado a classificação de crédito de Portugal para o estatuto de lixo(classificações Moody's abaixo da nota Baa3). A Moody's também lançou especulações de que Portugal poderia seguir a Grécia na solicitação de um segundo resgate. Após o resgate ter sido anunciado, o governo português implementou medidas para melhorar a situação financeira do estado, incluindo as "cavalgadas"/aumentos fiscais, um congelamento de carreiras públicas, cortes de salários públicos e cortes nos gastos do governo. Em 2012, todos os funcionários públicos já haviam visto um corte salarial médio de 20% em relação à sua média salarial base de 2010, com cortes a atinginr 25% para os funcionários que ganhavam mais de 1500€/mês. Isto conduziu a uma saída em massa de técnicos especializados e de quadros superiores do serviço público(Cordeiro 2017), muitos dos quais emigraram para outros países europeus, visto que as posições em empresas privadas escasseavam em Portugal (para além dos salários terem baixado no setor privado também).

Em dezembro de 2011, foi relatado que o défice orçamental estimado de Portugal de 4,5% seria substancialmente inferior ao esperado, devido a uma transferência única do fundos de pensões(este proveito excecional veio apenas mascarar de forma pontual um défice que seria significativamente superior). Nos meses seguintes, o país começou a ser visto por funcionários e analistas europeus como se movendo no caminho certo, embora as coisas no terreno ainda parecessem e eram muito sombrias. Apesar disso, a taxa de Portugal seria reduzida para um nível ainda mais baixo, Ba3 (entre o Baa3 e o Ba3 temos o Ba2 e o Ba1), pela

Moody's em 13 de fevereiro de 2012.

1.2.4 Combate atribulado à crise

O combate ao endividamento que desde então se tentou fazer ao abrigo da troika (BCE, Comissão Europeia e FMI, que supervisionaram o cumprimento dos termos do resgate financeiro negociado com Portugal) revelou-se ineficaz, dado que, desde 2011 para 2013, a dívida pública voltou a subir para 129,4%. Desde essa altura, o controlo do défice foi complicado de efetuar, uma vez que o mesmo voltou a subir para 6,4% em 2012, e posteriormente descido para 5,2% em 2013. O défice que inicialmente tinha sido acordado com a "troika" era de 4,5%, 0,7% abaixo do défice anunciado pelo Ministério das Finanças em 2013.

Eventos Isolados que fizeram disparar o défice.

Os eventos principais que levaram ao aumento do défice e da dívida pública portuguesa desde 2009 foram:

• O colapso financeiro do BPN (Banco Português de Negócios), em resultado da gestão ruinosa do banco, que não conseguiu recuperar um volume de créditos tóxicos muito elevados. Muitos desses créditos consistiam em empréstimos não garantidos em contrapartida de "promessas de ganhos indevidos" aos administradores do banco-vulgo subornos. A 2 de Novembro de 2008 o BPN foi nacionalizado, tendo custado ao Estado Português 3405 milhões de euros.

• Outro banco que teve grandes custos ao Estado Português foi o BPP (Banco Privado Português), dissolvido em 15 de Abril de 2010 pelo Banco de Portugal. A dissolvência custou 450 milhões de euros aos contribuintes, consistindo em garantias acionadas pelo Estado nesse ano.

• Entre 2008 e 2010, as contas das PPPs derraparam em 560,2 milhões de euros, principalmente nas rendas pagas às concessões rodoviárias, nas quais foram pagos mais 425,5 milhões de euros do que o orçamentado. Note-se que, em Portugal, foi nas PPPs rodoviárias que houve mais contratos arrasadores para o Estado, com contratos secretos e taxas efetivas de juro acima dos 10%. Nalguns casos, as PPPs rodoviárias (para a construção maioritariamente de autoestradas) foram desenhadas considerando uma quantidade mínima de tráfego que o governo garantiria ao dono da concessão-se o tráfego caísse abaixo do valor mínimo, o governo pagaria pela diferença, reduzindo assim o risco para o proprietário da concessão e transferi-lo diretamente para o sector público(livrando o operador das concessões rodoviárias de qualquer risco!). As autoestradas com portagens não foram eficazes no seu complemento das estradas nacionais sem custos de portagem. As estradas nacionais, apesar de estarem subdimensionadas e com necessidade de reparos, continuaram a ser usadas por uma grande quantidade de motoristas; especialmente veículos pesados, que as usavam para evitar os elevados custos de portagem. Dessa forma, o Estado tinha um custo duplo; compensar a concessionária pela baixa coleta de portagens, e de reparar as estradas nacionais(as reparações eram feitas apenas quando a estrada tivesse mesmo em muito mal estado).

- Houveram vários contratos "*swaps*" (de troca de risco) contratualizados por empresas públicas com perdas potenciais superiores a 3000 milhões de euros. Em 2013, o governo português reservou 898 milhões de euros no Orçamento de Estado Retificativo para suportar os custos da liquidação desses contratos.

1.3 Austeridade em Portugal

Foram várias as medidas de austeridade implementadas em Portugal, de forma a ser possível cumprir com as metas e requisitos da troika. Note-se que o empréstimo da troika veio juntamente com recomendações do que deveria ser feito, nomeadamente cortar com as "gorduras"/ineficiências do governo Português, reduzindo os seus custos, e algumas medidas para aumentar a receita. As medidas de austeridade implementadas nos primeiros anos da crise abrangeram várias áreas, nomeadamente a área de salários e pensões, a administração pública, o trabalho, o fisco e a saúde.

1.3.1 Salários e Pensões

A medida mais controversa de todas foi o corte salarial aos funcionários públicos. Os contratos de trabalho foram simplesmente rasgados devido ao "superior interesse nacional", e os trabalhadores viram os seus salários reduzidos subitamente, sendo expostos a várias intempéries, nomeadamente ao aumento do peso das suas dívidas face ao novo salário. Esta medida originou um êxodo em massa de muitas pessoas qualificadas para o estrangeiro, juntamente com uma grande contestação social contra o governo. A medida originou também várias discussões entre trabalhadores do privado contra trabalhadores da função pública, com os privados a apontarem para os benefícios sociais dos trabalhadores públicos, salários mais elevados, maior estabilidade no emprego e menor número de horas trabalhadas.

Assim sendo, os salários superiores a 1500€/mês sofreram cortes desde 3,5% até 10%, sendo posteriormente congelados. Houve também uma sobretaxa de IRS no valor de 3,5% sobre o vencimento de todos os trabalhadores (públicos e privados). Posteriormente, os trabalhadores do Estado ficaram sem um dos subsídios e aumentaram as contribuições para a Caixa Geral de Aposentações (o que equivaleria a cerca de 14% dos salários brutos); os trabalhadores privados também tiveram um aumento de sete pontos nas contribuições dos trabalhadores para a Segurança Social, correspondendo a uma perda um pouco superior a um salário líquido.

As pensões de reforma dos trabalhadores do Estado acima dos 1.500€ (cortes entre 3,5% e 10%) também foram cortadas e congeladas (incluindo os beneficiários de pensões mínimas). As reformas antecipadas aos 55 anos foram terminadas e houve um corte adicional nas pensões mais elevadas; de 50% do excedente de 7500€ mensais. De resto, os passes sociais deixaram de ter descontos de 50% para estudantes e acabaram as reduções automáticas para maiores de 65 anos.

1.3.2 Administração Pública

O número de dirigentes da Administração Pública foi reduzido em 15%, tendo 218 cargos desaparecidos em 2012. Por outro lado, o número de funcionários públicos diminui 6,2% entre 2011 e 2018, correspondendo a 44.500 postos de trabalho, ainda que tenham havido contratações para repor os funcionários que saíram devido ao descontentamento salarial. De resto, houve um corte de 50% do valor das horas extraordinárias a partir de 2012, e houve também um corte de 168 organismos e institutos públicos, por extinção e/ou fusão.

1.3.3 Legislação laboral

Portugal tinha uma legislação laboral muito protetora dos trabalhadores, pelo que o governo achou que a deveria flexibilizar, de forma a promover um mercado mais dinâmico. Assim sendo, houve um corte do valor das indemnizações por despedimento no setor privado, no valor de 33,3% (as indemnizações passaram de 30 para 20 dias por ano e com teto máximo de 12 anos).

Os dias e horas de trabalho foram também aumentados, com a eliminação de quatro feriados (desde 2013), a eliminação da tolerância de ponto no Carnaval para os funcionários públicos e o fim dos três dias de férias de bónus por produtividade (para os trabalhadores do setor privado). Os trabalhadores da função pública também tiveram um aumento das suas 35 horas semanais de trabalho para as 40 horas de trabalho semanais, de forma a acompanharem as regras dos trabalhadores do setor privado.

Houve também cortes nos subsídios de doença (uma baixa inferior a 30 dias equivaleria ao pagamento de 55% do salário) e de desemprego (a duração máxima foi reduzida em metade, e o teto máximo do subsidio foi reduzido em 20% face ao anterior, sofrendo reduções posteriores à medida que o tempo fosse passando, até que no final, o desempregado receberia apenas 10% do valor do subsídio inicial).

O RSI (Rendimento Social de Inserção) foi limitado (ainda assim pagava um valor médio de 243€ mensais para 370 mil famílias), e foi ainda aumentada a Taxa Social Única (TSU), fazendo com que houvesse um corte efetivo no Salário Mínimo Nacional (SMN) em 2013. Visto o salário mínimo ter sido congelado em 2012, foi a primeira vez na história de Portugal que houve uma baixa do valor real do SMN.

1.3.4 Medidas Fiscais

Para além dos cortes inesperados no ordenado, os Portugueses sofreram também com um autêntico choque fiscal, que veio a complicar (e muito) a vida de todos. O IRS (Imposto sobre o Rendimento das Pessoas Singulares) sofreu aumentos, com a introdução de novos escalões, passando o último escalão de 45% para 46, 5%. Houve também a introdução de uma sobretaxa ao IRS, de carácter temporário, de 2, 5%, e os dois últimos escalões de IRS também deixaram de poder deduzir despesas. Nos restantes escalões, houve um corte de 2/3 nas deduções fiscais das despesas de saúde e na Educação. Note-se que o IRS em Portugal já era dos mais elevados na Europa antes dos novos aumentos, nessa altura.

O IRC (Imposto sobre o Rendimento das Pessoas Coletivas) também foi alvo de aumentos, com uma revisão das tabelas em 2013, penalizando as empresas. As empresas também foram contempladas com uma taxa de IRC adicional de carácter temporário, de 3% para empresas com lucros acima de 1, 5 M€. Os lucros acima de 10M€ sofreram uma taxa adicional de 5% de derrama estadual.

Para além dos cortes salariais e aumentos dos impostos do trabalho, houve também muitos bens de consumo que tiveram um aumento significativo, devido ao IVA (Imposto sobre o Valor Acrescentado) ter subido de 6% para 23% em vários bens e serviços, fazendo com que o computo geral da queda do poder de compra dos portugueses tenha sido na ordem dos 25%−30%.

De resto, houve vários "pequenos" aumentos que tiveram impacto significativo nas contas do Estado Português, nomeadamente:

- Corte de 33% no subsídio de funeral.
- Corte no subsídio de morte (6 salários do falecido ou máximo de 2.500€).
- Aumentos das taxas municipais, decretadas em várias autarquias.
- Corte nas isenções do IMI (Imposto Municipal sobre Imóveis) e aumento das taxas por reavaliação dos imóveis.
- Taxas agravadas para bens de luxo, como automóveis, embarcações de recreio.
- Imóveis de elevado valor (acima de um milhão de euros), passaram a pagar uma nova taxa, em sede de Imposto de Selo (IS).
- Rendimentos de capital tributados a 26, 5%.
- Aumento da taxa liberatória de de 21, 5% para 25%.

1.3.5 Saúde

Portugal tinha um excelente Serviço Nacional de Saúde (SNS), mas infelizmente com a crise financeira veio a provar-se o princípio de um fim anunciado. Os hospitais públicos sofreram um corte de 200M€ nos custos comparticipados, e ainda uma redução forçada de 30% no volume de horas extraordinárias. Os exames comparticipados também foram alvo de redução, na ordem de 12,5%.

Os doentes, para além de se depararem com maiores tempos de espera devido aos cortes hospitalares, também ficaram com os medicamentos mais caros (houve cortes nas comparticipações na ordem dos 300M€), houve aumentos das taxas moderadoras (o valor subiu cerca de 110%, ou seja, mais do dobro), e passaram a ter mais dificuldade em solicitar o transporte para o hospital (idosos, deficientes, etc.), visto que a comparticipação paga pelo estado diminuiu cerca de 30%.

1.3.6　Outros

Os transportes públicos subiram 20%, e as rendas imobiliárias aumentaram cerca de 3,5% em virtude da entrada da nova lei das rendas.

Com as condições de sobrevivência em Portugal praticamente impossíveis, muitos jovens foram forçados a emigrar. Naturalmente, o mercado externo estava muito mais recetivo aos jovens com formação académica, pelo que foram estes que mais saíram-os jovens que Portugal pagou para formar (a educação em Portugal é tendencionalmente gratuita, fora umas propinas diminutas no ensino superior), e que deveriam servir para dar um empurrão à economia, eram os mesmos que estavam a sair para Países europeus com melhores economias, nomeadamente França, Suíça, Alemanha, etc.

Para os jovens saídos da faculdade, a escolha era entre um salário máximo de 1.000€ (para médicos, engenheiros e afins, pois outras profissões consideradas "menores" apontavam ao salário mínimo) e más condições de trabalho (horas em excesso, ausência de plano de carreira, etc.) ou um salário a rondar os 3.000€ – 4.000€ na Alemanha ou Luxemburgo, com boas condições de trabalho. A emigração deu-se a uma média de 110.000 pessoas/ano, sendo que em 2017, 22% dos portugueses viviam no estrangeiro (Publico, 2017). Pensando que a grande maioria desses 22% pertenciam à população ativa, e que a população em Portugal estava bastante envelhecida, a questão que se punha era: "Afinal, quem sobrava para trabalhar (e para pagar impostos)?"

Capítulo VII | A Crise Financeira em Portugal

1.4 Término do Resgate Financeiro

Portugal chegou ao fim do resgate financeiro com a fama de ser o "bom aluno" da Europa, com o primeiro ministro Português, Pedro Passos Coelho a querer "ir além da troika", com ainda mais medidas de austeridade do que aquelas que haviam sido acordadas.

A 4 de Maio de 2014, o Primeiro-ministro anunciou que Portugal ia sair do programa de assistência financeira sem pedir um programa cautelar, ou seja, que a saída iria ser "limpa", uma vez que Portugal já tinha reconquistado a credibilidade dos mercados financeiros. Em Outubro de 2018 é que a ultima das três principais agências mundiais (a Moody's) deixou de considerar o rating Português como "lixo", passando-o para o nível Baa3, o primeiro nível considerado como sendo apto para investimento. Antes disso, havia sido a garantia de fiador de última instância que o BCE tinha dado aos mercados que permitiu a Portugal poder voltar aos mercados financeiros. Após três anos de vigência do Programa de Assistência Económica e Financeira, a economia portuguesa fez importantes progressos na correção de vários desequilíbrios macroeconómicos, tendo sido implementadas medidas estruturais em diversas áreas. De acordo com o Banco de Portugal, os objetivos do EFPA foram globalmente cumpridos, com alguns impactos fundamentais na economia portuguesa, tais como a capacidade liquida de financiamento externo, o ajustamento estrutural primário (da ordem dos 8% no período 2010 – –2014, segundo o FMI), a consolidação fiscal, bem como a transferência de recursos do sector não transacionável para o sector transacionável, elementos favoráveis ao processo de crescimento sustentável.

Em 2015, segundo o INE (Instituto Nacional de Estatística), a economia portuguesa registou um aumento do PIB de 1,5% em termos homólogos (após +0,9% em 2014 e −1.1% em 2013). Esta recuperação foi impulsionada pelo comportamento favorável da procura interna (+2,5% do que em 2014), refletindo a aceleração da formação bruta do capital fixo (+4,1%) e do consumo privado (+2,6%) e o aumento do consumo público (+0.6% após vários anos de quedas sucessivas). Pela mesma fonte, o crescimento real das exportações de bens e serviços foi 5,2% no último ano (com a componente de bens a crescer 5,9% e os serviços 3,1%), enquanto as importações aumentaram 7,6%. O saldo conjunto das balanças corrente e de capital foi positivo em 2015, situando-se em 1,7% do PIB. No segundo trimestre de 2016, o PIB registou um aumento homólogo de 0,9% por INE. A procura externa líquida teve um contributo ligeiramente positivo, refletindo a desaceleração das importações de bens e serviços que foi mais acentuada do que a das exportações. Deve ser notado que as projeções do Banco de Portugal para 2016 apontam para uma recuperação moderada da economia portuguesa, com um crescimento do PIB de 1,3% (projeções da Comissão Europeia para Portugal e para a Zona Euro, foram de 1,5% e 1,6%, respetivamente), acelerando em 2017 para 1,6%.

A evolução expectável, no contexto de deterioração da conjuntura económica internacional, deveria resultar de um menor crescimento da procura doméstica (+1,8% em 2016 e +1,7% em 2017), da formação bruta de capital fixo(+0,1% acelerando em 2017, +4,3%), e da desaceleração das exportações de bens e serviços em 2016 (+1,6%, depois recuperando +4,7% em 2017). Esta última refletiria, por um lado, a evolução das exportações de combustíveis e, por outro, o menor crescimento da procura externa dirigida aos exportadores internos. Em termos de componentes, tanto as exportações de bens como as de serviços eram expectadas desacelerar em 2016, embora a componente de turismo era expectada continuar a crescer a um ritmo muito superior ao das exportações que, segundo o Banco de Portugal, foi um dos setores que mais contribuiu para a recuperação da economia portuguesa e para a manutenção da capacidade de financiamento externo. De acordo com o Banco de Portugal, o peso das exportações no PIB era esperado continuar a aumentar nos anos seguintes, desde 40% em 2015 para 42% em 2018 (31% em 2008). A capacidade financeira da economia portuguesa também era esperada manter-se, com um saldo conjunto das balanças correntes e de capital a situar-se abaixo de 2% do PIB no período 2016-2017 (1,9% em 2016 e 1,6% em 2017).

Segundo a Comissão Europeia (Previsões Económicas Europeias – Primavera de 2016), o crescimento do emprego em Portugal abrandou no final de 2015, com uma média anual de 1,4%, com um crescimento mais moderado no período 2016--2017 (0,9% e 0,7% respetivamente). A taxa de desemprego atingiu os 12,5% da população ativa em 2015, prevendo-se que continuasse a descer abaixo dos

11% até 2017. O défice do setor público deverá diminuir para 2,7% do PIB em 2016 e 2,3% em 2017. O peso da dívida pública no PIB também deverá diminuir neste período (126% em 2016 e 124,5% em 2017).

1.4.1 O novo Governo

Após o auge da crise, em novembro 2015, o Partido Socialista passou a desempenhar funções governativas. Apesar do PSD de Passos Coelho ter efetivamente ganho as eleições com 38,5% dos votos (coligado com o Partido Popular), foi o PS de António Costa que conseguiu uma coligação parlamentar para governar o País, destronando dessa forma Passos Coelho. O PS, partido dos PECs, que foi o responsável pelo pedido de assistência financeira, havia voltado ao poder!

As contas públicas, foram, mais uma vez, delineadas com a preocupação de melhorar a qualidade da despesa, tendo cumprido com défices orçamentais inferiores a 1% do PIB desde 2017. Os critérios imprimidos, pela liderança de António Costa e o rigor do ministro das finanças, Mário Centeno, permitiram restituir a credibilidade externa e interna a Portugal, dando-lhe visto de saída do défice excessivo, da lista de países com desenvolvimentos macroeconómicos excessivos e da categoria lixo, na qual havia sido colocado o rating da República. Curiosamente, foi a "esquerda despesista" que conseguiu levar Portugal ao crescimento económico, uma queda significativa do desemprego e uma diminuição do défice orçamental para valores próximos dos 0% face ao PIB, levando com que o ministro das finanças Alemão tenha apelidado Mário Centeno de "Cristiano Ronaldo[1] das finanças".

1.4.2 Crise Bancária Portuguesa com novos episódios à espreita

A economia de Portugal foi durante muito tempo uma preocupação para os decisores políticos europeus (especialmente desde 2008), mas os riscos em torno do país em 2016 estavam a atingir um público mais vasto, como uma crise

---

[1] Cristiano Ronaldo é um jogador de futebol Português, considerado por muitas pessoas como o melhor futebolista de todos os tempos a nível mundial.

bancária em curso-não completamente igual à de Itália mas, ainda assim, significativa-e uma economia geralmente esclerótica que dominou o pensamento das pessoas no estado Ibérico.

Vários bancos, organizações internacionais e empresas de investigação económica, incluindo o HSBC, Brown Brothers Harriman e o FMI já tinham alertado para a fragilidade da situação dos bancos portugueses e da sua economia em geral. Analistas do Barclays resumiram os grandes problemas que Portugal enfrenta numa nota de pesquisa e forneceram uma série de gráficos para ilustrar a gravidade dos problemas. Aqui está um extrato chave do Barclays sobre o sistema bancário do país:

"Diversos bancos Portugueses estão também na necessidade de atenção imediata. Para além da venda do Novo Banco, a maior e mais premente questão é a resolução de problemas de crédito no maior depositante da Caixa Geral. Como resultado das consideráveis necessidades de recapitalização (7.5B€), das derrapagens orçamentais e do agravamento das perspetivas macroeconómicas, acreditamos que as necessidades de financiamento do Tesouro Português serão maiores do que as atuais estimativas das autoridades. A necessidade de outro programa para Portugal é um risco sério."

O Barclays afirmou que um abrandamento material na economia portuguesa estava a caminho, dizendo: "Esperamos que o crescimento Português desacelere ainda mais depois do Brexit, tanto este ano como no próximo. Prevemos que o investimento e o consumo privado abrandem materialmente, empurrando o crescimento de 2016 para 0,7% e o de 2017 para 0,3%.".

Portugal também teve grandes problemas com o endividamento. O Barclays de novo: "Esperamos que a divida pública aumente de 130% do PIB em 2015 para 132% em 2016 e se mantenha acima dos 130% até 2020. Ainda pensamos que o governo pode alcançar (e sustentar) um saldo orçamental primário ligeiramente acima de 1% do PIB a médio prazo, o que seria suficiente para uma dinâmica de dívida estável. No entanto, mesmo até choques moderados no crescimento a médio prazo ou nos parâmetros orçamentais colocariam o rácio dívida/PIB numa trajetória cada vez mais acentuada" (Figura 7.1).

Capítulo VII | A Crise Financeira em Portugal

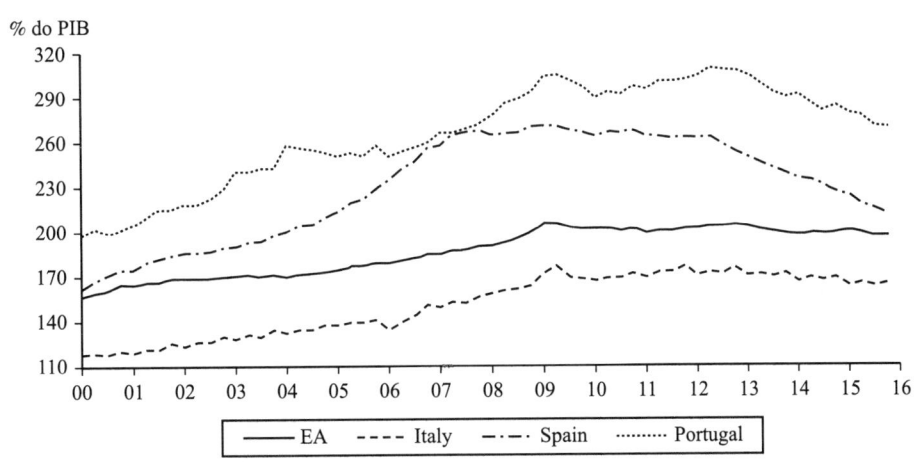

Figura 7.1 Economia portuguesa dificultada pelo excessivo endividamento privado

% do PIB

[Gráfico: EA —— , Italy ----, Spain —·—, Portugal ········, anos 00 a 16, eixo vertical 110 a 320]

Source: Barclays Research, Haver Analytics

2 Análise de dificuldade e suplemento de conhecimento

2.1 Visão Geral do Desenvolvimento Económico Português
葡萄牙经济发展概况

葡萄牙是一个小型开放经济体,其 GDP 总量不大。2016 年 GDP 为 2045.65 亿美元。在过去 10 年时间里,葡萄牙经济发展很不稳定。2008 年,葡萄牙受到全球金融危机的影响,跟其他欧盟成员国一样,经济遭受重创,经济增速迅速下降,从图 1 可以看出,其 GDP 增长率从 2007 年的 2.49% 下降到 2008 年的 0.20%,2009 年进一步大幅度下降至负 2.98%。虽然 2010 年经济增长率反弹至 1.90%,但是 2010 年初葡萄牙的主权债务形势恶化,2010 年至 2012 年间,国际信用评级机构也先后多次调降葡萄牙主权信用评级,葡萄牙的国债收益率不断上升,2011 年 4 月 7 日,葡萄牙正式向欧盟提出请求财政援助,成为继爱尔兰与希腊之后第三个陷入主权债务危机的欧元区国家。2011 年 5 月,葡萄牙与由欧盟、欧洲央行和国际货币基金组织(IMF)组成的"三驾马车"达成总金额 780 亿欧元的援助协议,并按照协议内容要求采取一系列经济改革和财政紧缩措施,以缩减财政支出,减少赤字。自主权债务危机爆发以来,葡萄牙经济陷入困境,GDP 重拾跌势,2011 年增长率为负 1.83%,而 2012 年增长率下降到 20 年来的最低点负 4.03%,而这两年的通胀率分别达到 3.65% 和 2.77%,偏离了欧洲中央银行维持的 2% 的通胀目标。

伴随葡萄牙经济迅速衰退的是其失业率的迅速攀升,从图 2 中可以看出,自 2008 年金融危机以来,葡萄牙的失业率一路攀升,2013 年失业率达到最高点 16.18%。不过得益于内部的经济改革和外部的援助,2013年葡萄牙经济环境开始改善,财政赤字大幅度减少,2014年葡萄牙经济实现0.89%的正增长,财政赤字占国内生产总值降至4%以下。2014年5月4日,葡萄牙宣布完全退出国际援助计划。2015年和2016年葡萄牙GDP分别增长1.56%和1.4%,而2017年第一季度增长率达到2.8%。失业率也从2014年起开始下降,2016年失业率下降至11.16%,通货膨胀率也回到了欧元区的目标区间,说明葡萄牙的经济发展环境渐趋稳定,开始出现良好的发展势头。

2.2 Portugal Sob a Crise da Dívida Europeia
　　　欧债危机下的葡萄牙

葡萄牙主权债务危机的发生最早可追溯到2008年美国次贷危机。2008年10月雷曼兄弟倒闭引发的全球金融危机,直接影响欧洲国债市场,葡萄牙与德国国债市场利率差距开始呈扩大趋势。

2009年全年尤其是下半年,由于欧美等主要经济体纷纷出台刺激经济的举措,市场恐慌情绪有所控制。葡国债市场基本保持平稳。10年期国债收益率与德国的差距逐步缩小,在下半年重新回到不超过100个基点的水平。

2010年初,随着希腊政府宣布2009年财政赤字占GDP比例将超过12%,远高于欧盟允许的3%上限,希腊债务问题就此浮出水面。受此波及,葡萄牙也因财政赤字高于预期,10年期国债收益率超过4%。国际舆论开始关注并担忧葡主权债务问题,穆迪和惠誉下调葡主权信用评级,葡债务问题露出端倪。

为应对危机,葡萄牙政府3月底公布《稳定和增长计划2010～2013》,确立了第一轮紧缩措施。2010年4月至5月,葡迎来当年债务到期高峰。市场担忧葡步希腊后尘,10年期国债收益率一度接近6.5%。但随着欧盟EFSM和欧元区EFSF的建立,葡国债收益率随之回落,并在随后三个月内上下波动,相对平稳。

2010年9月爱尔兰宣布,由于救助本国五大银行最高可能耗资500亿欧元,预计财政赤字会骤升至国内生产总值的32%。市场投机力量增强,葡国债收益率波动较大,10年期屡破7%警戒线。葡政府坚持不用对外求援,经激烈争执,于11月底在议会勉强通过《2011年财政预算》,确定新一轮紧缩措施。12月底,惠誉再次下调葡主权信用评级。葡萄牙债务规模继续扩大,利息负担不断加重。国债占GDP比例从2009年的82.4%上升至2010年的92.4%。国债利率从4%上升至7%。

2011年是葡债务到期高峰,虽年初成功发行第一批国债,但10年期国债利率在2月份迅速回升并稳定在7%以上,4月和6月葡又有42.3亿和49亿巨额债务到期。前总理对外坚称不需援助,并于3月份拟定《稳定与增长4号文件》。但遭到反对党的坚决抵制,并最终引发政治危机,前总理在3月底提出辞职。政治危机使国债市场利率迅速上窜,10年期国债利率上升至接近9%,5年期国债利率一度达10.47%,均创历史新高。三大评级公司开始连番下调葡主权信用评级。在反对党、民众和工商界的多重压力下,4月看守政府宣布向欧盟求助。5月正式签署救援协议,欧盟决定对葡援助780亿欧元,但同时需葡政府控制赤字并进行结构性改革。

2011年6月葡萄牙新政府上台后,开始根据救援协议,推行财政紧缩和结构改革政策。虽然民众游行示威和罢工的浪潮此起彼伏,改革劳动力市场等举措的执行也并不顺利。但总体来说,基本达到了协议所规定的要求。并在8月、11月和2012年2月顺利通过欧盟"三驾马车"的季度评估,获得援款。从葡国内来看,整体还算平静。但是受希腊债务危机不断恶化、欧债危机继续蔓延扩散的影响,葡也成为各方投机力量重点关注和热炒的对象。11月底惠誉等评级机构将葡主权信用和银行评级下调至垃圾级。葡萄牙10年期国债收益率也一路攀升,在2012年1月底达到17.26%的历史高点,随后在欧洲央行对欧洲银行释放流动性等利好消息的作用下,回落到15%以下,在10%~15%之间上下波动。尽管如此,但市场对葡是否会步希腊后尘,申请二次援助、实行私人债权减计的猜测声也甚嚣尘上。尤其进入5月以来,希腊债务危机形势发展急转直下,市场对希腊退出欧元区的预期不断升温。尽管葡政府总理和财长多次表示,葡情况不同于希腊,葡不需要更多的时间和援助。但市场各方对葡2013年重返市场信心明显不足。

2014年,葡萄牙最大上市银行圣灵银行(Banco Espirito Santo,BES)爆发财务危机,引发欧洲市场恐慌,股市出现大幅抛售,欧元区外围国家市场亦有连锁波动,这让原本仍在复苏中的欧洲经济面临严峻考验。葡萄牙股市监管机构对BES股票做了停牌处理,等待该行发表声明。停盘前,其股价暴跌了近17%至1年内的最低点。葡萄牙国内股市受到重创,葡萄牙股指PSI 20指数收跌4.2%,创逾一年来的最大单日跌幅。与此同时,BES事件继续发酵,欧洲各地市场乃至全球股市均受到震荡。意大利股市FTSE MIB指数下跌2.5%,西班牙IBEX 35指数下跌2.6%,富时欧洲300指数收跌1%。标普500指数昨日一度跌逾1%,收市时下跌0.4%,报1964点。

2.3 Investimento da China em Portugal
中国对葡萄牙的投资

葡萄牙是欧债危机的重灾国之一。当国际投资者纷纷撤资的时候,大量中国资本却加速进入葡萄牙市场,目前已成为葡萄牙经济复苏的重要力量。

给葡萄牙带来第一笔大额资金的中国企业是中国长江三峡集团。2011年12月,三峡集团以26.9亿欧元的价格成功中标购得葡萄牙最大的企业——葡萄牙电力公司21.35%的股权,成为该公司第一大股东,此举在葡萄牙全国引起了不小的轰动。因为此前,中国企业在葡萄牙投资基本只限于通讯领域的合作。三峡集团欧洲公司负责人吴胜亮全程参与了葡电的收购项目,据他回忆,竞标的过程非常激烈,三峡集团的竞争对手包括欧洲老牌能源集团德国意昂公司和巴西国家电力公司。然而,在最终的内阁委员会投票表决中,三峡集团以3∶2的票数险胜德国意昂,成功中标。吴胜亮认为,三峡胜出的原因除了优秀的投标方案和三峡品牌,很重要的原因是因为葡萄牙看重中国市场,"当时在欧债危机情况下,我觉得它是看重中国的发展潜力。因为中国健康的银行体系对他来讲非常有吸引力,如果和中国的企业结合起来。中国的银行体系也会进来,会有利于葡萄牙经济发展。第二,中国是一个非常庞大的经济体,中国给葡萄牙提供了一个非常巨大的前景和想象空间。"

正如葡萄牙政府的预见,三峡集团收购葡电公司后,中国国家开发银行为葡电公司带来了 10 亿欧元的贷款。此后,中国银行和中国工商银行又先后为葡电公司提供贷款支持,帮助葡电公司走出融资困境。2012 年底,葡电公司重返欧洲债券市场。

2014 年 1 月,复星国际以 10.38 亿欧元收购葡萄牙储蓄总行 80% 的保险业务资产。与此同时,中国的金融机构也来到葡萄牙,为中葡合作提供资金支持,中国工商银行于 2011 年在里斯本设立代表处;中国银行里斯本分行于 2013 年 7 月正式营业,成为首家在葡全面开展业务的商业银行。2015 年 9 月,中国海通证券(Haitong Securities)完成了对葡萄牙圣灵投资银行(Banco Espírito Santo de Investimento, BESI)的收购。同意斥资 3.79 亿欧元从 Novo Banco 收购 BESI 9 个月后,海通从 11 个国家监管机构获批完成这笔交易。Novo Banco 诞生于倒闭的葡萄牙圣灵银行(Banco Espírito Santo)的废墟中。

在危机爆发后,国际社会对葡萄牙经济严重缺乏信心,担心葡没有偿还债务的能力,对葡投资大幅萎缩。中国企业在这个时期有勇气加大对葡投资,表现出了对葡经济潜力的认可。中国投资为葡萄牙政府削减债务提供了重要帮助,不仅为葡带来了急需的资金,更重要的是打造了良好的投资氛围,让其他国家投资者重新恢复了对葡投资的信心。据不完全统计,2018 年中国企业和公民在葡投资总额已超过 90 亿欧元,葡萄牙已成为中国对欧投资的第五大对象国。

2.4 Participação de Macau(China) na Cooperação Financeira Sino – Portuguesa
澳门参与中葡合作

2018 年 6 月中国银行澳门分行与葡萄牙商业银行和葡萄牙农业信贷合作银行,分别签署《人民币业务清算及结算协议》和《人民币业务协议》,打造澳门成为"葡语系国家人民币清算中心"。

根据协议,中银澳门将为葡萄牙商业银行提供便利,通过澳门平台办理中葡人民币清算业务,而中银澳门将为葡萄牙农业信贷合作银行的农贸客户提供人民币金融服务支持。

此外,中国银行总行与澳门贸易投资促进局签署《关于支持澳门中葡商贸合作服务平台发展的合作备忘录》,双方就建立中国澳门和葡语国家"一带一路"银行间常态化合作机制、推广人民币跨境投融资服务,以及打造澳门特色金融体系等方面进一步深化合作。

2018 年 12 月,中国澳门金管局与葡萄牙银行(中央银行)签订了《合作协议》,以进一步深化双方在不同工作领域的合作。包括透过定期的专家对话、研讨会或会议、专业培训及研究合作等方式进行交流,并承诺将定期举行高层会晤,以总结合作及订定未来工作的总体方向。随着《合作协议》的签署，将为深化双方合作确立了框架，有助澳门与葡萄牙在金融领域上的信息和人员交流，巩固澳门作为中葡金融服务平台功能，有利促进澳门特区与葡语国家的多边合作，助力澳门打造"中国与葡语国家商贸合作服务平台"。

3　Terminologia de negócios

Vanguarda	前沿
Renascimento	重生
Troika	三驾马车
Desnorteado	无计划
Tribunal Constitucional	立宪法院
Parcerias Público-privadas (PPPs)	公私伙伴关系，PPP
Memorando de políticas económicas e financeiras	经济和金融政策备忘录，MEFP
Memorando de entendimento sobre a condicionalidade da política económica	谅解备忘录，MoU
Memorando técnico de entendimento	技术谅解备忘录，TMU
Imposto sobre o Rendimento das Pessoas Singulares	国税局，IRS
Imposto sobre o Rendimento das Pessoas Coletivas (IRC)	公司税
Imposto sobre o Valor Acrescentado (IVA)	增值税，VAT
Imposto Municipal sobre Imóveis (IMI)	房地产税
Serviço Nacional de Saúde (SNS)	国家卫生局，NHS
Apto para investimento	投资等级
Banco Espirito Santo (BES)	圣灵银行
Haitong Securities	海通证券
Banco Espírito Santo de Investimento (BESI)	圣灵投资银行

4　Exercícios

1) Como é que um País pobre poderia estimular a sua economia?

2) Acha que uma medida eficaz contra a crise deveria passar por um aumento de impostos?

3) Concorda com a aplicação de medidas de austeridade num País que se tem como tendo ele-

vados níveis de corrupção?
4) Comente o facto de Portugal ter uma educação quase que gratuita, e de ter os seus melhores alunos a emigrar para outros Países após acabarem os seus cursos.
5) Acha que a banca deveria ser pública ou privada? Quais as vantagens e desvantagens de cada situação?

5 Caso de Estudo: É difícil encontrar bons projetos para investir em Portugal[①]

Macau, China, 20 maio 2019 (Lusa) – A diretora-geral do Departamento de Instituições Financeiras do Banco da China disse à Lusa que é difícil encontrar bons projetos e oportunidades de investimento em Portugal, apesar de as empresas chinesas terem liquidez e vontade de investir.

"Estamos à procura de investimentos em Portugal, mas há um problema; o nosso mercado é muito líquido e não há muitas oportunidades, ou seja, temos o dinheiro e queremos investir mas é muito difícil para nós encontrar bons projetos e boas oportunidades" em Portugal, lamentou Wendy Sun Min.

Em entrevista à Lusa na sede do Banco da China Macau, a responsável pela ligação entre este banco chinês e as instituições financeiras internacionais acrescentou que, ainda assim, o objetivo é "fazer mais investimentos em Portugal", usando os vários fundos que têm sido criados nos últimos anos para este efeito.

"Temos um fundo sino-português, fundado pelo Governo chinês e também com algum financiamento disponibilizado por Macau, que tem várias fases, mas que já tem um capital inicial de 500 milhões de dólares [448 milhões de euros], e faseadamente, irá aumentando", acrescentou.

"Há outros fundos soberanos, como o Fundo de Cooperação da China, que também pode investir em Portugal, há muitos fundos disponíveis à procura de oportunidades para investir; aqui no Bank of China Macau também podemos financiar empresas, sejam públicas ou privadas, que estejam interessadas em investir nos países de língua portuguesa, e Macau pode ser um centro de apoio para esse investimento", apontou a responsável.

O aprofundamento da relação financeira da China com Portugal, especialmente visível nos últimos anos, mede-se também noutros aspetos da atividade do banco, que vão além do finan-

---

① Retirado e adaptado de: https://www.dn.pt/lusa/entrevista-e-dificil-encontrar-bons-projetos-para-investir-em-portugal-banco-da-china-10918375.html.

ciamento, disse Wendy Sun Min, apontando como exemplo deste aprofundamento das relações o recrutamento de mais pessoas que falam português fluente, que se juntam às cinco atuais, e o aumento da periodicidade das viagens para Portugal, que deixarão de ser anuais para passarem a ser trimestrais.

"Vamos começar a ir mais vezes a Lisboa, dantes íamos uma vez por ano e agora vamos começar a ir trimestralmente, para termos uma comunicação mais frequente com os bancos portugueses e com o mercado chinês, porque como vamos frequentemente à China, podemos passar e partilhar informações" que depois podem resultar em negócios e investimentos, disse.

"Vamos também promover oportunidades de investimento na China, porque com o passar da crise financeira e a recuperação económica em Portugal, as empresas já têm capacidade para exportar e se internacionalizarem, e contactam os seus banqueiros privados para encontrar oportunidades de investimento; estes bancos falam connosco e nós passamos a informação aos nossos clientes e parceiros na China continental", disse.

Para facilitar esta comunicação, Wendy Sun Min anunciou ainda o lançamento de uma plataforma eletrónica de comércio para resolver problemas de comunicação entre as entidades empresariais e financeiras dos dois países.

"A comunicação, no passado, não era feita presencialmente, mas sim através de correio eletrónico e telefonemas, e isto por vezes não é muito eficiente; estamos a tentar resolver isto lançando uma plataforma de e-commerce, na qual vamos publicar informações e oportunidades financeiras e de investimento, para que não seja preciso preocuparem-se com a diferença horária, a comunicação e a língua, porque podem usar a plataforma para saber mais sobre os projetos", concluiu a responsável.

Capítulo VIII A Banca e a Tecnologia

1 Texto

Neste capítulo, iremos focar-nos nas tecnologias atuais com potencial para serem utilizadas pela banca; discutir quais destas já foram implementadas e quais se espera que sejam implementadas brevemente. Com o avanço tecnológico que o mundo tem testemunhado desde a criação da Internet, de computadores e posteriormente smartphones, podemos dizer que estamos oficialmente na era digital. Os bancos, dinossauros históricos, têm vindo a marcar a sua presença no mundo digital, mas o facto é que não têm conseguido acompanhar o rápido desenvolvimento tecnológico da ultima década e começam a perder mercado para empresas financeiras com grande alavancagem tecnológica, que permitem aos seus clientes um acompanhamento todo ele digital, com retornos elevados e sem os custos de recursos humanos e imobiliários(já para não falar das comissões cobradas), tradicionais da banca.

Será que a banca irá conseguir acelerar o seu ritmo de adoção tecnológica e acompanhar o desenvolvimento tecnológico recente, de forma a recuperar a fatia de mercado que, entretanto, perdeu?Será que iremos assistir à compra das empresas tecnológicas por parte da banca, de forma a acelerar esse processo?

1.1 A evolução da banca dos últimos anos

A banca é uma instituição já com alguns séculos, mas que tem evoluído de forma a acompanhar os desenvolvimentos tecnológicos; porém, só o faz após estes já estarem bem consolidados, de forma a minimizarem o risco de implementação.

1.1.1 Empresas Fintech

O termo *fintech* surgiu do Inglês *finance* (finanças) e *technology* (tecnologia), para nomear empresas que trabalham para inovar e otimizar os serviços do sistema financeiro. A origem do termo é atribuída a um programa de aceleração de *startups* que foi liderado pela empresa de consultadoria Accenture em parceria com a Câmara Municipal de Nova Iorque, que se chamava Fintech. Por outro lado, uma grande empresa na área já tem o nome de *techfin* (inversão na ordem das palavras).

As fintechs têm custos operacionais muito inferiores às instituições tradicionais do sector, uma vez que usam tecnologias que tornam os processos muito mais eficientes, podendo baratear os serviços oferecidos. Um exemplo evidente do uso dessas tecnologias é o acesso possível através de um smartphone para aceder a bancos móveis e realizar praticamente todas as operações bancárias através este, inclusivamente realizar investimentos na bolsa de valores.

Estas empresas estão a ameaçar o futuro da banca, uma vez que ocupam a dianteira na oferta de soluções que usam novas tecnologias para melhorar a experiência do utilizador em toda a linha de produtos, ameaçando bancos já instituídos, independentemente do seu tamanho e história. De acordo com várias consultoras, estas novas empresas podem captar até um terço das receitas dos bancos nos próximos 2–3 anos. A falta de resposta pode levar ao desaparecimento de organizações menos ágeis, que não consigam acompanhar a evolução do mercado e da tecnologia.

Porém, nem tudo são más notícias; muitas das novas tecnologias que estão a ameaçar o setor bancário também apresentam oportunidades significativas para a sua evolução. Na verdade, as organizações que consigam fazer uso da "Big data" (termo para as grandes quantidades de dados que podem ser analisados para obter melhores resultados, tais como melhorar a experiência do cliente, através do estudo do seu historial, preferências e modo de agir) e novas tecnologias, podem criar relações de confiança e lealdade para com os seus clientes, sendo essa a chave para o sucesso no futuro. As novas tecnologias abrem várias oportunidades para que os serviços financeiros se reinventem e prosperem.

1.1.2 Adoção das novas tecnologias

Têm existido vários estudos e conferências sobre novas tecnologias como a inteligência artificial e blockchain (cadeia de blocos), mas a verdade é que a implementação destas tecnologias por parte de instituições financeiras está ainda bastante atrasada (Tabela 8.1).

Tabela 8.1　　　Grau de implementação de diferentes tecnologias

Diferentes tecnologias	Implementado	Planeiam investir em 2019	Tema em discussão	Fora do radar
Automação de processos – Robotic process automation (RPA)	5%	6%	31%	58%
Automatismos para escrita – Chatbots	2%	13%	45%	40%
Aprendizagem Máquina – Machine learning	2%	12%	35%	51%
Cadeia de Blocos – Blockchain	1%	4%	43%	52%

Os bancos não estão a investir diretamente sobre as tecnologias descritas na Tabela 1, mas sim em serviços que podem fazer uso dessas tecnologias. Os principais serviços são os seguintes (de acordo com um inquérito feito aos bancos por parte da Cornerstone):

• Abertura de conta via meio digital – Esta foi a tecnologia mais citada no inquérito da Cornerstone, seja para implementação como para melhoramentos/upgrades. É também tida como a razão principal para os bancos quererem firmar parcerias com empresas fintechs. Contudo, os peritos advertem que essas parcerias só terão sucesso se os bancos não se focarem somente na abertura de conta, mas também em marketing digital, ofertas de produto contextualizadas, campanhas apoiadas por análise de dados e processos fáceis e rápidos de concretização de operações.

• Pagamentos P2P (Pessoa a Pessoa) – Os bancos ainda lideram neste setor, mas logo atrás têm a fintech bem conhecida Paypal, juntamente com outras, tais como a Zelle, Venmo ou Google Wallet. Porém, a tendência que se verifica é que a geração dos Millenials está a usar cada vez mais as fintechs do que os bancos, sendo que 44% dos inquiridos afirmou que utilizariam um cartão de débito da Paypal, sendo que muito provavelmente até seriam capazes de o tornar o seu cartão principal.

• Gestão da relação com o cliente (*CRM – Customer Relationship Management* em inglês) – Apesar de não ser nenhuma tecnologia nova, tem havido uma nova aposta em CRM por parte dos bancos em 2017–2018, sendo que a estratégia passou de um CRM distribuído (i. e. , CRM embebido em soluções pontuais, tais como a banca digital e sistemas de abertura de conta) para a implementação a nível de toda a empresa, tal como era feito à 10–15 anos atrás. A empresa Cornerstone constatou que os sistemas de CRM implementados não têm objetivos traçados nem prioridades estabelecidas pela equipa de gestão, pelo que esta nova vaga de implementação de CRM apenas terá sucesso se forem alinhados com a estratégia da empresa.

• Novos sistemas de conta/caixa-os bancos estão a implementar novos sistemas de caixa para melhorar os seus serviços, e tornar as operações mais expeditas. O intuito principal passa por melhorar a experiência dentro das agências, melhorando e agilizando as aberturas de conta e integrando os processos de agências com os processos digitais.

• Sistemas para originar empréstimos comerciais (*commercial LOS-loan origination Systems* em inglês) -muitos bancos estão a tentar expandir os seus empréstimos comerciais (versus os empréstimos ao consumo, na maioria na área do imobiliário), para o segmento C&I (comércio & indústria). Para o fazer, estão a investir em LOS comerciais para atacar o mercado o mais rapidamente possível, através de software que analisa, simula e conclui o processo num curto espaço de tempo.

1.1.3 Desafios abordados pela Banca

De acordo com a investigação da Atos, os quatro desafios mais prementes que a banca quer resolver nos próximos 5 anos são:

• Respostas às necessidades do cliente – Classificado como o desafio mais importante nos últimos 4 anos pela "Digital Banking Report", as instituições financeiras precisam de mudar de interações físicas para interações digitais. Para os bancos e instituições de crédito que digitalizarem os percursos dos seus clientes, haverá um benefício significativo nas receitas, nas reduções de custos e na satisfação do cliente.

- Otimização de custos – Devido às eficiências da competição no plano digital, os bancos e as instituições de crédito terão de considerar o desinvestimento nas operações que não façam parte do negócio principal (core business) e de alavancar na automatização inteligente. Além disso, as organizações necessitarão de reinventar os processos de Back Office e substituir a sua infraestrutura já envelhecida.

- Criação de novos fluxos de receita – A banca aberta e o uso de APIs (*application programming interface* em inglês; basicamente é uma biblioteca de procedimentos e rotinas que facilitam a programação com grandes pedaços de código configuráveis já feitos) irá abrir novas oportunidades para redução de custos e crescimento de receita. À medida que o ecossistema bancário se expandir para além dos serviços bancários tradicionais, novos produtos irão ser desenvolvidos e novos segmentos serão servidos, proporcionando ofertas diferenciadas e oportunidades de aumentar os lucros.

- Desenvolvimento de sistemas de segurança – Com os dados do cliente a tornarem-se um "produto" para muitas instituições financeiras, existe a necessidade de segurança reforçada. Esta segurança será um elemento diferenciador, do ponto de vista da confiança do cliente.

1.2 As tecnologias disruptivas

De acordo com a Atos (2019), as tecnologias mais disruptivas que irão moldar o futuro da banca são as seguintes (Figura 8.1):

Como iremos ver em breve, estas tecnologias não são tecnologias que funcionam sozinhas, mas sim tecnologias estruturais que possam formar parte do conteúdo central (*core*) de uma outra tecnologia que faça uso destas. Vamos, de seguida, analisar cada uma das tecnologias mencionas.

Capítulo VIII | A Banca e a Tecnologia

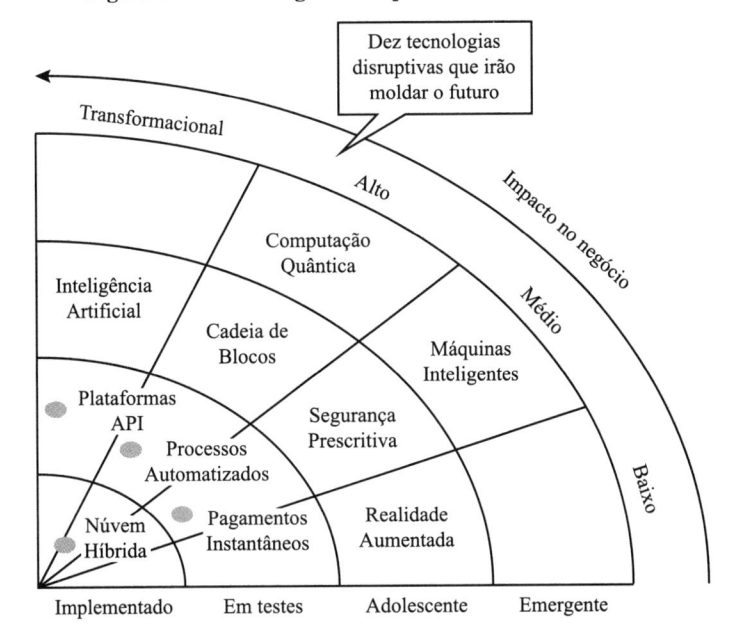

Figura 8.1 Tecnologias disruptivas no mundo da banca

Dez tecnologias disruptivas que irão moldar o futuro

Transformacional

Impacto no negócio: Alto / Médio / Baixo

- Inteligência Artificial
- Computação Quântica
- Cadeia de Blocos
- Máquinas Inteligentes
- Plataformas API
- Processos Automatizados
- Segurança Prescritiva
- Núvem Híbrida
- Pagamentos Instantâneos
- Realidade Aumentada

Implementado | Em testes | Adolescente | Emergente

1.2.1 Núvem Híbrida

De acordo com um estudo da IBM (2019), a computação na nuvem tem sido adotada pela generalidade dos bancos, com a maioria dos bancos a procurar uma mistura ideal entre Tecnologias de Informação (TI, ou *IT – Information Technology* em inglês) tradicionais, soluções de nuvens públicas e de nuvens privadas. Os bancos mais bem-sucedidos estão a apostar forte em nuvens híbridas para todas as suas agências e sede(s); com as nuvens híbridas, os bancos têm a flexibilidade e os benefícios da nuvem privada e pública, abordando a segurança dos dados, a governança e a conformidade. Os benefícios da implementação desta nuvem híbrida incluem:

• Custos reduzidos – A nuvem híbrida ajuda os bancos a gerirem os seus custos com maior flexibilidade, facilitando uma mudança de despesas fixas a variáveis (são contratados apenas os serviços de nuvens necessários, quando preciso). Esta mudança permite que os bancos se concentrem no financiamento de iniciativas de negócios, em vez de ter capital empatado em equipamentos subutilizados.

• Maior eficiência operacional – A nuvem híbrida permite que os bancos provisionem rapidamente recursos no seio da empresa, permitindo assim que consigam fornecer soluções para problemas de negócios mais rapidamente. Isso pode reduzir consideravelmente o tempo gasto na resolução de problemas, melhorando a agilidade dos bancos em resposta às exigências do mercado, cada vez mais dinâmico.

• Ajuda à inovação – A adoção da nuvem promove a inovação porque pode transcender barreiras geográficas, industriais e organizacionais. De registar que, pelo menos 75% dos banqueiros inquiridos disseram que as suas iniciativas de nuvem mais bem-sucedidas já haviam alcançado expansão em novas indústrias, criação de novos fluxos de receita e expansão do seu portefólio de produtos/serviços.

1.2.2 Plataformas API

As plataformas API permitem a empresas externas construir os seus próprios programas(apps)em cima dos dados dos bancos. Dessa forma, todo o ecossistema bancário irá sofrer grandes alterações, desde os serviços e produtos oferecidos até aos canais de distribuição, com alianças entre os bancos e as empresas externas criadoras de novas apps que irão formular as inovações e melhorias à experiência do utilizador no futuro. Este conceito de "banco aberto" irá impactar todo o processo bancário, seja em termos de gestão, seja em no contacto direto com o cliente.

Uma plataforma bancária requer um ou mais patrocinadores do banco(alguém para controlar o funcionamento da plataforma que participa e resolve problemas/situações como a de propriedade intelectual)e um ou mais provedores (alguém para providenciar uma interface visível para os produtores e consumidores; i. e. , quem vai disponibilizar a tecnologia). A forma como os patrocinadores e provedores interagem entre si pode ser categorizada em quatro modelos diferentes de plataforma:

• Plataforma proprietária (um patrocinador e um provedor) - as plataformas proprietárias usam APIs abertas para disponibilizar os dados a outros programadores e oferecem produtos finais aos seus clientes.

• Plataforma de licenciamento (um patrocinador com muitos provedores) - neste caso, um patrocinador pode oferecer soluções bancárias genéricas (white label) através do licenciamento com vários provedores.

• Plataforma em parceria (vários patrocinadores com um provedor) - neste cenário, vários patrocinadores (bancos) colaboram para criar e controlar uma única interface que sirva a mesma plataforma partilhada.

• Plataforma compartilhada (vários patrocinadores e vários provedores) - este modelo ainda não existe no setor bancário, ao contrário do exemplo com o Linux na indústria de alta tecnologia, como exemplo.

Existem muitas características únicas de cada modelo. Dos quatro modelos, o modelo de licenciamento tem sido o mais utilizado para a plataforma bancária. De acordo com a análise da Accenture (2018), esta plataforma é a que "melhor permite que os programadores/provedores criem produtos inovadores, sendo que cada um pode atrair clientes separadamente" (através das peculiaridades de cada implementação).

1.2.3 Processos Automatizados

Os processos automatizados customizáveis (*RPA – Robotic Process Automation* em inglês) ajudaram os bancos e cooperativas de crédito a acelerar o seu crescimento através da execução de regras pré-programadas numa série de dados estruturados e não estruturados. Esta automação inteligente dá aos processos o poder de aprender com as decisões anteriores para tomar decisões cada vez mais informadas de forma automática - reduzindo o custo dos processos administrativos e de regulação em pelo menos 50%, melhorando a qualidade e velocidade das execuções.

É esta automação de processos que irá possibilitar com que os bancos possam gerir as quantidades massivas de dados que possuem, e fazer uso de todos os dados possíveis para presentear os seus clientes com as melhores soluções. A aprendizagem automatizada é aprimorada com algoritmos de redes neuronais especialmente adaptados aos casos em questão, em que o feedback do cliente (ou simplesmente as suas ações) irão ser tidos em conta nas iterações seguintes, sendo que o algoritmo pode-se adaptar a cada cliente específico.

A automação de processos no setor bancário também simplificou o cumprimento das normas processuais uma vez que, ao manter registos detalhados dos procedimentos automatizados, o programa pode gerar automaticamente os relatórios que um auditor precisa analisar, sem quaisquer erros humanos. Uma vez que é intuitivo e fácil de reconfigurar o *software* a qualquer momento, qualquer alteração de uma norma processual é bastante fácil de implementar.

1.2.4　Pagamentos Instantâneos

A tecnologia mudou as expectativas dos consumidores e das empresas no que diz respeito aos pagamentos. As opções de pagamentos instantâneos estão disponíveis em muitos mercados, apesar da falta de infraestruturas de pagamento imediatas. Em alguns países, os bancos que oferecem a possibilidade de pagamentos imediatos comercializam ativamente os seus aplicativos (apps) aos seus próprios clientes, e/ou arranjam um parceiro tecnológico que possa oferecer uma experiência imediata de pagamento P2P, de forma a abranger uma base de clientes mais ampla.

A disponibilidade de uma plataforma de pagamentos instantâneos oferece aos bancos uma oportunidade atraente para alcançar a velocidade de transação que os consumidores esperam da sua interação bancária e aumenta a satisfação do cliente. Com a possibilidade de efetuar pagamentos instantâneos, as transações financeiras serão todas feitas digitalmente ao invés de as fazer com dinheiro vivo, o que significa que os pagamentos tornar-se-ão menos dispendiosos e mais amigáveis. Finalmente, expandindo e combinando capacidades instantâneas com soluções de comércio eletrónico e comércio via dispositivos móveis, os bancos e cooperativas de crédito poderão desenvolver um portfólio inovador de novos serviços. De acordo com um estudo do banco Federal de Boston (Crowe et al., 2017), a banca móvel melhora os números da venda cruzada, com os clientes da banca móvel a terem 2,3 produtos em média, comparados com 1,3 produtos de clientes de agência, com o aplicativo móvel a providenciar a plataforma para vender produtos e gerar mais receitas.

À medida que a expectativa dos clientes aumenta, a banca e prestadores de crédito têm de conseguir responder a essas expectativas para atrair e reter mais clientes e membros. Assim sendo, a competição entre bancos começa a entrar na era digital, sendo que, para além de terem de oferecer produtos competitivos, também terão de adicionar características que tornem as interações com a banca mais rápidas, mais seguras, mais fáceis e mais intuitivas de usar, e que acrescentem valor ao permitir que os seus clientes consigam aceder a serviços mais complexos através dos seus dispositivos móveis.

1.2.5 Inteligência Artificial

A Inteligência Artificial (IA ou AI – Artificial Intelligence) tem sido alvo de um grande interesse empresarial, devido às necessidades gerais do negócio, que está cada vez mais competitivo. O crescimento explosivo de dados estruturados e não-estruturados (o tratamento de grandes quantidades de dados necessita de algoritmos específicos que consigam extrair não só as informações necessárias, como também inferir potenciais futuros interesses dos clientes), a disponibilidade de novas tecnologias (tais como a computação em nuvem e algoritmos de aprendizagem-máquina), as crescentes pressões trazidas pela nova concorrência, o aumento da regulamentação e o aumento das expectativas dos consumidores, criaram uma "tempestade perfeita" para o uso disseminado da inteligência artificial em serviços financeiros.

Os benefícios da IA em bancos e cooperativas de crédito estão disseminados, alcançando as operações de gestão, regulamentação, experiência do cliente, entrega de produtos, gestão de riscos e marketing para citar alguns exemplos. Os robôs de escrita interativos estão cada vez mais evoluídos, pelo que já começa a ser possível integrá-los para os sistemas de abertura de conta, ajudando os clientes com todas as suas dúvidas ao longo de todo o processo.

Note-se que, embora hajam muitos movimentos a favor de existir mais controlo regulatório sobre algoritmos de inteligência artificial, o facto permanece que a IA começa a ser usada aos poucos em muitos sistemas do nosso dia a dia, e que será praticamente impossível controlar aquilo que é ou não é feito com os dados que vão sendo recolhidos.

Para as empresas que ainda não adotaram a IA, a vida tornou-se muito mais complicada, uma vez que enfrentam competição de outras empresas que começam a ser muito eficientes em termos do negócio e do alcance aos seus clientes, com soluções customizadas para cada um deles.

1.2.6 Cadeia de Blocos

A cadeia de blocos é uma tecnologia de recolha de dados que é validada por milhares de participantes, "obrigando" que o processo não seja enviesado por uma única entidade central. Muitos peritos olham para a cadeia de blocos como algo que poderá vir a ter um impacto transformacional na indústria da banca, sendo que a mesma deverá ser usada para (registo de) transferências inter-bancárias, pagamentos e empréstimos. As diversas etapas de registo servirão sobretudo para promover a redução de fraudes e para melhorar o conhecimento aprofundado do cliente. Muitos vêm também com bons olhos a possibilidade da utilização massiva de contratos inteligentes, cujo registo assenta sobre a tecnologia de cadeia de blocos.

Para uma empresa saber se a cadeia de blocos é uma tecnologia onde deva investir, pode começar por responder às seguintes perguntas, e adotar a tecnologia caso responda afirmativamente a, pelo menos, quatro questões:

- O negócio envolve várias partes que necessitem de uma visão comum da informação?
- Existe a possibilidade de várias partes poderem realizar ações que tenham de ser registadas e que possam alterar os dados?
- É necessário que haja confiança entre as partes de forma a validar as ações tomadas?
- A remoção de intermediários de registo iria reduzir o custo (taxas e comissões) e a complexidade do processo (por exemplo, através da eliminação de reconciliações múltiplas)?
- A redução de atrasos iria proporcionar benefícios para o(s) negócio(s) (através da redução do tempo de liquidação ou do risco e/ou aumento da liquidez)?
- As transações criadas por diferentes intervenientes dependem umas das outras?

Dadas as possibilidades sobre a mesa, o próximo passo deverá ser dado pelos reguladores, que necessitam de criar regras claras para a utilização desta tecnologia.

1.2.7 Segurança Prescritiva

A natureza e incidência do risco cibernético é único e sofre diversas mutações ao longo do tempo, pelo que esta é uma batalha contínua em que novos riscos podem surgir subitamente. As fontes potenciais de perigo cibernético são impossíveis de eliminar, o que requer que as organizações tenham de manter uma política de vigilância permanente e de se irem atualizando constantemente, de forma a manterem-se a par dos últimos desenvolvimentos tecnológicos.

Cada vez mais, a utilização de métodos analíticos avançados, monitorização em tempo real, IA e outras ferramentas são usadas para detetar ameaças potenciais e detê-las antes de poderem desferir qualquer ataque. No curto prazo, a segurança prescritiva pode não conseguir prever todas as ameaças e isso resultar em algumas falhas digitais, mas a longo prazo é tido como certo que a eficácia será cada vez maior.

É importante referir que, apesar da maior part dos adultos (53%) dizerem que "não confiam na segurança nem privacidade na internet" (Fiserv, 2018), a utilização de serviços tecnológicos online por parte desses mesmos adultos, tem crescido consistentemente todos os anos, com a utilização da bolsa digital a aumentar 53% face ao ano passado, pagamentos móveis digitais a crescer 48% e a utilização de serviços P2P providenciadas por uma entidade financeira a crescer 44% (Fiserv, 2018).

1.2.8 Realidade Aumentada e Virtual

Antes de mais, convém distinguir entre a Realidade Aumentada (*AR – Augmented Reality* em inglês) e Realidade Virtual (*VR – Virtual Reality* em inglês). A AR consiste em adicionar elementos digitais a uma imagem em direto, muitas vezes ao usar uma máquina fotográfica ou um smartphone. Por outro lado, a VR implica uma experiência de imersão completa que fecha o mundo físico. Com os conceitos de AR e VR, surgiu o conceito de Realidade Misturada (*MR – Mixed Reality* em inglês), que ao combinar a AR e VR, permite que os objetos do mundo real possam interagir com objetos digitais.

O objetivo da banca é de melhorar a experiência do utilizador com estas novas tecnologias, sendo que o estudo das possibilidades ainda se encontra numa etapa embriónica, apenas com uns testes de conceito a serem feitos mundialmente.

Alguns exemplos daquilo que já é feito é a utilização de VR para a compra de uma casa, em que os clientes utilizam uns óculos VR e fazem uma tour virtual da casa, podendo olhar para todos os cantos e ter informação no ecrã que os possam auxiliar. A AR é também usada em alguns bancos na Austrália (Commonwealth Bank of Australia) para promover a venda de casa, com o acréscimo de informações sobre tendência de preços, listagens atuais e imóveis vendidos a serem acrescentados a mapas da zona.

Em termos de banca online, as possibilidades são várias, mas o conceito mais falado é o de agências híbridas, direcionada a providenciar a experiência de banco tradicional à população mais idosa, sem que tenham de sair de casa.

1.2.9 Computação Quântica

Com todos os algoritmos inerentes ao "*big data*", inferências IA individualizada, sistemas VR, AR e MR e automatização de processos em geral, a pergunta pertinente que se segue é-então e poder computacional para todos estes processos? Claro que, com os preços dos servidores em queda, a questão poder-se-ia resolver com vários servidores, mas isso também acarretaria um preço elevado de manutenção.

A solução passa pelo uso da computação quântica, que faz uso das leis de mecânica quântica para executar operações complexas de dados a velocidades estrondosas. Enquanto que os computadores tradicionais utilizam bits (que representam os estados de "1" ou "0" consoante os níveis de tensão elétrica às saídas das suas portas lógicas), os computadores quânticos utilizam bits quânticos, chamados de qubits. Os qubits podem assumir os valores de "1", "0", ou terem estados indefinidos que permitem que um qubit seja ambos "1" e "0". Esta premissa permite tratar de várias combinações simultaneamente, o que, no caso da banca, poderia permitir executar operações em vários clientes simultaneamente, aumentando o fator de processamento por um valor proporcional ao seu número de clientes (ou seja, vários milhares de vezes!).

A computação quântica representa, assim, um salto gigantesco no poder de processamento, ultrapassando largamente o potencial da "nuvem" ou das cadeias de blocos; contudo, provavelmente ainda irá demorar anos antes de ser utilizada em aplicações comerciais, devido ainda a problemas de estabilidade de sistema e de segurança. As técnicas de programação também terão de se alterar, de forma a refletir o novo modo de funcionamento da lógica do sistema, pelo que se estima que haja ainda uma grande inércia a ultrapassar antes de a computação quântica tornar--se o novo padrão. Apesar dos prazos se anteverem dilatados, empresas como a JP-Morgan e o Barclays são parte de um grupo que investiga os potenciais da computação quântica juntamente com a IBM.

1.2.10 Máquinas Inteligentes

O impacto que as máquinas inteligentes terão nas instituições financeiras durante os próximos anos está a tomar forma aos poucos. Falamos de sistemas inteligentes de visão, assistentes virtuais de clientes, assistentes pessoais virtuais, sistemas inteligentes de aconselhamento, outros sistemas de processamento de voz (muitas vezes com traduções instantâneas), etc.

Se pensarmos bem, aos poucos começamos a habituar-nos aos assistentes pessoais, tais como a Alexa da Amazon, ou a assistentes virtuais da banca, tal como a Erica do "Bank of America". Apesar destas ferramentas serem emergentes por estarem ainda a um nível bastante básico, o expectável para o futuro é que, acopladas a sistemas de reconhecimento de voz, inteligência artificial e realidade aumentada/virtual/mista, tenhamos um autêntico funcionário inteligente com quem possamos ter uma interação "humana", com as vantagens acrescidas de que esse mesmo funcionário terá acesso a várias rotinas informáticas que possa correr para nos auxiliar que, juntamente com a sua ligação à internet e outros sistemas, será autenticamente uma pessoa-máquina-sistema informático/androide (android) ambulante.

Os bancos e cooperativas de crédito que investirem num melhor envolvimento digital terão relações mais próximas e lucrativas com os seus clientes. No fim de contas, os clientes continuarão a selecionar o banco que lhes fornecer o mínimo de atrito e o maior suporte e comodidade.

1.3 Exemplo – Plataforma P2P

As plataformas P2P (Pessoa a pessoa/peer to peer) começam a proliferar, eliminando os intermediários tradicionais, ou seja, os bancos. Estritamente falando, não podemos dizer que a eliminação dos intermediários é completa, pois os mesmos continuam a existir, mas agora de uma forma muito mais transparente e com muito menos custos.

Nesta parte iremos referir o exemplo de uma plataforma P2P internacional muito conhecida, apesar de ter sido fundada apenas em 2015. Essa plataforma é a Mintos, e pode ser acedida através do link *www. mintos. com.*

O propósito principal da Mintos é muito simples; servindo dois tipos de clientes. Os clientes principais irão ser pessoas ditas normais que queiram investir o seu dinheiro em empréstimos e obter dessa forma um juro sobre o dinheiro que emprestam, sendo estes clientes chamados de investidores. Os outros clientes serão empresas de concessão de crédito (credores) que virão vender os seus créditos já concedidos na plataforma. Dessa forma, a plataforma serve essencialmente de ponto de encontro entre os investidores e as empresas de concessão de crédito.

1.3.1 Os passos iniciais para usar a plataforma

Após a plataforma já ter algumas empresas de concessão de crédito como clientes a venderem os seus créditos, já pode começar a aceitar investidores. Os investidores depositam o seu dinheiro numa conta bancária da plataforma Mintos, e ficam assim com crédito para investir. Os investimentos serão efetuados sobre os créditos disponibilizados, sendo que os investidores podem investir apenas em pequenas parcelas dos créditos oferecidos, de forma a disseminar o risco. Assim sendo, imaginando que uma empresa de concessão de crédito tenha um empréstimo de 5000€ para vender, o investidor pode optar por adquirir uma parcela de 20€ desse empréstimo, ficando o credor com um crédito para venda de 4980€. A própria plataforma Mintos incentiva que tal seja feito, de forma a que o risco do empréstimo seja distribuído por vários pequenos empréstimos.

Em termos de risco em si, a Mintos classifica o risco associado a cada credor, sendo que estes têm de cumprir com determinados critérios para poderem vender os seus créditos na plataforma. O rating varia desde credores com resultados A + (risco mínimo) e vai descendo até ao valor D (empresa em falência, que não consegue honrar os seus compromissos); pelo meio temos os valores A + a A- que representam baixo risco, B + a B- que representam risco moderado, e C + a C −, que representam risco moderado. Os maiores retornos estarão, obviamente, associados aos credores com maior risco, pelo que uma carteira muito agressiva terá muitos empréstimos com o rating C.

A maioria dos credores disponibiliza ainda uma garantia de recompra dos empréstimos caso o mesmo entre em incumprimento. Dessa forma, um investidor sabe que, se um empréstimo correr mal, o seu dinheiro será devolvido ao final de 60 dias caso o mutuário entre em incumprimento, pelo que o pior que lhe pode acontecer é ficar 60 dias sem receber juro de alguns empréstimos. Claro que o pior risco é se a empresa de concessão de crédito abrir ela mesmo falência, o que, apesar das garantias exigidas pela plataforma, é sempre uma possibilidade-nesse caso o investidor corre o risco de perder os investimentos que detém nessa empresa, pelo que também é aconselhável diversificar entre credores. Esta situação já aconteceu em 2017 com o credor "Eurocent", em que a Mintos interveio e tentou colmatar as perdas dos investidores, tanto junto da Eurocent como junto dos tribunais. Os investidores não perderam tudo, mas tiveram de suportar algumas perdas; os investidores com garantia de recompra foram, na sua maioria, ressarcidos, enquanto os investidores com créditos sem garantia incorreram em perdas significativas.

1.3.2 Os rendimentos obtidos

Os rendimentos anunciados pela Mintos têm vindo a decrescer à medida que mais e mais investidores começam a aderir e a utilizar a plataforma, sendo que retornos na ordem dos 20% só foram possíveis inicialmente. Em finais de 2019, se um investidor optar (e bem) por investir apenas em credores com rating superior a B −, então os retornos estarão a rondar os 12%, o que mesmo assim é muito superior às taxas oferecidas pelos bancos, a rondar os $0,2\%$.

Voltando ao caso anterior da Eurocent, sendo este um credor com bastante risco com mutuários de risco elevado, temos que a Eurocent cobrava cerca de 90% de juros pelos seus empréstimos de curta duração. Desses 90%, cerca de 18% eram oferecidos aos investidores da plataforma, e uma percentagem residual de ~1% à plataforma. Uma das formas da plataforma ter protegido os seus investidores na resolução da falência (parcial) da Eurocent foi a de reter os lucros dos empréstimos da credora (ou seja, a diferença entre os 18% pagos aos investidores e os 90% efetivamente cobrados aos mutuários) de forma a cumprir com os deveres de recompra dos créditos da Eurocent, e de distribuir o resto pelos investidores da Eurocent com créditos sem essa garantia.

Existem outras formas de um investidor ganhar dinheiro com a plataforma; uma delas é através da compra e venda de empréstimos que ofereçam taxas altas com risco moderado. Isto tem sido possível devido ao facto das instituições de créditos andarem a baixar as suas taxas de juro, pelo que os empréstimos com taxas de juro elevadas, compradas há uns meses atrás, podem ser vendidos com uma margem de lucro considerável, no mercado secundário (o mercado secundário é o sitio para se comprar empréstimos diretamente a outros investidores, e aqui a Mintos não cobra qualquer comissão). Outra possibilidade de ganhar dinheiro no mercado secundário será através do câmbio; a plataforma permite aos investidores adquirirem empréstimos em divisas diferentes, pelo que se o investidor comprar um empréstimo numa divisa diferente, poderá ganhar (ou perder) dinheiro com a valorização (ou desvalorização) dessa mesma divisa.

Outra forma de ganhar dinheiro, nesta etapa (ainda) inicial da plataforma, é através da captação de novos clientes. A plataforma oferece incentivos aos investidores para captarem novos clientes através de um programa de referências, em que ambos o investidor que deu a referência e o novo cliente, que se tenha registado no site com essa referência, recebem no final, um pouco mais de 1% do investimento do novo cliente nos seus primeiros 30 dias de investimento (na realidade o bónus é feito de forma escalada e apenas a partir dos 500€; o bónus inicial para um investimento de 500€ é de 10€, ou seja, de 2%) na plataforma-dessa forma, todos ganham um pequeno incentivo (cujo limite máximo é de 1000€). É de realçar que é sempre mais benéfico inscreverem-se com uma referência (pois vão ganhar 1% suplementar dos primeiros 30 dias), do que inscreverem-se sem referência.

1.3.3 Como Investir

Após transferir dinheiro para a conta da Mintos, investir é bastante fácil. O investidor pode investir no mercado primário (comprar diretamente os empréstimos aos credores) ou no mercado secundário (comprar empréstimos de outros investidores na plataforma, que podem vender os seus empréstimos com um desconto ou lucro face ao preço original pago ao credor que concedeu esse crédito).

1.3.3.1 Selecionar os tipos de empréstimos

Ao investir num dos mercados, o investidor tem ao seu dispor um filtro para selecionar os tipos de empréstimos em que pretende investir. Dessa forma, pode escolher o seguinte:

- A divisa do empréstimo-aqui é preciso ter a consciência que, para além da taxa de juro do empréstimo, é preciso ter em conta eventuais valorizações/desvalorizações da divisa em causa face à divida do investidor, pelo que ganhos ou perdas acrescidas serão sempre algo a considerar.

- O tipo de empréstimo-o investidor pode optar por um empréstimo agrícola, de negócios, compra de carro, adiantamento de faturas, pagamento de hipoteca, penhor, empréstimo pessoal ou empréstimo de curta duração.

- O País onde os empréstimos são concedidos (que também estão condicionados pelas divisas).

- Os credores a quem comprar os empréstimos-estes credores todos cumprem os requisitos da Mintos, mas o investidor pode desde logo excluir alguns credores em quem tenha menos confiança.

- O rating Mintos-os ratings que a Mintos atribui aos credores varia entre A + e D, sendo que o aconselhável será investir apenas nos credores com rating de B-ou superior. Claro que os investidores mais ousados poderão investir em credores com rating entre C + e C −, que por serem muito arriscados oferecem taxas de juro mais elevadas, embora muitos dos empréstimos possam não ser cumpridos.

- Duração até ao término do empréstimo − Se o investidor achar que deve precisar do seu dinheiro num futuro próximo, pode optar por investir num empréstimo de curta duração, ao invés de um empréstimo que possa durar vários anos.

• Ter garantia de recompra-este item é muito importante, visto que o credor é obrigado a restituir o dinheiro ao investidor caso o empréstimo entre em incumprimento-é aconselhável que esta opção seja sempre selecionada. Obviamente que um investidor que queira tomar uma posição muito agressiva no mercado pode arriscar e não selecionar a garantia de recompra em troca de uma taxa de juro muito superior, mas arrisca-se também a perder o seu investimento. Note-se também que esta garantia não garante que o credor em si não meta falência, pelo que existe sempre algum risco envolvido.

• Outros itens: A taxa de juro total do empréstimo, incluindo comissões, taxas, etc (*APR – Annual Percentage Rate* em inglês); se queremos comprar apenas empréstimos com os pagamentos todos em dia, ou alguns com pagamentos atrasados, a data de início do contrato do empréstimo, a percentagem do montante do empréstimo para a garantia prestada (*LTV – Loan To Value* em inglês) e a identificação de um empréstimo específico.

O investidor pode definir e gravar vários filtros para diferentes investimentos, e aplicar os mesmos para escolher os seus empréstimos.

1.3.3.2 Investimento automatizado

Visto que os investimentos geralmente têm prazos diferentes e vão gerando juros ao longo de alturas distintas, é comum a conta do investidor ir tendo dinheiro disponível, sem estar associado a nenhum empréstimo. Para evitar que os investidores tenham de ir constantemente ao site e investir o dinheiro que têm parado, a plataforma da Mintos disponibiliza a opção de ter um investimento automatizado para o dinheiro disponível, de forma a que o mesmo seja sempre investido em empréstimos que cumpram os requisitos pré-definidos pela ferramenta da Mintos. A ferramenta basicamente consiste no filtro padrão de empréstimos, dando a opção de selecionar como o investidor quer diversificar entre diferentes credores, e quais os montantes a investir. Dessa forma, a ferramenta automaticamente investe o dinheiro assim que este entra na conta, desde que haja algum empréstimo que cumpra com os critérios.

Por experiência própria do autor, convém referir, contudo, que a ferramenta de investimento automático deixa muitas vezes de funcionar, embora seja expectável que esses problemas sejam resolvidos no futuro.

Existe ainda uma outra ferramenta, mais simples, que a Mintos disponibiliza, nomeadamente a do "Invest & Access" (Investir e Aceder). Esta ferramenta é direcionada aos investidores que não querem perder muito tempo com a plataforma, e arranjar uma forma automática, pré-configurada, para investir o seu dinheiro. Esta opção contempla uma taxa de retorno um pouco mais baixa, pois só investe em credores com classificações elevados, e, consequentemente, retornos mais baixos. A ferramenta permite também retirar parte (ou a totalidade) do dinheiro da conta, através da venda automática de empréstimo até perfazer o valor pedido pelo investidor-o processo aos olhos do investidor é muito mais simples, podendo encarar todo o processo como um único investimento-o único constrangimento é que os empréstimos que tiverem atrasos de pagamento terão mais dificuldade em serem vendidos-nesse caso, o utilizador poderá solicitar que os mesmos sejam vendidos com algum desconto.

1.4 Conclusão

Com este capítulo quisemos enumerar as principais inovações tecnológicas que a banca terá de incorporar no seu modelo de negócio de forma a manter-se atualizada. Através do exemplo da plataforma P2P, demonstrámos uma forma alternativa de um investidor aplicar o seu dinheiro, ganhando bastante mais dinheiro do que através de aplicações a prazo na banca. De facto, é crucial que a banca perceba como é que estas empresas *fintech* funcionam, de forma a adaptarem-se e a conseguirem manter a sua base de clientes antes que seja tarde demais - o mercado é hipercompetitivo, e a inércia reinante na banca tem de ser ultrapassada, de forma aos bancos ganharem dinamismo e acompanharem o mercado.

2 Análise de dificuldade e suplemento de conhecimento

2.1 FinTech
金融科技

新一轮科技革命的浪潮之中，金融科技是一个值得深入研究和探讨的话题，它关系到整个金融业、银行业未来的发展格局。实际上它已经成为银行在新的社会生活和经济发展模式下的一种生存能力。

近几年来，以人工智能（inteligência artificial）、大数据（megadados）、云计算（computação em nuvem）、物联网（Internet das Coisas）等为代表的新兴技术与金融业务开始深度融合，金融服务的触达面、惠及面明显扩大，金融成为发展数字经济的重要引擎。金融服务更加智能化，已经开始嵌入到衣食住行、供产储销等生产生活的各种场景领域。银行在"以客户为中心"的基础经营理念中，又进一步拓展和延伸了"围绕客户所涉及的各种场景提供金融服务"的现代内容。

按照国际金融稳定理事会（FSB）的定义，金融科技（FinTech）是指技术带来的金融创新，它能创造新的模式、业务、流程与产品，既可以包括前端产业也包含后台技术。

金融科技是基于大数据、云计算、人工智能、区块链等一系列技术创新，全面应用于支付清算、借贷融资、财富管理、零售银行、保险、交易结算等六大金融领域，是金融业未来的主流趋势。

FinTech 以数据和技术为核心驱动力，正在改变金融行业的生态格局。国际金融稳定理事会于2016年3月首次发布了关于金融科技的专题报告，其中对"金融科技"进行了初步定义，即金融科技是指技术带来的金融创新（inovação financeira），它能创造新的业务模式、应用、流程或产品，从而对金融市场、金融机构或金融服务的提供方式造成重大影响。

2.2 Aplicações Fintech no Setor Bancário Europeu
金融科技在欧洲银行业的应用）

在欧洲，金融科技持续推动银行转型升级，一是加大了在支付结算、信贷投放、资产管理等重点业务领域金融科技的应用与落地。如2019年4月，西班牙对外银行利用区块链技术向境内的IT顾问公司Indra发行了全球首笔贷款，并于6~7月间与建筑土木工程公司ACS和石油和天然气行业公司Repsol签署了基于区块链技术的企业融资协议。利用私链进行谈判并完成贷款流程，再将合约放上以太坊公链，使得从谈判条款到签署协议，整个贷款流程都通过区块链的分布式账本技术向银行和贷款方通报了进展情况。

二是提高线上营销能力,推动线上、线下渠道协力融合。例如汇丰银行11月初在香港地区推出了线上自助认证服务(HSBC Identify),允许中小企业客户通过APP(HSBC Business Express)提交身份证明文件,并通过系统自动完成身份认证。

三是新技术的前瞻性研发和储备不断加强。一种方式是直接并购科技公司。如德意志银行今年收购了印度软件初创公司Quantiguous Solutions,以加速其开放式交易银行平台的建设,并购完成后,Quantiguous Solutions全体雇员将加入德银全球交易银行API项目的核心团队。一种方式是成立新技术研发创新实验室。如德意志银行2018年宣布在新加坡推出其在亚太地区的第一家创新实业务归核仍在推进经营挑战大于机遇——欧洲银行业最新走势跟踪12验室,至此德意志银行完成了创新实验室的全球布局,从柏林到伦敦、纽约、帕洛阿尔托,现在又增加了新加坡。新加坡创新实验室的加入将确保亚太业务的创新需求能够被嵌入到全球创新平台中。还有一种方式是设立风险投资基金。如法国巴黎银行针对银行和保险领域的初创公司,设立投资基金,投资这些初创公司的少数股权,同时也间接投资于AI、大数据、区块链、数字安全等金融科技领域

2.3 Plano de Três Anos para o Desenvolvimento de Fintech da China
中国金融科技发展三年规划

2019年8月,中国人民银行印发了《金融科技(FinTech)发展规划(2019~2021年)》,并提出到2021年,建立健全我国金融科技发展的"四梁八柱",进一步增强金融业科技应用能力,实现金融与科技深度融合、协调发展,明显增强人民群众对数字化、网络化、智能化金融产品和服务的满意度。

规划明确了未来三年金融科技工作的指导思想、基本原则、发展目标、重点任务和保障措施。规划提出到2021年,推动我国金融科技发展居于国际领先水平,实现金融科技应用先进可控、金融服务能力稳步增强、金融风控水平明显提高、金融监管效能持续提升、金融科技支撑不断完善、金融科技产业繁荣发展。

人民银行表示,金融科技是技术驱动的金融创新。金融业要充分发挥金融科技赋能作用,推动我国金融业高质量发展。规划明确,合理运用金融科技手段丰富服务渠道、完善产品供给、降低服务成本、优化融资服务,提升金融服务质量与效率,使金融科技创新成果更好地惠及百姓民生,推动实体经济健康可持续发展。强化金融科技合理应用,全面提升金融科技应用水平,将金融科技打造成为金融高质量发展的"新引擎"。

此外,规划强调,运用金融科技提升跨市场、跨业态、跨区域金融风险的识别、预警和处置能力,加强网络安全风险管控和金融信息保护,做好新技术应用风险防范,坚决守住不发生系统性金融风险的底线。

人民银行表示,将强化金融科技监管,加快推进监管基本规则拟订、监测分析和评估工作。夯实金融科技基础支撑,从技术攻关、法规建设、信用服务、标准规范、消费者保护等方面支撑金融科技健康有序发展。

3 Terminologia de negócios

Abertura de conta via meio digital	开设数字账户
Campanhas apoiadas por análise de dados	数据驱动的广告系列
Cadeia de blocos	区块链
Finanças	金融
Tecnologia	技术
Pessoa a Pessoa	个人对个人，P2P
Gestão da relação com o cliente	客户关系管理，CRM
Comércio & indústria (C&I)	工商
Sistemas para originar empréstimos	贷款发放系统，LOS
Referências	推荐人
Taxa de juro total do empréstimo, incluindo comissões, taxas, etc	年百分比，APR
Percentagem do montante do empréstimo para a garantia prestada	贷款增值，LTV
Classificação	评分，评级
Disponível	可用的
Empresa financeira apoiada em meios tecnológicos inovadores	金融科技
Empresa financeira já consolidada e com dimensão considerável, apoiada em meios tecnológicos inovadores	科技金融
Empresas iniciantes na sua atividade	初创企业
Grande quantidade de dados digitais	大数据
Relatório da Banca Digital	数字银行报告
Banca aberta	公开银行
Interface de programação de aplicativos	应用程序接口
Que funciona sozinho	单机
Espinha dorsal/a parte que sustenta todo o mecanismo	骨干
Parte principal	核心
Mistura/combinação	混合

TI – Tecnologias de Informação	信息技术, IT
Componente da gestão que não lida com o cliente	后台
Componente da gestão que lida com o cliente	前台
Parceria	合资企业
ARP – Automação Robótica de Processos	机器人过程自动化, RPA
Aprendizagem máquina	机器学习
Registos	日志
Comércio eletrónico	电子商务
Comércio via dispositivos móveis	移动商务
Robôs de escrita interativos	聊天机器人
Contratos inteligentes	智能合约
Realidade Aumentada	增强现实, AR
Realidade Virtual	虚拟现实, VR
Realidade Misturada	混合现实, MR
Mecânica quântica	量子力学
Bits quânticos	量子位
Padrão	标准
Garantia de recompra	回购保证
Fundos disponíveis	可用资金
Recompensas de campanha	活动奖励
Taxas de pagamento em atraso	滞纳金
Inadimplência	坏账
Transações de mercado secundário	二级市场交易
Taxas de serviço	服务费
Atual	当前
Período de graça	宽限期
Padrão	默认值
inteligência artificial	人工智能
megadados	大数据
computação em nuvem	云计算
Internet das Coisas	物联网
inovação financeira	金融创新

4　Exercícios

1) O que distingue uma *fintech* de uma *techfin*?
2) O que entende por uma plataforma API?
3) Acha que a cadeia de blocos serve somente para criptomoedas, ou será que a banca deve investir nessa tecnologia?
4) Qual acha que é a tecnologia fundamental para a banca implementar em primeiro lugar? Justifique.
5) Será que a banca tem de pensar em disponibilizar empréstimos P2P, ou será que a opção passa apenas por reduzir a sua margem de lucro de forma a tornar-se mais competitiva?
6) Acha que organismos tais como o Banco Central Europeu, deviam emprestar dinheiro apenas à banca, ou também a empresas *techfin*?

5　Caso de Estudo: Das fintechs ao blockchain e à computação ubíqua em Portugal[①]

　　Mais de 75% das fintechs em Portugal se baseiam num modelo business-to-business (B2B), isto é, estão vocacionadas para ser enablers e atuar em ecossistemas colaborativos. "O surgimento de fintechs disruptivas está a acontecer massivamente", refere João Freire de Andrade, presidente da Portugal FinTech, com o ecossistema português a receber fintechs estrangeiras com um grande volume de investimento, como a "a Revolut que diz ter já 250 mil clientes em Portugal, o que é já substancial". Diz que mais de 75% das fintechs em Portugal se baseiam num modelo business-to-business (B2B), isto é, estão vocacionadas para ser enablers e atuar em ecossistemas colaborativos. "Em Portugal não há capacidade para o volume de investimento que exige um modelo de negócio direto ao consumidor, e o mercado interno não é suficientemente grande, pelo que à partida a fintech portuguesa está mais vocacionada para permitir aos bancos competir com os disrupters internacionais", explica João Freire de Andrade. "Portugal tem um ecossistema de fintechs muito interessante, com soluções disruptoras e inovadoras"e até agora com "maior prevalência de fintechs com propostas de valor com-

---

① Retirado e adaptado de: https://www.jornaldenegocios.pt/negocios-iniciativas/banca-do-futuro/detalhe/das-fintechs-ao-blockchain-e-a-computacao-ubiqua

plementares à banca incumbente", afirma João Dias, chief-digital officer do Novo Banco.

Adianta que, a colaboração do Novo Banco tem com várias fintechs portuguesas, "está a permitir desenvolver soluções inovadoras com impacto direto nos clientes-quer via a simplificação e digitalização de processos, quer via a introdução de produtos e serviços novos".

5.1 A miragem blockchain

"A tecnologia blockchain tem potencial interessante de transformação de serviços bancários onde é necessário estabelecer confiança entre partes desconhecidas", admite João Dias. Por exemplo, as empresas que importam bens do estrangeiro recorrem a serviços de "trade finance" dos bancos para suportar transações com partes desconhecidas. A tecnologia blockchain pode ter um papel na transformação destas transações.

Mas João Dias não antevê que o blockchain seja "o motor da transformação bancária". Aposta que tendências tecnológicas como "a computação ubíqua e a inteligência artificial terão um impacto muito superior, pelo menos no curto prazo". Para João Freire de Andrade, a tecnologia Blockchain é interessante, mas, como a Inteligência Artificial, "é necessário definir previamente o use-case em que é aplicável para que se possa tirar partido do seu potencial".

Existe potencial no blockchain, mas "é preciso que haja confiança e credibilidade no espaço, que só acontecerá quando um player de grande estabilidade e referência levar o mercado como um todo a dar um salto para dentro desse espaço. Ainda assim, estão a ser feitos testes muito interessantes no setor", conclui João Freire de Andrade.

5.2 A luta contra o tempo na personalização de produtos e serviços

As fintechs nascem com base tecnológicas mais modernas, mas as instituições incumbentes têm mais relação, mais dados e mais histórico. "Quanto mais personalizável for um produto ou serviço, maior o potencial de impacto das ciências dos dados. Daí que a recomendação financeira de poupança e investimento, e personalização da interação com os canais digitais sejam exemplos de óbvio potencial", diz João Dias.

João Freire de Andrade sublinha que "o grande obstáculo à oferta de produtos personalizados é o tratamento de dados". Os bancos têm bases de dados extensivas mas não estão organizadas e limpas. Para construir produtos disruptivos, "é necessário dar um passo atrás e preparar estas infraestruturas".

"O legado tecnológico dos bancos incumbentes é a principal dificuldade à personalização de produtos e serviços", reconhece João Dias. No entanto, "com a adoção de tecnologias de 'data lake' reduz-se significativamente o custo de acesso e processamento massivo de dados, permitindo o desenvolvimento de soluções de Inteligência Artificial assente em informação originada por sistemas 'legacy' ", diz João Dias.

Nascer digital poderia ser fator de sucesso para as fintechs. Para João Freire de Andrade, a vantagem "está na montagem de toda a infraestrutura para isso e têm já os use-cases preparados, que são no fundo a razão de existirem, e a forma de os aplicar". O outro lado da moeda é que não têm o volume de dados nem a base de clientes na qual poderiam aplicar o use-cases. O sucesso passa muitas vezes pela colaboração entre os bancos e as fintechs, como é "o BiG Total Banking, um produto de agregação de posições financeiras do Banco BiG em colaboração com a fintech, a hAPI", refere João Freire de Andrade, que além de presidente da Fintech Portugal, lidera a BiG Start Ventures.

"As fintechs nascem com base tecnológicas mais modernas, mas as instituições incumbentes têm mais relação, mais dados e mais histórico. Os bancos incumbentes têm maior potencial e facilidade em personalizar o serviço ao cliente, porque conhecem melhor e mais clientes, podendo ser melhores a recomendar e sugerir produtos e serviços", defende por sua vez João Dias, que veio da McKinsey para o Novo Banco.

Capítulo IX Estudo de Caso – Novo Banco[1]

1 Texto

O banco denominado "Novo Banco" foi criado devido a uma intervenção de emergência por parte do Banco de Portugal para salvar os "bons" ativos do outrora grande, mas falido, BES (Banco Espírito Santo) no dia 4 de Agosto de 2014. Os ativos tóxicos permaneceram no BES (apelidado de "mau banco").

O BES era um dos maiores bancos privados em Portugal com origens que remontam ao ano de 1869. Em 2013 era chefiado pelo bisneto do fundador, Ricardo Salgado, quando uma auditoria externa revelou vários problemas com a contabilidade do banco e concluiu que o BES tinha um grave problema financeiro (o crédito de risco representava 11,1% das contas do banco). O banco sofreu um

---

[1] Este caso foi escrito com o intuito de servir de base para um debate em sala de aula, ao invés de servir para ilustrar o tratamento eficaz ou ineficaz de uma situação administrativa.

aumento do capital público (endossado por várias figuras públicas, incluindo o próprio Presidente Português da altura, Cavaco Silva, de 1.045 milhões de euros para se reposicionar, que foi 100% bem-sucedido (procura de 160% (BES 2014B), com uma parte significativa de investidores estrangeiros).

Porém, um amontoado de suspeitas levou que Ricardo Salgado fosse substituído por Vítor Bento(através de uma liquidação entre os acionistas do BES e o Banco de Portugal)em Julho de 2014. No final do mesmo mês, o BES anunciou imparidades no valor total de 4.253,5M€. Isto levou o Banco Central Europeu a suspender o acesso do BES às operações financeiras, obrigando-o a reembolsar o seu crédito ao Sistema Euro no valor de 10.000M€. Em dois dias, os preços das ações baixaram 80%, para cerca de 0,03€ por ação. Mais tarde, foi provado que a administração dirigida por Ricardo Salgado tinha desobedecido ao Banco de Portugal 21 vezes entre Dezembro de 2013 e Julho de 2014, aparentemente agindo contra os melhores interesses da instituição. Alguns esquemas de carrossel com empresas do Grupo Espírito Santo (GES) foram igualmente detetados nos movimentos financeiros do BES para melhorar as demonstrações financeiras do banco ("Carrossel", 2014).

1.1 A Solução Inicial

Em Agosto de 2014, o Banco de Portugal anunciou um resgate de 4.900M€ à instituição, colocando um fim ao BES enquanto banco privado. Os ativos não tóxicos foram transferidos para uma nova instituição, Novo Banco, fundada pelo "Fundo de Resolução". Este fundo foi criado em Dezembro de 2012 como uma imposição da "Troika"(Portugal sofreu uma medida de resgate de Maio de 2011 a Junho de 2014, liderada por 3 partes; Comissão Europeia, Banco Central Europeu e o Fundo Monetário Internacional; estas três entidades juntas foram designadas por Troika[①]). Era objetivo do fundo fornecer apoio financeiro às medidas adotadas pelo Banco de Portugal-impondo que os problemas causados pelo sistema financeiro teriam de ser resolvidos pelo mesmo sistema-no entanto, estando ainda

---

① Troika é a palavra Russa para um comité de 3 membros; a sua origem resulta de um trenó puxado por 3 cavalos lado a lado.

na fase inicial (apenas se começou a receber dinheiro em Junho de 2013), o Banco de Portugal tinha de intervir com um empréstimo de 3.900M€, enquanto 1.000M€ eram provenientes de Bancos[1] e instituições financeiras Portuguesas). O Fundo de Resolução tornou-se o novo proprietário efetivo do Novo Banco (Fundo Resolução) -esta solução foi naturalmente acordada com a Comissão Europeia, que ainda tinha Portugal sob vigilância (EC 2014). Entretanto, os ativos "tóxicos" deveriam permanecer no BES (maioritariamente os ativos relacionados com créditos ao resto do Grupo Espírito Santo, que não iriam ser pagos; obrigações subordinadas[2], e o capital social) -uma vez que a liquidação do "banco mau" tinha ativos de valor residual (muito pequenos), isto significaria que os acionistas e os obrigacionistas subordinados perderiam os seus investimentos na totalidade.

O Novo Banco manteve a nova administração que tinha acabado de entrar no antigo BES, o BES perdeu a sua licença bancária, e todos os seus acionistas e credores perderam os seus investimentos. O Novo Banco deveria ser vendido (no prazo máximo de 2 anos, como definido pela legislação da Comissão Europeia no

---

[1] 700M€ foram emprestados pelos bancos CGD, BCP, BPI, Santander Totta, Caixa Económica Montepio Geral, Banco Popular, Banco BIC e Caixa Central do Crédito Agrícola Mútuo, para ser adicionado aos 300M€ que o fundo tinha angariado.

[2] Os obrigacionistas séniores ficaram satisfeitos de serem colocados no Novo Banco.

que diz respeito a resoluções bancárias) para que o governo Português recuperasse as suas perdas, mas era difícil encontrar um comprador disposto a pagar o preço. A principal questão aqui era, obviamente, "qual é o preço justo para vender o banco?", uma vez que dependia das suas bases de clientes e qualidade de crédito - e estes dois fatores eram difíceis de quantificar.

1.1.1 Diferendo na Estratégia

Entretanto, um mês e meio após ter presidido o BES/Novo Banco, Vítor Bento deixou o Novo Banco em Setembro de 2014, devido a não concordar com uma "venda rápida" do banco, insistindo numa solução a longo prazo (Bento, 2014). Em Agosto de 2014, Bento lançou uma nova campanha para o Novo Banco, criando uma nova marca para a instituição. A campanha tinha como símbolo uma borboleta, representando um novo começo. Vítor Bento foi substituído por Eduardo Stock da Cunha em Setembro de 2014, cuja missão era clara: "vender o banco pelo maior preço possível, o mais rapidamente possível", para minimizar a exposição do público Português ao mesmo.

Tentando evitar o êxodo em massa de clientes, o Novo Banco continuou a operar através das agências do BES, enquanto, progressivamente, mudando a sua imagem. A 3 de Dezembro de 2014, o Novo Banco tinha no seu balanço ativos da ordem dos 72.400M€ com um rácio de solvência de 9,2% (superior aos 8% impostos pelo Banco Central Europeu e os 7% exigidos pelo Banco de Portugal). Os recursos do cliente ascenderam a 27.200M€, tendo sido concedido crédito no valor de 38.500M€ (70% destes foram direcionados para empresas, que historicamente apresentam um risco superior ao dos créditos pessoais).

1.1.2 Nenhuma diferença entre o Novo e o Antigo

O ano de 2015 foi difícil para o Novo Banco desde o início-fizeram-se ouvir constantes protestos de acionistas de retalho e obrigacionistas do BES, além de muitas agências do Novo Banco, alegando ter sido enganados por garantias dos seus gestores de contas de que o investimento era 100% seguro (caso dos obrigacionistas) e pelo próprio Presidente da República Português de que o BES reunia todas as condições para operar e era um banco sólido (caso dos acionistas-mais tarde, foi provado que o Banco de Portugal era conhecedor de várias irregularidades do banco, pelo menos desde o fim de 2013) (Banco de Portugal, 2017).

Muitas histórias de trabalhadores da "linha da frente" do Novo Banco com depressões psicológicas (Drama, 2015a, b) também vieram à tona. Os clientes do BES eram agora os clientes do Novo Banco, e demorou algum tempo até que todas as agências fossem rebatizadas do BES para o Novo Banco. Foi difícil os clientes entenderem que a agência bancária, mantendo a marca BES e com os mesmos trabalhadores que lá trabalhavam há anos, era agora um banco diferente e que uma parte substancial das suas poupanças (de uma vida toda, para alguns) tinha desaparecido.

Para alguns destes trabalhadores (muitos dos quais também tinham investido nos produtos financeiros do BES), a vida tornou-se complicada, uma vez que tinham de explicar, repetidamente, que o BES tinha deixado de existir com a sua falência, e que o produto financeiro do BES, uma vez considerado "seguro" e em que os clientes investiram, perdeu todo o seu dinheiro ou teve todos os seus ativos congelados-isto era uma situação muito difícil, especialmente nos casos em que tinha sido o mesmo trabalhador que aconselhou (e insistiu) o seu cliente a colocar as suas poupanças nesse produto (os trabalhadores da "linha da frente" do BES tinham recebido instruções e foram fortemente persuadidos, no que respeita à sua análise de desempenho e comissões, a vender os produtos financeiros do BES como produtos de baixo risco com rendimentos mais elevados do que as contas poupança). Houve alguma violência e muitos trabalhadores entraram em depressões profundas e baixas causadas por doença.

1.1.3 Tentativa de venda – Rodada 1

O Novo Banco foi colocado à venda pelo Fundo de Resolução(com assessoria financeira do BNP Paribas, e avaliação de ativos do Deutsche Bank) sob algumas condições bastante específicas, tais como a descrição detalhada da filiação que a instituição compradora tinha com o BES, qual seria o modelo de financiamento, o objetivo da relação de capital e o valor da proposta. No final de 2014, 17 investidores tinham uma proposta de compra do Novo Banco, embora o Banco de Portugal apenas tenha avaliado 15 investidores para a segunda fase em Fevereiro de 2015 (Zap, 2015). Em Março de 2015, cinco instituições chegaram à terceira fase para a compra do banco, nomeadamente o Santander, Fosun, Apollo, Cerberus e Anbang Insurance Group. Os cinco candidatos tinham até 30 de Junho de 2015 para entregar as suas propostas finais, incluindo um aumento de capital ao Novo Banco(na verdade, esta data foi posteriormente estendida para 7 de Agosto de 2015, com os candidatos a discutir os termos com o Banco de Portugal). Dos cinco, apenas três grupos apresentaram a proposta, nomeadamente Fosun, Anbang e Apollo, nenhum dos quais eram bancos; Apollo era um fundo de investimento que controlava a seguradora "Tranquilidade" (do antigo Grupo Espírito Santo); Fosun era um conglomerado chinês que adquiriu a seguradora portuguesa Fidelidade e o sector de saúde do Grupo Espírito Santo(Espírito Santo Saúde) e Anbang era um grupo financeiro chinês com uma forte presença na área seguradora.

Anbang e Apollo foram os dois grupos escolhidos com as melhores ofertas para discutir os termos(Apollo melhorou a sua oferta de 30 de Junho de 2015). Anbang tinha a melhor oferta financeira e foi escolhida como a principal candidata; no entanto, exigiu que o Banco de Portugal devia fornecer seguros de créditos malparados, assumindo, assim, grande parte do risco dos ativos mais arriscados. Negociações difíceis estavam em curso, e depois do prazo do Banco de Portugal de 31 de Agosto de 2015(para chegar a um acordo com Anbang), e dos dias iniciais de Setembro de 2015(para chegar a um acordo com Apollo e Fosun), foi decidido cancelar a venda até depois das eleições legislativas de Portugal(End Sale, 2015). Parte do Novo Banco, BES Investimentos, foi vendida ao grupo Chinês Haitong e denominada Haitong Bank em Setembro de 2015, por 379M€.

1.1.4 Mais más notícias....

Entretanto, em Novembro de 2015, o Banco Central Europeu anunciou que o Novo Banco falhou nos seus testes de esforço e necessitava de um extra de 1.398M€ para cumprir todos os requisitos até 2017. Em Dezembro de 2015, o Banco de Portugal ordenou que 1.985M€ em obrigações sénior (aquelas que são pagas em primeiro lugar em caso de falência) passassem do Novo Banco para o BES (com os detentores de obrigações a perderem os seus créditos). Foi bastante controverso, uma vez que o Banco de Portugal escolheu, deliberadamente, algumas emissões de obrigações sénior (cinco de um total de 43 emissões que tinham transitado do BES para o Novo Banco), nomeadamente aquelas cujas instituições não eram portuguesas. O Banco de Portugal assegurou que esta medida estava salvaguardada desde o inicio, no qual se afirmou que a possibilidade do regulador transferir ativos do Novo Banco para o BES estava em aberto, de modo a assegurar que as perdas do BES fossem absorvidas pelos seus acionistas e credores, e não pelo sistema bancário ou pelos Portugueses (Banco de Portugal, 2015). O Banco de Portugal também decidiu que este procedimento seria um acordo único, tendo emitido um comunicado afirmando que mais nenhuma transferência de ativos entre o Novo Banco e o BES, iria ocorrer. Com esta medida, o rácio capital do Novo Banco subiu até 13%, tendo a sua dívida diminuído o montante correspondente (1.985M€). Esta medida (juntamente com medidas similares em 2014) foi contestada por processos judiciais ((Novo Banco, 2017b)-naturalmente, as instituições afetadas acusaram o Banco de Portugal de discriminação, quebrando o *pari-passu*[1]-pé de igualdade com todas as outras obrigações Séniores), cuja responsabilidade pertence ao Fundo de Resolução, protegendo o valor do Novo Banco. As obrigações seniores que permaneceram no Novo Banco foram negociadas no valor de 85%, quantificando a preocupação e falta de confiança do mercado no assunto.

---

[1] Da investopedia.com, temos a definição: "Pari-passu é uma frase latina que significa "pé igual" que descreve situações onde dois ou mais ativos, títulos, credores ou obrigações são igualmente gerenciadas sem qualquer critério de preferência. Um exemplo de pari-passu ocorre durante o processo de falência quando um veredito é alcançado: todos os credores podem ser considerados de igual forma e reembolsados ao mesmo tempo e na mesma quantia fracionária que todos os outros credores."

1.2 Revisão do Novo Governo e da Estratégia

O governo Português mudou significativamente desde o final de Novembro de 2015, com o partido de centro-direita formado pelo PSD(Social – Democrata) e CDS(Centro Democrático) tendo sido substituído por uma coligação de esquerda formada pelo PS(Socialistas), BE(Bloco de Esquerda) e PCP(Partido Comunista). Este bloco essencialmente de esquerda(PS formou um governo minoritário com apoio parlamentar do BE e do PCP) estava um pouco divido nos seus objetivos internos(foi chamado pelos partidos opostos de "geringonça", ou seja, uma máquina mal construída), com o BE e o PCP a defender a nacionalização do Novo Banco.

O ano de 2016 iniciou com um plano de reestruturação do Novo Banco, com a previsão de despedimento de 500 a 1000 trabalhadores, para reduzir custos operacionais em, pelo menos, 150M€. A possibilidade de nacionalizar o banco estava também a ganhar força. Havia um grande debate político em torno dessa questão e o governo não estava feliz com a decisão do Banco de Portugal sobre as obrigações seniores.

Fevereiro veio acrescentar mais 600M€ de dívida de crédito malparado (herdado pelo antigo BES) devido aos resultados de 2015. Houve muita agitação na política Portuguesa, com alguns a argumentar que Carlos Costa, governador do Banco de Portugal, devia demitir-se(devido à má supervisão e transferência de títulos) e antes da possibilidade do Novo Banco dar um golpe real no défice de Portugal.

1.2.1 Tentativa de Venda – Rodada 2

Stock da Cunha anunciou em Março de 2016 que o Deutsche Bank foi convidado a prestar assessoria financeira para a segunda fase de tentativa de venda do Novo Banco(substituindo o BNP Paribas). A venda iria tentar colocar ações em investidores institucionais e emitir uma OPI (Oferta Pública Inicial) posteriormente. Ao mesmo tempo, o despedimento coletivo de 150 trabalhadores foi anunciado, com cerca de 350 a aceitarem resoluções amigáveis e outros(cerca de 1000 pessoas) aceitando o acesso à reforma antecipada(Observador 2016).

Abril de 2016 foi preenchido com notícias sobre a abertura de processos em tribunal contra o Banco de Portugal pelos titulares de obrigações cedidas ao BES e pelos titulares de outros ativos do BES, e Maio de 2016 terminou com perdas de 249, 4M€ para o Novo Banco desde o início do ano, explicadas em parte com 109, 6M€ de custos com o plano de reestruturação. No final, apenas 69 pessoas foram despedidas, com as restantes 900 + tendo aceitado uma resignação amigável.

No final de Junho de 2016, o Banco de Portugal recebeu quatro propostas para a compra do Novo Banco (ou parte dos seus ativos). A data não foi a melhor devido ao resultado do referendo "Brexit" (Brexit, 2016), e os seus impactos negativos (a saída do Reino Unido da União Europeia seria nefasta para todos, praticamente) em todas as instituições financeiras (à semelhança do crash Chinês de 2015). As propostas eram confidenciais, mas, posteriormente, veio-se a saber que as instituições envolvidas foram o BCP e o BPO (dois bancos Portugueses), o Consórcio Apollo/Centerbride e o Fundo Lone Star (estes dois últimos são fundos de capital privado), na frente da venda direta. A holding Chinesa Minsheng propôs comprar parte do banco, nomeadamente um pouco acima dos 50% das suas ações, com o resto a ser disperso no mercado de ações.

O governo Português teve de negociar com a Comissão Europeia um ano adicional para vender o Novo Banco, com o prazo de Agosto de 2017. O capital que o governo Português colocou no fundo de resolução ainda tinha o seu valor contabilístico, mas essas garantias teriam de ser contabilizadas quando o banco fosse efetivamente vendido. Se a venda se revelasse um insucesso, o governo teria de liquidar o banco (embora fossem possíveis novas negociações com a comissão Europeia, nomeadamente para exigir um ano adicional).

1.2.2 Terceiro Presidente do Novo Banco

António Ramalho (antigo presidente do conselho de administração da "Infraestruturas de Portugal") substituiu Stock da Cunha como presidente do Novo Banco (que retornou ao seu antigo empregador, o Lloyds Banking Group) no início de Agosto de 2016. Entretanto, o grupo Chinês Haitong referiu que estava disponível para comprar cerca de 30% do Novo Banco, mantendo o fundo de resolução como principal parceiro, e o CaixaBank, possível futuro acionista maioritário do BPI, declarou publicamente estar contra a oferta do BPI sobre o Novo Banco.

1.2.3 Final de 2016 e ainda sem negócio

Os últimos três meses de 2016 foram quentes no que diz respeito a noticias sobre o Novo Banco; em termos de restruturação, após toda a contabilidade feita, apenas 49 dos 1034 trabalhadores que estavam para ser despedidos, foram efetivamente despedidos(originando três processos no tribunal). Embora o número negociado com Bruxelas fosse para reduzir 1.500 trabalhadores até Agosto de 2017, António Ramalho não estava preocupado, uma vez que os restantes trabalhadores iriam sair naturalmente através de reformas e licenças voluntárias, o que aconteceu a um ritmo médio de 40 trabalhadores por mês. O Novo Banco ainda acordou com Bruxelas o encerramento de 75 agências, de 550 a 475 no primeiro semestre de 2017(Fecho, 2016). O plano garantiu a redução de 230M€ em custos operacionais no primeiro semestre de 2017. A performance financeira do Novo Banco estava a melhorar, com menos perdas do que no ano anterior (359M € em perdas nos primeiros 9 meses face a 418,7M€ no ano anterior).

No final de 2016, um grupo de 232 acionistas do BES colocou em tribunal outra injunção para a venda do Novo Banco(a somar às injunções anteriores em 2014 e 2015). Entretanto, a holding Chinesa Minsheng foi incapaz de prestar as garantias necessárias para financiar a sua proposta, solicitando até ao final de Janeiro de 2017 para fornecer tais garantias. O fundo Lone Star foi o candidato com a melhor proposta(e garantias), pelo que foi o escolhido para uma fase de negociação individual com o Banco de Portugal.

1.3 Stakeholders do Novo Banco

A Figura 9.1 mostra os principais stakeholders do Novo Banco. Note-se que o Fundo de Resolução era o único responsável pela decisão da Corte Internacional e, assim sendo, quem fosse comprar o Novo Banco, o compraria "limpo" dos processos judiciais decorrentes da quebra do BES. Note-se, também, que os potenciais compradores estavam em comunicação direta com o Fundo de Resolução e o próprio Novo Banco, com o intuito de apurar todas as questões operacionais e financeiras.

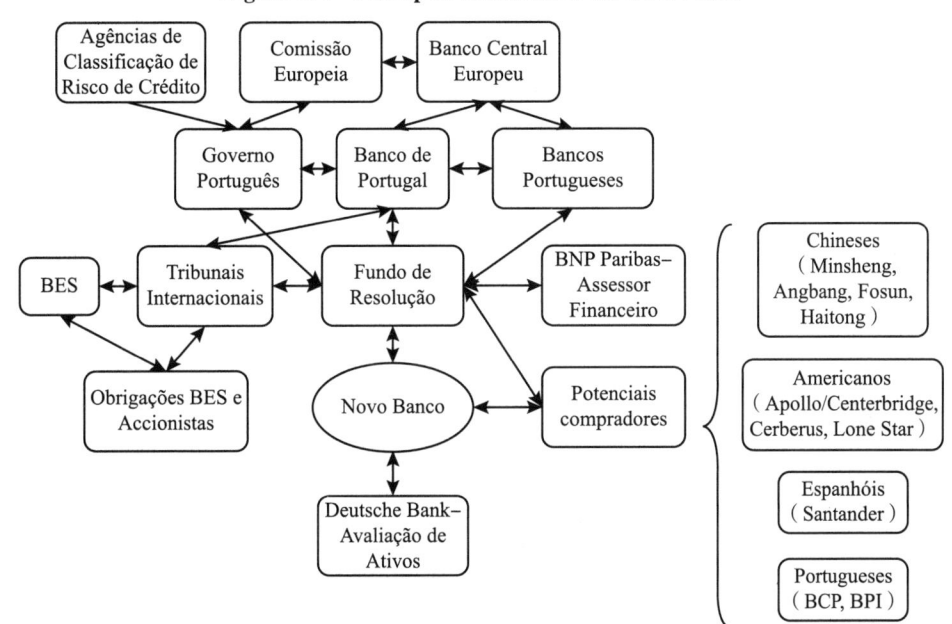

Figura 9.1 Principais stakeholders do Novo Banco

1.4   O que vem a seguir?

A questão permanecia: as negociações seriam bem-sucedidas? O Novo Banco valia os 4900M€ originais? Deveria o governo nacionalizar o banco? Ou deveria liquidá-lo? Seria possível assumir que alguma instituição compraria o banco sem qualquer garantia estatal, quando existem tantas incertezas (potenciais compradores têm feito diversas questões sobre os seus ativos e operações (Novo Banco, 2017a)) em torno dele (ainda que o Fundo de Resolução seja responsável por acordos de deliberação judicial)? Entretanto, a agência Canadense de classificação de riscos DBRS, a única agência que tinha a classificação de Portugal como "grau de investimento", permitindo que Portugal se financiasse a si próprio no Banco Central Europeu, avisou Portugal que se nacionalizasse o banco, o seu equilíbrio financeiro podia ser seriamente afetado, e provavelmente veria a sua classificação rebaixada para o status de "lixo" (DBRS, 2017). A Caixa Geral de Depósitos, o banco público Português, também estava em "redução" (CGD, 2016) e, portanto, uma nacionalização do Novo Banco parecia improvável. As coisas estavam a ficar complicadas…

1.5 Dados Financeiros e KPIs

Esta secção introduz alguns dados de mercado indispensáveis para propósitos de avaliação e análise competitiva. Os bancos Portugueses estavam todos em dificuldades(incluindo o banco público CGD – Caixa Geral de Depósitos), e a confiança do público nos bancos(incluindo banqueiros e supervisores)estava a diminuir.

1.5.1 Declarações Financeiros do Novo Banco

As seguintes demonstrações descrevem os dados financeiros públicos do Novo Banco até 30 de Junho de 2016(Novo Banco, 2016). Pretende-se que os estudantes usem estas demonstrações apenas para analisar as finanças do banco. Note-se que, pela lei Portuguesa, os ativos por impostos diferidos tinham uma validação de 12 anos, e que um custo de capital próprio de 5% era usualmente usado para o sector bancário(retirado de Equity, 2017, em Março de 2017).

Tabela 9.1 Demonstração de resultados em 30 de Junho de 2015 e 30 de Junho de 2016[1]

milhares Euros

Contabilidade	30.06.2015	30.06.2016
Juros e rendimentos similares	784 572	621 556
Juros e encargos semelhantes	569 854	395 512
Margem financeira	214 718	262 044
Rendimentos de instrumentos de capital próprio	6 485	31 766
Rendimentos de honorários e comissões	251 065	189 068
Despesas de honorários e comissões	67 057	55 662
Resultados de activos e passivos mensurados ao justo valor através de resultados	(107 479)	(28 385)
Resultados de activos financeiros disponíveis para venda	167 250	76 130
Resultados da reavaliação cambial estrangeira	25 706	(8 727)
Resultados da venda de outros ativos	13 448	−841

Contínuo

Contabilidade	30.06.2015	30.06.2016
Prémios de resseguro	18 655	22 086
Despesas com sinistros líquidas de resseguro	145 527	95 812
Alterações nas provisões técnicas líquidas de resseguro	113 932	65 608
Outros resultados operacionais	(98 237)	(50 382)
Produto de atividade	382 959	406 893
Custos com pessoal	204 401	156 980
Despesas administrativas gerais	149 017	118 216
Depreciação para o ano	43 540	28 980
Retificações de valor de reservas líquidas	(77 009)	59 262
Imparidade do crédito líquida de reversões e recuperações	252 340	282 362
Imparidade de outros activos financeiros líquida de reversões e recuperações	98 304	125 468
Imparidade de outros activos líquida de reversões e recuperações	(2 066)	109 607
Diferenças de consolidação negativas	—	—
Resultados de associados e empreendimentos conjuntos (método equivalência patrimonial)	5 971	2 706
Resultado antes de impostos e interesses não controlados	(269 597)	(471 276)
Impostos sobre o rendimento		
Atuais	35 124	6 323
Diferidos	(63 153)	(106 975)
Resultado depois de impostos e interesses não controlados	(241 568)	(370 624)
Dos quais: Resultado após impostos de operações descontinuadas	10 188	(5 637)
Resultado após impostos de actividades descontinuadas	13 460	741
Interesses não controlados	10 369	(8 004)
Resultado consolidado	(251 937)	(362 620)

(1) de acordo com a instrução n.° 18/2005 do Banco de Portugal
O revisor oficial de contas   O Conselho de Administração

Tabela 9.2   Balanço Consolidado em 31 de Dezembro de 2015 e 30 de Junho de 2016   milhares Euro

Contabilidade	31.12.2015	30.06.2016
ATIVOS		
Dinheiro e depósitos em bancos centrais	775 608	2 116 615
Dinheiro e equivalentes em dinheiro em outras instituições de crédito	340 209	295 717
Ativos financeiros detidos para negociação	775 039	774 900
Outros ativos financeiros ao justo valor através de resultados	1 526 193	1 317 560

Contínuo

Contabilidade	31.12.2015	30.06.2016
Ativos financeiros disponíveis para venda	11 810 712	10 809 376
Aplicações em instituições de crédito	1 690 628	682 346
Empréstimos e adiantamentos a clientes	31 583 759	28 940 788
Ativos com acordo de recompra	—	—
Investimentos mantidos até à maturidade	—	—
Derivados de cobertura	318 596	259 129
Ativos não correntes mantidos para venda	3 182 479	2 879 699
Unidades ativas em descontinuação	40 327	1 399 634
Propriedades de investimento	54 625	113 489
Outros ativos tangíveis	312 437	227 264
Ativos intangíveis	221 168	202 563
Investimentos em associados e subsidiários excluídos da consolidação	405 486	393 767
Ativos por impostos correntes	38 848	43 404
Ativos por impostos diferidos	2 535 423	2 476 605
Provisões técnicas de resseguro cedido	7 696	6 733
Outros ativos	1 910 126	2 351 396
Devedores de seguro e resseguro directo	3 019	1 092
Outro	1 907 107	2 350 304
TOTAL DE ATIVOS	57 529 359	55 290 985
PASSIVOS		
Recursos dos bancos centrais	7 632 794	7 510 137
Passivos financeiros mantidos para negociação	743 860	770 491
Outros passivos financeiros ao justo valor através de resultados	—	—
Fundos de outras instituições de crédito	4 157 132	4 718 102
Recursos de clientes e outros empréstimos	27 582 142	25 395 830
Passivos evidenciados por certificados	4 224 658	3 455 361
Passivos financeiros associados a ativos transferidos	—	—
Derivados de cobertura	77 846	107 128
Contratos de investimento	4 043 488	3 767 375
Passivos não correntes mantidos para venda	162 709	157 705
Passivos em unidades descontinuadas	92 893	719 149
Provisões	465 114	308 652

Contínuo

Contabilidade	31.12.2015	30.06.2016
Provisões técnicas	1 344 216	1 370 797
Passivos por impostos correntes	38 643	41 215
Passivos por impostos diferidos	12 336	16 607
Instrumentos de capital	—	—
Outros passivos subordinados	56 260	47 185
Outros passivos	947 625	1 341 012
Mutuantes por seguro direto e resseguro	17 301	13 728
Outro	930 324	1 327 284
TOTAL DE PASSIVOS	51 581 716	49 726 746
CAPITAL		
Capital	4 900 000	4 900 000
Prémio de emissão	—	—
Outros instrumentos de capital próprio	—	—
Acções próprias	—	—
Reservas de reavaliação	(249 748)	(255 583)
Outras reservas e lucros retidos	2 221 368	1 238 436
Retorno para o ano financeiro	(980 558)	(362 620)
Dividendos antecipados	—	—
Interesses não controlados	56 581	44 006
CAPITAL TOTAL	5 947 643	5 564 239
TOTAL DE PASSIVOS + CAPITAL	57 529 359	55 290 985

O revisor oficial de contas   O Conselho de Administração

Tabela 9.3   Indicadores Chave de Desempenho em 31 de Dezembro de 2015 e 30 de Junho de 2016

Indicadores Principais	31/dez/15	30/jun/16
Actividade (milhões Euros)		
Ativos	57 529	55 291
Empréstimos e adiantamentos a clientes (bruto)	37 417	34 614
Depósitos pelos clientes	27 364	25 061
Capital e quase-capital	5 947	5 564
SOLVÊNCIA[1]		
Common EquityTier I/Ativos de risco	13,5%	12,0%

Contínuo

Indicadores Principais	31/dez/15	30/jun/16
Tier I/Ativos de risco	13,5%	12,0%
Total de fundos próprios/Ativos de risco	13,5%	12,0%
LIQUIDEZ (milhões Euros)		
Financiamento NET com o BCE	7 040	5 548
Carteira elegível para *Repo* s (BCE e outros)	12 740	13 244
(Total das provisões de crédito para empréstimos)/depósitos de clientes(1)	113%	113%
Rácio de Cobertura de Liquidez (RCL)	77%	94%
QUALIDADE DE ATIVOS		
Empréstimos vencidos >90 dias/Empréstimos e adiantamentos a clientes (bruto)(1)	14,5%	15,7%
Empréstimos não produtivos/Empréstimos totais(1)	15,8%	17,4%
Empréstimos não produtivos, líquidos/Empréstimos totais, líquidos(1)	10,2%	1,3%
Crédito em Risco/Crédito Total(1)	22,8%	23,9%
Crédito em Risco, líquido/Crédito Total, líquido	8,6%	9,0%
Provisões para empréstimos não produtivos/crédito >90 dias	107,8%	104,3%
Provisões para empréstimos/empréstimos e adiantamentos a clientes (bruto)	15,6%	16,4%
Custo do risco	1,98%	1,63%
PROFITABILIDADE		
Resultado do período (milhões de euros)	-980,6	-362,6
Resultados antes de impostos e interesses não controladores/ativos líquidos médios(1)	-1,6%	-1,6%
Produto bancário/ativo líquido médio(1)	1,4%	1,6%
Resultados antes de impostos e interesses não controlados/património líquido médio(1)	-17,4%	-14,3%
EFICIÊNCIA		
Custos operacionais + Depreciação/produto bancário(1)	85,8%	68,1%
Custos de pessoal/produto bancário(1)	45,2%	35,2%
FUNCIONÁRIOS (número)		
Total	7 311	6 325
Atividade Doméstica	6 571	5 885
Atividade Internacional	740	440
REDE de FILIAIS (No.)		
Total	635	606
Doméstica	596	576
Internacional	39	30

(1) De acordo com a Instrução n° 16/2004 do Banco de Portugal.

Tabela 9.4 Qualidade do Crédito em 31 de Dezembro de 2015, 31 de Março de 2016 e 30 de Junho de 2016

milhões Euros

QUALIDADE DE CRÉDITO	31/dez/15	31/mar/16	30/jun/16	Mudanças no 1° trimestre		Mudanças no 2° trimestre	
				absoluto	relativo	absoluto	relativo
Crédito para clientes (bruto)	37 417	35 207	34 614	-2 803	-7,5%	-593	-1,7%
Crédito vencido	5 791	5 824	5 878	87	1,5%	54	0,9%
Crédito pendente >90 dias	5 412	5 321	5 437	25	0,5%	116	2,2%
Crédito em Risco(1)	8 547	8 114	8 283	-264	-3,1%	169	2,1%
Crédito reestruturado(2)	6 634	6 760	6 657	23	0,3%	-103	-1,5%
Crédito reestruturado não incluído no crédito em risco(2)	3 927	4 086	3 721	-206	-5,2%	-365	-8,9%
Provisões de Crédito	5 833	5 894	5 673	-160	-2,7%	-221	-3,7%

(1) De acordo com a definição da instrução n° 23/2011 do Banco de Portugal.
(2) De acordo com a definição da instrução n° 32/2013 do Banco de Portugal.

1.5.2 Demonstrações Financeiras do BES

É igualmente pertinente analisar as demonstrações financeiras do BES antes e depois da sua resolução (Tabela 9.5), para posterior análise e discussão. Note-se que os recursos do banco central foram recuperados, e que a maior parte dos ativos e passivos foram transferidos para o Novo Banco.

Tabela 9.5 Balanço Consolidado do BES em 31 de Dezembro de 2013 e 2014 (milhares de euros)

Contabilidade	Notas	31.12.2014	31.12.2013[1]
Ativo			
Caixa e disponibilidades em bancos centrais		—	916 143
Disponibilidades em outras instituições de crédito	13	20 863	147 211
Ativos financeiros detidos para negociação	14	—	1 102 113
Outros ativos financeiros ao justo valor através de resultados		—	2 937 434
Ativos financeiros disponíveis para venda	15	8 505	5 949 475
Aplicações em instituições de crédito	16	50 076	9 583 337
Crédito a clientes	17	104 294	35 872 194
Investimentos detidos até à maturidade		—	1 152 456
Derivados para gestão de risco		—	325 021

Contínuo

Contabilidade	Notas	31.12.2014	31.12.2013[1]
Ativos não correntes detidos para venda		—	1 356 013
Outros ativos tangíveis	18	10	327 135
Ativos intangíveis	19	22	109 777
Investimentos em associadas e filiais	20	11 350	2 617 839
Ativos por impostos correntes		—	14 727
Ativos por impostos diferidos		—	1 003 735
Outros ativos	21	1 485	2 752 951
Total de Ativo		196 605	66 167 561
Passivo			
Recursos de bancos centrais		—	9 305 318
Passivos financeiros detidos para negociação	14	10 418	999 839
Recursos de outras instituições de crédito	22	26	5 470 806
Recursos de clientes e outros empréstimos	23	696 277	33 446 504
Responsabilidades representadas por títulos		—	8 245 875
Passivos financeiros associados a ativos transferidos		—	635 609
Derivados para gestão de risco		—	86 419
Provisões	24	1 126 851	505 472
Passivos por impostos correntes		1	6 721
Passivos por impostos diferidos		—	55 417
Passivos subordinados	25	934 258	1 034 748
Outros passivos	26	107 949	673 149
Total de Passivo		2 875 780	60 465 877
Capital Próprio			
Capital	27	6 084 696	5 040 124
Prémios de emissão	27	1 038 923	1 059 700
Outros instrumentos de capital	27	191 571	191 734
Ações próprias	27	(801)	(801)
Reservas, resultados transitados e outro rendimento integral	28	(796 573)	(126 505)
Resultado líquido do exercício		(9 196 991)	(462 568)
Total de Capital Próprio		(2 679 175)	5 701 684
Total de Passivo e Capital Próprio		196 605	66 167 561

(1) Para efeitos de comparabilidade deverá ser tomada em consideração a informação constante da Nota 31, a qual inclui o balanço de 4 de agosto de 2014, após a aplicação pelo Banco de Portugal ao BES da medida de resolução

1.5.3 KPIs de outros Bancos

É interessante analisar o preço do valor contabilístico de outros bancos de referência (Tabela 9.6). Note-se a grande diferença entre o grupo BCP, Popular e Banif e os restantes. É normal esperar um rácio P/B de 1 quando existe confiança nas contas e previsões do banco; valores mais baixos representam a desconfiança do mercado em relação ao risco estimado para certos ativos contabilizados. O Bankinter é a exceção, com o mercado a esperar que cresça e aumente as suas receitas.

Tabela 9.6   Preço do Valor Contabilístico dos Bancos de Referência[1]

Bancos	P/B
BCP	0,18
Banco Popular	0,25
Banif	0,09
CaixaBank	0,95
BBVA	0,96
BankInter	1,65
BPI	0,73
Santander	0,98

A Tabela 9.7 apresenta o crédito em risco/crédito total para alguns bancos de referência. Note-se que, como esperado, o Bankinter tem o menor risco de crédito, e o BBVA, CGD e BCP têm valores um pouco acima dos 10%. Quando comparados com os 23,9% do Novo Banco, algo parece ser estranho-apesar de ser um "bom" banco, um número significativo de créditos problemáticos permaneceu no Novo Banco, com alta probabilidade de incumprimento (basicamente crédito institucional, uma vez que o crédito de consumidor foi considerado muito mais seguro). Foi esse crédito que fez com que a maioria dos potenciais compradores exigisse algum tipo de garantia governamental para comprar o Novo Banco.

---

[1] Todos os bancos exceto o CaixaBank opera em Portugal. Note-se, no entanto, que o CaixaBank estava em processo de compra do Banco BPI.

Tabela 9.7　　　Crédito em risco/Crédito total para bancos de referência[①]

CGD	BPI	BCP	Popular	Santander	BBVA	Bankinter
11.50%	4.60%	11.30%	8.30%	4.80%	12.10%	4,13%

2　Antecedentes

Novo Banco 是葡萄牙银行于 2014 年 8 月 4 日推出的一家葡萄牙银行，目的是挽救 Banco Espírito Santo(BES)的资产和负债。就资产净值而言，BES 是葡萄牙第二大私人金融机构，也是葡萄牙最古老，最负盛名的银行之一。

2017 年，关于放贷人财务状况的坏消息越来越多，尤其是该银行面临由以里卡多·萨尔加多(Ricardo Salgado)为首的创始人埃斯皮里图·桑托(Espirito Santo)家族领导的一系列公司的风险敞口之后，该银行得以解救。BES 将被拆分为"好银行"——更名为 Novo Banco 和"坏银行"，这将容纳 BES 对陷入困境的 Espirito Santo 商业帝国及其安哥拉子公司 BESA 的敞口。一家特殊的银行解决方案基金向 Novo Banco 注资 49 亿欧元。葡萄牙向该国贷款 44 亿欧元。该银行有一个由维托·本托(Vítor Bento)主持的 2014～2017 年授权董事会。

上任一个半月后，维托·本托(Vítor Bento)放弃了对新银行(Novo Banco)的领导，于 2014 年 9 月被爱德华多·斯托克·达库纳(Eduardo Stock da Cunha)接任。

在交易发生之前，解决方案基金是银行的唯一股东。该基金是一个结构，于 2012 年创建，由葡萄牙银行和金融部门提供捐款，其运作由葡萄牙监管机构 Banco de Portugal 审核。

Novo Banco 吸收了 Banco Espírito Santo 的所有员工，分支机构，存款，信贷客户和高级债券持有人。2014 年 8 月，Novo Banco 发起了首个宣传活动，以标志着银行形象转变的开始。银行从 9 月 22 日的运动开始，以蝴蝶为象征，以其数学能力的形式融合了动物的翅膀，以此象征着"再次拥有其主导地位"的承诺。2014 年 9 月，Eduardo Stock da Cunha 上任，其使命很明确："尽快以最高价出售银行"，以最大程度地减少葡萄牙公众对该银行的敞口。

为了避免客户大量外流，Novo Banco 不断通过 BES 的分支机构开展业务，同时逐步改变其形象。2014 年 12 月 3 日，Novo Banco 资产负债表中的资产达到约 724 万欧元，偿付能力比率为 9.2%（高于欧洲中央银行规定的 8% 和葡萄牙银行要求的 7%）。客户的资源总额为 272 亿欧元，已承认的信用额度为 385 亿欧元；其中有 70% 是针对公司的，这些公司在历史上比个人信贷的风险要高得多。

[①]　Extraído dos relatórios consolidados do ano de 2015.

对于 Novo Banco 而言，2015 年一开始就尤为艰难。除了许多 Novo Banco 的代理机构外，BES 的零售股票和债券持有人也不断发出抗议声，声称它们受到客户经理的欺骗。葡萄牙总统本人则认为 BES 符合所有运营条件，并且是一家坚实的银行。

2015 年 6 月，解决方案基金收到了来自西班牙银行集团桑坦德银行、阿波罗全球管理公司、中国安邦保险集团和复星国际的竞拍。然而，包括安邦和复星在内的所有买家出价均低于葡萄牙央行的预期，因此出售计划于 9 月宣布中止。

2016 年 3 月，据宣布，葡萄牙政府救助的贷款机构 Novo Banco 计划裁员 1000 人，以帮助降低运营成本 1.5 亿欧元（1.63 亿美元），这是其与欧盟达成的重组计划的一部分。拟议裁员当时相当于该银行员工总数的 14%。

2016 年 10 月，解决方案基金收到了来自中国民生金融集团、孤星阿波罗全球管理公司、孤星基金（Lone Star）、中桥投资合伙公司等的四项关于 Novo Banco 的要约。2017 年 1 月，Aethel Partners 提出要约收购 Novo Banco。

2017 年 3 月，葡萄牙中央银行宣布孤星基金将收购葡萄牙第三大银行 Novo Banco 75% 的股份，以换取 10 亿欧元的注资。其余 25% 将由葡萄牙银行的解决方案基金保留。2017 年 10 月，交易完成，Lone Star Funds 开始控制 Novo Banco 的 75% 股权。

3　Terminologia de negócios

Fundo de Resolução	解决基金
Comissão Europeia	欧盟委员会
Banco mau	坏银行
Acionistas	股东
Obrigacionistas	债券持有人
Pé de igualdade	平等
Partido Comunista Português	葡萄牙共产党
Partido Socialista	社会主义党
Confidenciais	机密
Custos operacionais	营运成本
Deliberação	审议
Judicial	司法
Exepção	例外
Mecanismo de Taxas de Câmbio do Sistema Monetário Europeu	欧洲货币体系汇率机制
União Económica e Monetária	经济货币联盟

Conselho Europeu	欧洲理事会
Declaração da Cimeira da Zona Euro	欧元区峰会声明
Extrapatrimoniais	资产负债表外
Prudencial	谨慎的
Atípico	非典型的
Conselho Fiscal	监督委员会
Programa de Assistência Económica e Financeira	经济和财政援助计划
Instituto Nacional de Estatística	国立统计研究所
Alavancado	杠杆式
residual	残余

4　Exercícios

4.1　Estratégia

1) O governo seguiu a estratégia correta ao delegar o problema no Banco de Portugal, em vez de nacionalizar o banco como fez em situações anteriores?
2) Porque é que o Banco de Portugal escolheu criar uma marca temporária do banco?
3) A UE procedeu corretamente ao impor uma venda forçada do banco?

4.2　Finanças

1) Calcular o custo dos capitais próprios do Novo Banco, com base nos valores das quotas de Mercado do Montepio, BCP e Banif (fornecidos no ficheiro Excel do estudante-utilizar o modelo CAPM, através dos betas desalavancados dos três bancos acima referidos face à bolsa de valores portuguesa, PSI-20).
2) Calcular o WACC do Novo Banco, sabendo que o seu custo de dívida é de 2%.
3) O banco deve ser liquidado?
4) Quanto é que vale o banco, em comparação com bancos semelhantes (uma vez que não temos detalhes alguns acerca da restruturação futura do banco, utilizar o método comparável para o valor Price to Book de bancos portugueses semelhantes)?
5) Qual é o valor patrimonial corrigido do banco, após os ativos por impostos diferidos serem realisticamente avaliados? (dica: calcular o valor realista dos ativos por impostos diferidos,

assumindo que todos eles têm um período de validade de 12 anos[1] e que os resultados antes de impostos projetados pelo banco para os próximos 12 anos são, em milhões de euros, os seguintes valores[2]: [−600; −300; −150; 50; 100; 150; 200; 200; 200; 200; 200; 200]).

6) Assumindo os valores da pergunta anterior, uma taxa de imposto de 23%, CAPEX de 50M€ para os primeiros 3 anos e de 20M€ para os anos seguintes, calcular o valor do património do Novo Banco com base em valores FCFE (Free Cash Flow to Equity) descontados, assumindo que não existem DTAs, mudanças no capital circulante, nem alterações no endividamento.

7) Qual a sua opinião acerca dos partidos políticos de esquerda afirmarem que o fundo Lone Star é um fundo "abutre", querendo fazer grandes lucros à custa do Novo Banco?

8) As baixas taxas de juro diretoras europeias podem influenciar o estado atual dos bancos Portugueses (e Europeus)?

9) Suponha que o Novo Banco queria vender um ativo de risco, nomeadamente um crédito a 10 anos de 10M€, pago anualmente em prestações iguais a uma taxa de juro de 10%. O potencial comprador, porém, pensa que o risco do ativo é cerca de duas vezes maior do que o inicialmente diagnosticado (deve pagar, aproximadamente, o valor da taxa de juros). Quanto poderia o comprador pagar por este ativo (avaliado a 10M€ nos livros)?

10) Como funciona um esquema de carrossel financeiro (no caso do BES)?

4.3 Marketing

1) O que pensa acerca da nova estratégia de marketing do Novo Banco?
2) Se fosse cliente do BES, arriscar-se-ia a manter as suas poupanças e aplicações financeiras no Novo Banco? Justifique.

4.4 Ética nos Negócios

1) Comente a atuação do Presidente da República ao garantir aos subscritores da oferta pública do BES que o banco era estável e representava um bom investimento.
2) O governo deve pagar pelas ações do seu presidente?

---

[1] Na verdade, o valor do AFD (Ativo Fiscal Diferido) no balanço patrimonial é a soma de todas as DTAs, cada uma com uma data de vencimento diferente, mas para fins do exercício podemos assumir que todas têm a mesma data de vencimento. Houve também algumas alterações legislativas a este nível em 2016 e 2017, mas vamos ignorar isso por simplicidade.

[2] Uma vez que o caso não se foca na projeção e avaliação do FCD, estas projeções podem ser entendidas como uma aproximação, sem a necessidade de explorar a lógica correspondente.

3) O governo deve dar algum dinheiro a pessoas que foram "enganadas" por antigos consultores do BE, com produtos financeiros "sem risco"?
4) Os obrigacionistas seniores do BES têm o direito de levar o Banco de Portugal a tribunal, depois deste ter decidido devolver as obrigações do Novo Banco ao BES?

4.5 Política

Deve o governo intervir em bancos privados? Como é que o governo pode proteger os depósitos populacionais numa instituição privada? É a sua função fazê-lo? Quem deve pagar a conta?

5 Anexos

5.1 Anexo A: Marketing para o Novo Banco

O marketing para o Novo Banco foi feito com o símbolo de uma borboleta e o subtítulo "Um bom começo" - a ideia era criar uma nova marca, criada a partir dos ativos do BES, dando a este novo banco um excelente começo, uma vez que começaria com um grande número de clientes e a mesma cobertura nacional que o BES tinha. Foram feitas massivas campanhas para que as pessoas se sentissem seguras com o banco. A borboleta representava a capacidade de transformação e renovação.

A borboleta foi então substituída por um símbolo das suas asas, no final do nome do banco, representando um poder matemático (Mkt NB, 2014). Isto simbolizava "o futuro crescimento e compromisso assumido da equipa do Novo Banco de voltar a colocá-lo numa posição de liderança", como mencionado no seu comunicado de imprensa.

A próxima imagem é traduzida como "novo banco, hábitos antigos". Esta mensagem pode parecer estranha, especialmente porque o Novo Banco veio do BES e o BES faliu devido a uma má gestão e corrupção. No entanto, o BES era previamente visto e percecionado como um banco muito bom, onde os gestores de conta acompanhavam de perto os seus clientes. Esta mensagem pretendia instruir os seus clientes para que devessem e pudessem continuar a utilizar o Novo Banco da mesma forma que utilizavam o BES.

**NOVO BANCO'
VELHOS HÁBITOS.**

5.2 Anexo B: Mensagem do Conselho de Administração do BES no final de 2014[1]

Segue-se o comunicado oficial do conselho de administração nomeado pelo Banco de Portugal para gerir o BES no contexto da resolução do banco.

5.2.1 Contexto – A medida de resolução

O atual Conselho de Administração do Banco Espírito Santo, S. A. (BES) foi nomeado pelo Banco de Portugal, a 3 de Agosto de 2014, com mandato de um ano, respeitando o quadro da resolução aplicada, na mesma dada, a esta Instituição, sendo o seu mandato prorrogado pelo Banco de Portugal em 30 de Julho de 2015, com efeitos a partir de 3 de agosto do mesmo ano, até à data da revogação da autorização do BES para o exercício da atividade ou até ao prazo máximo de um ano.

O BES é uma instituição com raízes no século XIX, sendo uma das instituições bancárias mais antigas de Portugal. Devido ao trabalho, capacidade e dedicação dos seus mentores e de todos os que nele trabalharam ao longo destas décadas, é um dos bancos de maior prestígio em

---

[1] Extraído (e adaptado em algumas partes) de (BES 2014C)

Portugal, sendo reconhecido nacional e internacionalmente. Infelizmente, porém, resultado de um conjunto de acontecimentos que deram origem a uma crise dramática na Instituição, que deu origem à sua resolução, muitas pessoas sofrem com grandes perdas que se verificaram, a diferentes níveis, em diferentes títulos e com diferentes latitudes, e sentem, de forma muito compreensível, que a sua confiança foi traída.

Com a aplicação da medida de resolução, a natureza do BES, enquanto instituição e o seu estatuto jurídico foram profundamente alterados. Desde então, e com base no efeito da resolução aplicada pelo Banco de Portugal em 3 de Agosto de 2014, quase todos os ativos, passivos, elementos extrapatrimoniais e ativos geridos pelo BES foram transferidos para um novo banco – Novo Banco, S. A. No âmbito do BES foi mantido um conjunto residual de ativos, identificado nas deliberações do Banco de Portugal relativas à resolução. Tais ativos são, essencialmente, créditos sobre entidades do Grupo Espírito Santo, a maioria com uma taxa de recuperação muito baixa, e as três subsidiárias, todas, por diferentes razões, com situações muito complexas (Banco Espírito Santo Angola, com sede em Luanda, Espirito Santo Bank, em Miami, Estados Unidos e uma participação de 40% do Aman Bank for Commerce and Investment, em Tripoli, Líbia).

No passivo, as responsabilidades relativas aos detentores de obrigações subordinadas e os passivos contingentes relativos à Oak Finance Luxembourg, S. A. (de acordo com as deliberações do Banco de Portugal de 22 de Dezembro de 2014 e de 15 de Setembro de 2015) têm vindo a aumentar substancialmente e, também, as entidades e depósitos privados especialmente relacionados com o BES.

Todos os recursos humanos, logísticos e operacionais que anteriormente pertenciam ao BES, foram também transferidos para o Novo Banco, S. A. Por outro lado, desde 3 de Agosto de 2014, em cumprimento de determinação do Banco de Portugal, o BES está proibido de receber depósitos e conceder créditos e utilizar fundos em qualquer tipo de ativo, exceto na medida em que a aplicação de fundos considere necessário para a preservação e valorização do seu ativo. Além disso, não está obrigado a cumprir as normas prudenciais aplicáveis.

Entre 3 de Agosto de 2014 e 3 de Agosto de 2015 ficou isento do cumprimento pontual das obrigações contraídas antes da data da resolução, salvo se esse cumprimento se revelar importante para a preservação e valorização dos seus ativos. Neste caso o Banco de Portugal pode autorizar, mediante a proposta do BES, as operações necessárias para o efeito. A partir de 3 de Agosto de 2015, este aspeto é regulado pelo disposto no artigo 145° L, No. 7 do Regime Geral das Instituições de Crédito e Sociedades Financeiras (RGICSF), conforme indicado no Decreto – Lei n.° 140/2015, de 31 de Julho, pelo qual as obrigações contratadas antes da aplicação da medida de resolução, que não tenham sido transferidas para a instituição de transição "não são exigíveis à instituição objeto da resolução, com a exceção daquela cuja realização o Banco de Portugal determinar ser importante para a preservação e valorização do seu ativo". O BES mantém a licença bancária, uma vez que a mesma não foi (ainda) revogada, contudo, o âmbito da sua atividade está profundamente restringido em virtude das proibições e despedimentos que visam aspetos nucleares da atividade bancária.

No entanto, tal revogação irá necessariamente ocorrer, pois esse é um dos compromissos assumidos pelo Estado Português relativamente à Decisão da Comissão Europeia que aprovou a ajuda do Governo, o que ajudou à resolução do BES ao Novo Banco, S. A. (Decisão n.°. SA. 39250 (2014/N)). Quando a licença for revogada, o BES estará, por força da lei, em processo de liquidação judicial.

5.2.2 Situação Única

A resolução do BES foi a primeira resolução de um banco em Portugal. Foi realizada ao abrigo da lei criada em 2012, mesmo antes da Diretiva 2014/59/EU do Parlamento Europeu e do Conselho Europeu de 15 de Maio de 2014, que estabeleceu um quadro Europeu para a recuperação e resolução de instituições de crédito e empresas de investimento. A sua transposição, efetuada pela Lei no 23 – A/2015, de 26 de Março, representou um passo importante para a implementação da União Bancária Europeia mas, no que respeita à resolução do BES, não constituiu um aspeto adicional do processo de complexidade em virtude dos problemas recorrentes da sucessão da legislação e da sua aplicação no tempo.

É, então, correto afirmar que a resolução do BES constitui uma situação única, não só em Portugal mas também na União Europeia, com a dificuldade extra de ser aplicada num banco de grandes dimensões, o terceiro a operar em Portugal. Por isso, cria uma dificuldade aos seus membros, incluindo o Conselho de Administração, mas também o estímulo, de acontecimentos pioneiros, em que não há experiência anterior para lidar com os desafios enfrentados.

5.2.3 Condições de trabalho da equipa de gestão do BES

O contexto no qual a atual equipa de gestão do BES deve desempenhar as suas funções é fortemente restritivo em diversos aspetos e muito atípico. Estes constrangimentos relacionam-se, em grande medida, com questões suscitadas para cumprir a necessária resolução do quadro legal em que os poderes são conferidos ao Banco de Portugal, bem como resultantes da decisão da Comissão Europeia acima referida.

Assim, a proteção dos interesses dos acionistas e credores do BES apenas pode ser exercida quando existir um enquadramento legal para a resolução, nomeadamente tendo em conta os princípios orientadores e objetivos da medida determinada pelo Banco de Portugal. A maior dificuldade de gestão reside no facto de o atual BES dever começar a funcionar, de imediato, sem ser dotado de uma estrutura. Assim, tivemos de criar uma nova estrutura-um novo BES-e, ao mesmo tempo, cumprir as obrigações de vários tipos, às quais estávamos ligados.

Dado este quadro geral, na primeira reunião do Conselho de Administração realizada a 5 de Agosto de 2014, definimos as seguintes linhas de prioridades:

• Dar ao BES uma nova estrutura de operação que permita o desenvolvimento da sua nova missão;

• Assegurar o cumprimento de todas as obrigações legais, nomeadamente as obrigações fiscais e regulamentares a que o BES está vinculado;

• Preservação e valorização dos seus Ativos sempre que possível;

• Colaborar, dentro do enquadramento legal aplicável, com as entidades que estejam a investigar a anterior equipa de gestão do BES para identificar quaisquer atos lesivos para a instituição e proceder aos instrumentos ao seu dispor, à sua avaliação, de modo a desencadear iniciativas relevantes;

A nossa gestão tem estado centrada no cumprimento destes objetivos. O Relatório de Gestão agora apresentado explica, de uma forma bastante detalhada, a forma como esses objetivos foram cumpridos e sinaliza os principais resultados da gestão.

Assim, consideramos que é importante explicar alguns factos. Em primeiro lugar, importa referir que o atraso no reporte não pode ser dissociado da extrema complexidade e do caráter inovador da atual situação do BES, tendo-se verificado que apenas em 7 de Agosto de 2015 houve condições para divulgar ao mercado as contas a 4 de Agosto de 2014, base indispensável para a submissão das contas a 31 de Dezembro de 2014, agora publicadas, as quais relatam os desenvolvimentos relevantes ocorridos posteriormente. Importa também referir que a ação desta administração é objeto de monitorização não só pelos poderes normais do órgão de fiscalização-o Conselho Fiscal-e do auditor externo, mas também pelos poderes que a lei confere ao Banco de Portugal para lidar com os bancos objeto de resolução e também para acompanhar a posição de uma entidade independente, a maneira como os compromissos estão a ser implementados que resultam para o BES da Decisão da Comissão Europeia anteriormente referida, que envolve os relatórios semestrais a serem submetidos a esta Comissão.

A situação que levou à resolução do BES causou enormes perdas a milhares de pessoas e entidades, e também gerou, como seria normal numa situação destas, um contexto emocional intenso. Consciente da importância de responder às necessidades de compensação dos interesses dos titulares no BES, esta administração, desde o início das suas funções, procurou dialogar com todos aqueles que queriam uma explicação, expondo os contornos da medida de resolução e respondendo a inúmeras questões. Para dar uma resposta mais eficaz a este pedido de informação, o BES institucionalizou canais específicos de comunicação, através de vários endereços de e-mail, de forma a não deixar ninguém sem resposta. Criámos também um novo website, adaptado à nova Organização do BES.

Por outro lado, este Conselho de Administração entende que a melhor forma de lidar com a complexidade e especificidade do seu mandato é abordar todas as questões que enfrenta, tendo como critério decisivo de atuação o Estado de direito e a observação dos princípios estruturais do Estado de Direito. De facto, se tal critério de atuação é fundamental em qualquer circunstância, torna-se ainda mais imperativo para uma instituição com o atual estatuto jurídico do BES. Note-se também, a outro nível, que um dos princípios orientadores para implementação da medida de resolução (cf. Artigo 145 – B, parágrafo 1, alínea c) do RGICSF, com a redação em vigor à data de mensuração da resolução) é que nenhum credor pode assumir um prejuízo superior ao que aconteceria se, em vez de ser objeto de resolução, o BES tivesse entrado imediatamente em liquidação. Para concretizar este principio, a lei prevê que seja efetuada uma avaliação, a cargo de uma entidade independente designada pelo Banco de Portugal, às custas do BES, para efetuar uma estimativa do nível de cobrança de créditos de cada classe de credores, de acordo com a ordem priorizada estabelecida pela lei, um cenário de liquidação do BES imediatamente anterior à implementação da medida de Resolução (cf. Artigos 145 – F, parágrafo 6 e 145 – H, n. No. 4, ambos do RGICSF na redação em vigor à data da medição da extinção).

Tal avaliação está em curso e é um elemento muito importante para o resultado da resolução da medição. Com efeito, o disposto no artigo 145 – B, parágrafo 3, do RGICSF, também na redação em vigor à data de deliberação, implica que se no final da liquidação do BES se verificar que os credores da instituição, cujos não créditos foram transferidos para o Novo Banco, assumiram uma perda superior ao montante estimado na referida avaliação, nomeadamente que receberam menos do que receberiam se o BES tivesse entrado em liquidação imediatamente antes da medida de resolução, têm o direito a receber, no Fundo de Resolução, essa diferença.

Em termos de resultados de gestão, acreditamos ser importante salientar que, apesar de todas as dificuldades, esta administração tem, um pouco mais de um ano para recuperar montantes significativos de crédito, aumentando de forma muito expressiva as suas disponibilidades de tesouraria face ao valor de 10 milhões de euros que ficaram na instituição devido à implementação da medida de resolução. As questões fiscais, nas suas múltiplas implicações relativas a um quadro jurídico que deixa margem para muitas dúvidas são também um tema gerador de grandes dificuldades, como se percebe neste relatório. Além disso, a situação das subsidiárias do BES foi sempre uma preocupação central. Com efeito, tudo o que fosse menos favorável à aprovação deste plano, para além dos efeitos negativos no BES, poderia conduzir a perdas adicionais, de reputação, para o sistema financeiro Português, o que exigiu uma maior diligência para evitar tal cenário. Neste sentido, não deixamos de salientar o facto de termos conseguido, em condições extremamente difíceis, a venda da participação no Aman Bank e, também, o acordo feito para a venda do ES Bank em Miami, que continua a aguardar a aprovação das autoridades reguladores das Estados Unidos, mas cujos sinais mais recentes são muito encorajadores.

5.2.4 Situação de Best – Effort

Aceitamos o cargo de Direção do BES nesta situação muito especial, com uma noção clara das enormes dificuldades da missão, mas não podemos antecipá-las a todas, na medida em que se trata de uma experiência que, como já referido, é incomparável. Propusemo-nos a fazer o melhor que pudemos, olhando para a dimensão da missão, contribuindo para a resolução da delicada situação com a qual o sistema financeiro se viu confrontado em Agosto de 2014. É isso que vamos continuar a fazer.

Capítulo X Estudo de Caso – EDP

1 Texto

Este caso retrata os problemas que uma empresa produtora de energia enfrentou em Portugal, na sua transição de empresa pública para a privatização. O Governo Português concedeu à EDP subsídios generosos para garantir os seus lucros futuros e sucesso da privatização, mas alguns anos mais tarde, após a EDP estar totalmente privatizada, houve uma grande pressão política para reduzir esses subsídios. O presente caso descreve os principais passos dados pela EDP desde a sua criação e privatização, culminando no final de 2017, onde foi duramente criticada pelos media e partidos políticos, devido ao alto valor dos subsídios qua tinham sido concedidos à empresa pelo Governo Português no passado, quando ainda era uma empresa pública, e a renegociação desses mesmos subsídios após ter sido privatizada. O presidente da EDP, António Mexia, estava sob investigação policial por ter liderado as negociações de renegociação em 2007, e temia-se que os investidores da EDP pudessem abster-se de investir na empresa. Deveria a EDP fazer campanha para limpar o seu nome, ou seria melhor deixar cair o assunto com o passar do tempo?Pode o valor das ações ser afetado?Deverá a EDP preparar-se para a perda de rendimento devido a uma eventual redução de subsídios?

1.1 Os Anos Iniciais

A EDP foi criada em 1976, após a fusão de 13 empresas que tinham sido nacionalizadas no ano anterior, tornando-se o (único) fornecedor de energia de Portugal. O nome significava "Eletricidade de Portugal". Enquanto empresa estatal, foi responsável pelo fornecimento de eletricidade para todo o país, pela modernização e extensão das linhas de distribuição de energia, pelo planeamento e construção do parque nacional produtor de eletricidade e pela conceção de uma tarifa única para todos os seus clientes.

Em meados dos anos 80, a distribuição de energia elétrica da EDP cobria 97% do território continental e assegurava 80% do país com eletricidade de baixa tensão. Em 1991, o Governo Português decidiu alterar o estatuto jurídico da EDP de empresa privada para Sociedade Anónima (Sociedade Anónima – SA). Em 1994, após uma restruturação profunda (do qual surgiu a REN (Redes Energéticas Nacionais[1])), o grupo EDP foi criado.

1.2 Os Subsidiários de Energia Iniciais

Em 1995, foram celebrados os CAE (Contratos de Aquisição de Energia) entre o Governo Português (via RNT – Rede Nacional de Transporte) e todos os produtores de energia elétrica, para garantir preços controlados de energia em Portugal e preparar a privatização da EDP, garantindo a maior parte dos lucros futuros da empresa. Os CAEs de longo prazo (cerca de 30 anos) iriam garantir que as centrais elétricas da EDP venderiam a totalidade da eletricidade produzida a preços fixos

---

[1] Originalmente, a REN foi apelidada de "Rede Elétrica Nacional", mas mais tarde o seu nome foi alterado para Redes Energéticas Nacionais. Hoje (depois de 2006), Podemos dizer que a REN opera a RNT (Rede Nacional de Transporte).

(de acordo com as condições técnicas e comerciais definidas no contrato) à entidade concessionária da RNT, garantindo assim fluxos de caixa futuros sem qualquer risco de mercado. As tarifas aplicáveis aos clientes finais do Sistema Elétrico de Serviço Público (SEP) (e também às partes de transmissão e distribuição) foram reguladas pela Entidade Reguladora dos Serviços Energéticos (ERSE).

Em Junho de 1997, a EDP entrou na sua primeira fase de privatização, vendendo 30% do seu capital. Foi uma operação de grande sucesso, em que a procura foi 30x superior à oferta, transformando mais de 800 mil portugueses (cerca de 8% da população) em novos acionistas da EDP. As fases adicionais da privatização ocorreram em Maio de 1998, Junho de 1998, Outubro de 2000, Novembro de 2004 e Dezembro de 2005. Em 2013, foram vendidos os últimos $4,144\%$ do capital do Governo (a $2,35€/$ação), perdendo-se a totalidade da presença pública no capital da EDP.

Em Novembro de 2000, A REN deixou o grupo EDP, em cumprimento da diretiva 96/92/CE de 19 de Dezembro de 1996, que impunha a separação jurídica entre as empresas responsáveis pela gestão da rede de distribuição de energia elétrica e empresas responsáveis pela produção e distribuição de eletricidade.

Em 2004, e para cumprir com a diretiva da Comissão Europeia de promoção da livre concorrência (Diretiva 2003/54/CE) no mercado Ibérico de energia (MIBEL), o CAE devia ser abolida para a maioria dos fornecedores de energia.

Entretanto, foi em 2005 que António Mexia iniciou o seu papel como presidente da EDP, substituindo o antigo presidente João Talone. Antes disso, foi membro executivo do Conselho de Administração do Banco Espírito Santo (1992 – 1998) e passou a vice-presidente do Conselho de Administração (2000–2001). Na Galp Energia, foi Presidente da Comissão Executiva (2001–2004) e Presidente do Conselho de Administração da Gás de Portugal, Transgás e Transgás Atlântico. Para finalizar, entre 2004 – 2005, foi nomeado Ministro das Obras Públicas, do Governo liderado por Pedro Santana Lopes[1].

---

[1] Este foi o XVI Governo Constitucional de Portugal, e foi nomeado pelo Presidente de Portugal, Jorge Sampaio, após a demissão do antigo Primeiro – Ministro Durão Barroso, que passou a ser Presidente da Comissão Europeia (2004–2014).

1.3 Liberalização do Mercado

O mercado Português de energia foi liberalizado em 2006, e muitos fornecedores começaram a operar em Portugal. Os clientes tiveram de escolher o seu fornecedor; foram automaticamente transferidos para a EDP – SU(Serviço Universal) que tinha uma tarifa regulada(e superior) à da livre concorrência, antes de escolherem o seu novo fornecedor-a maioria dos clientes simplesmente mudou para a EDP Comercial, sobretudo através de um procedimento simplificado que podia ser concluído por telefone sem qualquer assinatura formal(os clientes estavam efetivamente na mesma empresa) e tinham preços substancialmente inferiores aos da EDP – SU, enquanto os novos concorrentes requeriam um contrato assinado e informação acerca das condições atuais de energéticas(e tinham preços marginalmente inferiores ao da EDP Comercial). A liberalização do Mercado ditou que todos os produtores de energia estivessem em concorrência aberta, ditando o fim do CAE(embora na realidade não fosse assim tão simples como isso, como brevemente explicado um pouco mais abaixo).

1.4 Os Subsídios de 2007 em diante

O final do CAE foi negociado apenas para dar origem aos CMECs(Custos para a Manutenão do Equilíbrio Contratual) (Observador, 2017a). Os CMECs entraram em vigor a partir de Julho de 2007 em diante(com base nas taxas de referência de mercado megawatt/hora para os anos correspondentes, tendo os parâmetros de mercado originais de 2004 sido atualizados), e basicamente serviram como compensação pelo fim do CAE[1]. A Comissão Europeia aprovou o CMEC(relutantemente), se o total dos pagamentos ao longo da vida do CMEC não excedesse um máximo de 5,5M€. Os CMEC seriam financiados pela tarifa de energia cobrada aos utilizadores finais, com base numa estimativa global revista a

---

[1] "Turbogás" e a "Central do Pego", duas fornecedoras de energia fora do grupo EDP, optaram por permanecer na CAE(o que gerou alguma controvérsia; mas parecia que legalmente as fornecedoras podiam optar por permanecer na CAE). O grupo EDP cumpriu com os CMECs para fins políticos e assegurou que os cálculos do CMEC fossem "financeiramente equivalentes" aos da CAE.

cada ano.

Em 2007, o Governo Português também negociou uma prorrogação do contrato de arrendamento de 27 centrais elétricas, com a EDP a pagar 759M€. Outra concessão muito controversa foi a licença de exploração da central a carvão de Sines *ad eternum*, que foi atribuída à EDP sem qualquer compensação estatal.

1.4.1 CMECs sob Escrutínio - o Estudo da ERSE

A forma como os parâmetros de mercado dos CMECs foram redefinidos em 2007 foi analisada pela Comissão Europeia, em 2012, na sequência de uma denúncia oficial. Contudo, a Comissão rejeitou-a, afirmando que prevaleceram os mesmos fundamentos discutidos em 2004 (nomeadamente, a Comissão não classificou o CMEC como um caso de auxílio estatal). A prorrogação dos contratos de arrendamento das 27 centrais elétricas também foi objeto de denúncia por violação da livre concorrência (não foi realizado nenhum concurso público para os novos contratos de arrendamento das centrais elétricas, por exemplo), mas a Comissão Europeia também a rejeitou após uma investigação própria, afirmando que os valores envolvidos estavam de acordo com as condições do mercado.

No entanto, e na sequência de queixas apresentadas em 2012, o Ministério Público português estava também a investigar ambos os casos ao lado da adjudicação da central a carvão de Sines, tendo realizado uma rusga à EDP, à REN e à consultora Boston Consulting Group em Junho de 2017, para investigar eventuais reclamações por corrupção passiva e ativa (Observador, 2017b). No total, acreditava-se que o benefício total excessivo para a EDP era superior a 1.000M€, 510M€ dos CMECs e o restante dos acordos de licenciamento. Apesar de tudo isto, o outlook das ações da EDP manteve-se favorável (Dinheiro, 2016).

Em 2012, a Universidade de Cambridge publicou o seu estudo sobre a rentabilidade efetiva do CMEC, tendo estimado a rentabilidade efetiva do CMEC em 14,2%; significativamente acima do WACC de 7,55% utilizado para definir os padrões do CMEC. O CEO da EDP, António Mexia, descartou prontamente os resultados, acusando o estudo de cometer erros grosseiros e básicos.

Em Março de 2012, o Secretário de Estado da Energia, Henrique Gomes, demitiu-se do Governo, alegadamente devido à pressão do lobby da energia, que foi exercido após a elaboração de um relatório destinado aplicar cortes excessivos nas rendas do setor elétrico português, particularmente da EDP, no montante de 165 milhões de euros por ano. Estas políticas foram consignadas no Memorando de Políticas Económicas e Financeiras celebrado em Maio de 2011, mas nunca foram postas em prática; em Negócios(2013), esta situação é descrita com mais detalhe.

De 2007 a 2017, foram pagos cerca de 2.500M€ à EDP através dos CMECs (média de 250M€ por ano). Em 2017, o Governo Português esperava um relatório de análise de ERSE para calcular e justificar o valor excessivo pago à EDP e, de alguma forma, cobrar à EDP esse montante. Em Esquerda(2016) é explicado que cerca de 33,3% dos lucros da EDP antes de impostos provêm dos CMECs, entre 2009 e 2012, e eleva a média de 250M€/ano para 370M€/ANO nos anos mais recentes.

O estudo da ERSE sobre o CMEC revelou que a EDP deveria receber 154 milhões por ano entre 2017 e 2027 – um valor substancialmente diferente dos 256 milhões de euros que resultaram de um estudo similar feito pela EDP e pela REN. A ERSE referiu ainda que a EDP foi paga em 510 milhões de euros a mais nos contratos CMEC entre 2007 e 2017(conforme mencionado anteriormente). A EDP exigiu que o estudo fosse disponibilizado para análise, mas o seu pedido foi negado. A EDP recebeu um relatório com o resumo e principais resultados do estudo, mas mesmo assim optou por colocar a ERSE em julgamento para disponibilizar todo o documento do estudo. A EDP também se voluntariou para ajudar na validação(e correção) dos números(Observador, 2017C).

Isto aconteceu enquanto a EDP estava sob escrutínio após suspeitas de ter instruído o Governo Português sobre como redigir a legislação relativa ao CMEC. As suspeitas tiveram origem no conteúdo de alguns emails trocados entre o presidente da EDP, António Mexia, o administrador da EDP, João Manso Neto e o antigo Ministro da Economia, Manuel Pinho e membros do seu gabinete, que serviram o Governo do PS-o partido político no poder na altura-liderado por José Sócrates(o antigo primeiro-ministro que já tinha sido detido por corrupção). O comentário da EDP sobre o assunto foi que havia uma forte relação colaborativa com o Governo, e que tal relação também incluía "ajudar o Governo a tomar as melhores decisões sobre o sector energético" (Observador, 2017d).

Capítulo X | Estudo de Caso – EDP

1.4.2 CIEG – O Maior Subsídio que Inclui os CMECs

A tarifa elétrica dos portugueses é também analisada em detalhe em Esquerda (2016) e, como resultado desse estudo, verificou-se que 33,3% da tarifa estava relacionada com o CIEG (Custos de Interesse Económico Geral). Estes custos não só financiaram os CMECs (cerca de 17% do CIEG) mas também as energias renováveis (66,7% do CIEG); o que significa que o principal custo de subsídio pago pela população não foram os (muito discutidos) CMECs, mas o custo das energias renováveis, pesando cerca de quatro vezes mais do que os CMECs! Quase toda a produção em "regime especial" (energias renováveis como a eólica, a cogeração, a solar, a biomassa, a mini-hídrica) teve a sua venda garantida, desde que entrou na rede para utilização. Aos produtores de energias renováveis foi assegurada uma tarifa estável, sem qualquer concorrência de mercado, superior à das centrais elétricas, por um período entre 15 e 20 anos, pelo que o investimento inicial foi totalmente recuperado, incluindo juros. Em 2016, os custos adicionais desta energia ascenderam a 1.250M€, 2/3 do CIEG (Figura 10.1).

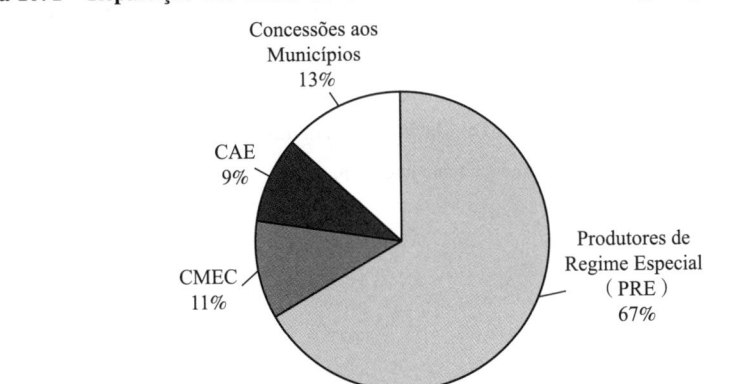

Figura 10.1 Repartição dos custos do CIEG no Setor Elétrico Português para 2016 (fonte: ERSE)

- Concessões aos Municípios 13%
- CAE 9%
- CMEC 11%
- Produtores de Regime Especial (PRE) 67%

Falou-se muito sobre estas "rendas excessivas" e deviam ser tomadas como algo que o Governo Português poderia tentar renegociar em breve. Da Figura 10.2, podemos ver que os preços na empresa renovável da EDP foram muito superiores para Portugal do que para o resto do mundo; com apenas 7% de produção em Portugal, as renováveis da EDP tiveram 21% dos lucros das suas operações em

Portugal, sinalizando claramente que os preços foram excessivamente estimados.

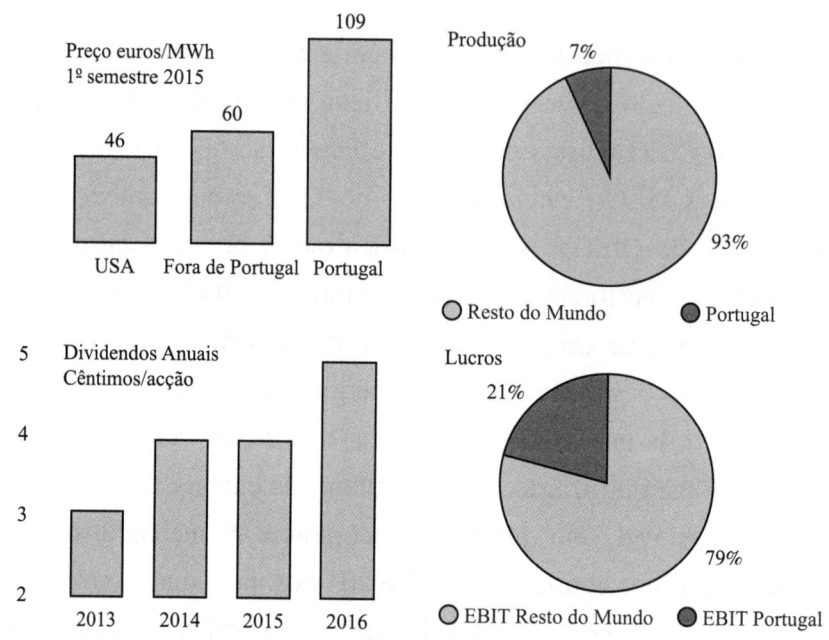

Figura 10.2　As estatísticas das Renováveis da EDP

Outra preocupação do Governo Português foi a Dívida Pública Tarifária de Energia (Figura 10.3). Em 2008, o Governo Português invocou preocupações sociais e adiou a faturação aos consumidores de uma parte do CIEG. Isto levou a que a Dívida Pública Tarifária de Energia fosse cobrada mais tarde, com taxas de

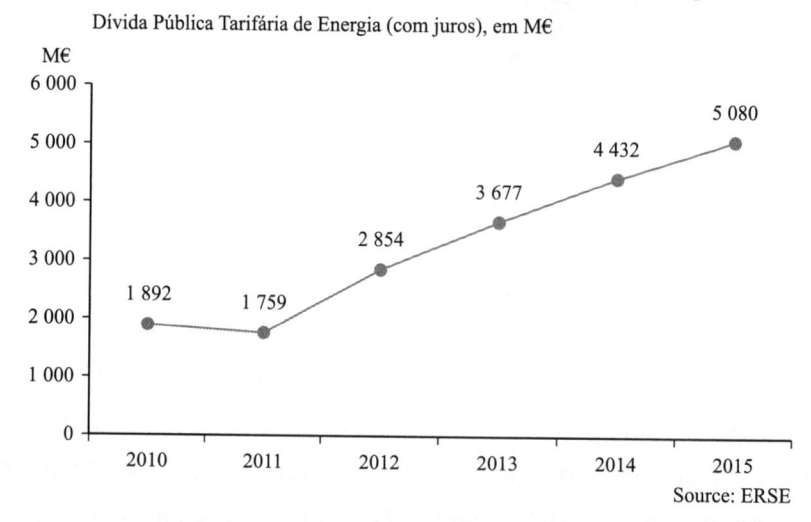

Figura 10.3　Evolução da Dívida Pública Tarifária de Energia.

Source: ERSE

juro que variavam entre 2% e 6%, dependendo dos anos. A EDP prontamente transformou isto num novo negócio e vendeu grande parte desta dívida a fundos internacionais. A dívida tem vindo a aumentar devido a novos adiamentos de pagamentos por parte do Governo, para "proteger" os consumidores, atingindo rapidamente mais de 5.000M€.

1.4.3 CIEG – Custos Adicionais (difíceis de explicar)

Custos adicionais supérfluos também persistiram para a "disponibilidade de recursos para necessidades excecionais", também chamada de "garantia de excesso de energia". Do lado do fornecedor, as centrais da EDP e da Endesa tinham estados "standby" em caso de necessidade (que raramente é utilizada), custando ao consumidor final 33M€/ano no CIEG-houve forças dentro do Governo Português que queriam mudar esta situação, querendo apenas pagar pela capacidade excedentária em caso de necessidade (e não tem um valor contratual fixo, quer haja necessidade ou não), e por leilão, no futuro.

Outro serviço que foi também cobrado aos consumidores finais foi o da procura, nomeadamente com unidades industriais que consumiam grandes quantidades de energia. Estas unidades (cerca de 50 no total) receberam parte do CIEG para reduzir a sua ingestão de energia em caso de necessidade. Este serviço nunca foi usado pela REN, uma vez que a garantia de excesso de potência já era assegurada pelas centrais; porém, o valor deste serviço tinha vindo a aumentar, atingindo 110M€ em 2015 (tendo sido de 55M€ em 2011), conforme ilustrado na Figura 10.4.

1.4.4 Regime de Compensação e Supervisão do CMEC

A fórmula do CMEC para o cálculo do diferencial pago à EDP consistiu em dois tipos de remuneração: uma parcela fixa e uma parcela variável. A parcela variável tinha três componentes essenciais; um ajustamento ligado à disponibilidade da central elétrica, um ajustamento ligado às margens brutas do mercado e uma componente final ligada às receitas dos serviços de sistema. Esta última parcela (serviços de sistema) permitiu à central elétrica oferecer a sua capacidade para preencher as lacunas entre a oferta e a procura, compensando eventuais desequilíbrios.

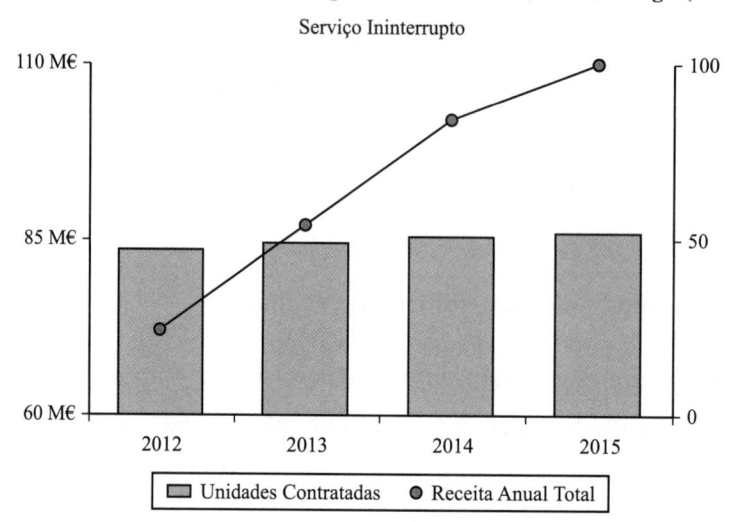

Figura 10.4 Custos da disponibilidade para reduzir o consumo de energia (fonte: REN)

Serviço Ininterrupto

[Gráfico de barras e linha mostrando Unidades Contratadas (barras: ~82 M€ em 2012, ~85 M€ em 2013, ~85 M€ em 2014, ~85 M€ em 2015) e Receita Anual Total (linha crescente de ~25 a 100 entre 2012 e 2015)]

A EDP tinha centrais elétricas com receitas garantidas pelos CMECs e centrais elétricas que vendiam a sua energia no mercado grossista, a um custo variável (sem qualquer compensação CMEC). Em 2014, a AdC (Autoridade da Concorrência) estudou a forma como o CMEC estava a ser aplicado e chegou à conclusão de que existia alguma sobrecompensação para a EDP devido ao facto de os serviços de sistema serem prestados principalmente por centrais elétricas não abrangidas pelo acordo CMEC (aumentado assim os lucros da EDP, que controlava 90% do mercado de serviços de sistema, uma vez que as centrais elétricas CMEC tinham receitas garantidas). Isto levou a AdC (Autoridade da Concorrência) a garantir mecanismos a par da ERSE para verificar se os produtores com contratos CMEC não utilizavam as suas centrais elétricas sem contratos CMEC para os serviços do sistema, maximizando as suas receitas à custa do consumidor. Um dos valores do estudo da AdC é apresentado na Figura 10.5.

Olhando para a Figura 10.5, podemos ver que as centrais elétricas CMEC da EDP contribuíram muito menos para os serviços do sistema do que as centrais elétricas do mercado livre. Através da declaração n° 4694/2014, a ERSE alterou alguns mecanismos no CMEC no sentido de promover uma utilização mais eficiente das centrais CMEC e poupar entre 25M€ – 30M€/ano, de acordo com (Observador, 2016).

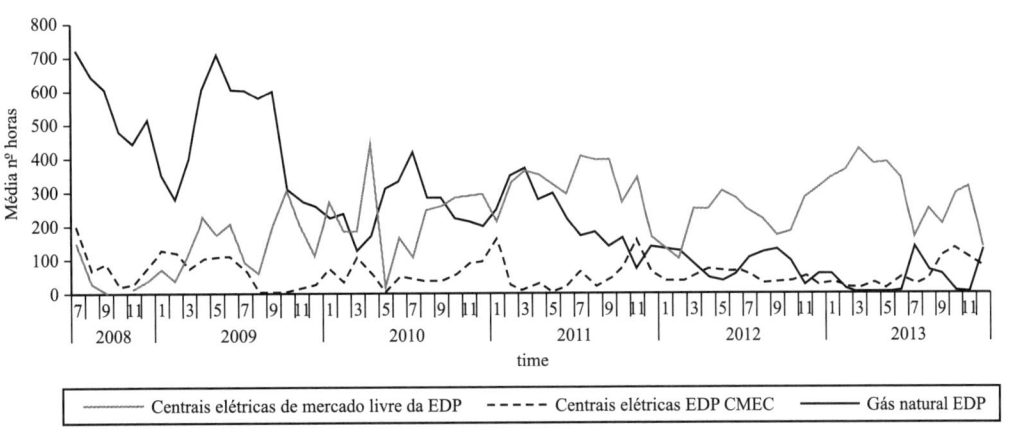

Figura 10.5 Produção de centrais elétricas para serviços de sistema (fonte: REN).

1.5 A EDP age como se fosse um Banco

Em finais de 2006, com a alta do preço da energia e com o peso das rendas elétricas, os custos do sistema elétrico excediam largamente o que era pago nas faturas. A entidade reguladora apontou para aumentos de 15,7% no ano seguinte. O primeiro ministro José Sócrates e o ministro da economia Manuel Pinho não queriam enfrentar o efeito político desses aumentos, mas também recusaram o remédio proposto pelo regulador: reduzir as rendas garantidas às empresas, tal fizeram outros países.

A decisão tomada foi de comprar tempo-e entregar a conta aos consumidores: Pinho manteve as rendas às empresas mas limita os aumentos a 6%. O que fica por pagar converte-se em "défice tarifário", um valor cujo pagamento (com juros) fica para os dez anos seguintes. Nasce a dívida tarifária e a EDP torna-se a instituição de crédito do sistema elétrico.

Ao aceitar "emprestar" aos consumidores o que não cobrava nas faturas, a EDP obviamente deveria cobrar juros, de forma a custear os seus próprios custos na obtenção de financiamento bancário. Porém, houve grande contestação por parte de partidos políticos, maioritariamente de esquerda, uma vez que os juros cobrados pela EDP excediam os custos de capital da EDP, sendo que a eléctrica faturou bastante com este negócio.

Entre 2008 e 2018, a EDP cobrou, só em juros, 1.115 milhões de euros, lucrando com a situação à custa dos contribuintes. No decreto em que Pinho criou a dívida tarifária, ficou também definida a possibilidade de a titularizar, isto é, a EDP tinha o direito de vender à banca partes da dívida tarifária. Sendo altos os juros pagos pelos consumidores em cada ano, os bancos interessaram-se por serem os credores desta dívida e para isso ofereceram à EDP mais-valias milionárias. De acordo com os relatórios e contas da EDP, estas operações de titularização da dívida tarifária representaram 250 milhões de lucros só nos anos de crise Portuguesa entre 2013 e 2017, valor esse que é difícil justificar perante a opinião pública. Estima-se que a operação bancária levada a cabo pela EDP levou a mesma a ganhar, pelo menos, o dobro desse valor (500 milhões de euros), e os partidos de esquerda Portugueses costumam insistir que esse valor deva ser restituído aos contribuintes, através de uma proposta de lei que tenha efeitos retroativos.

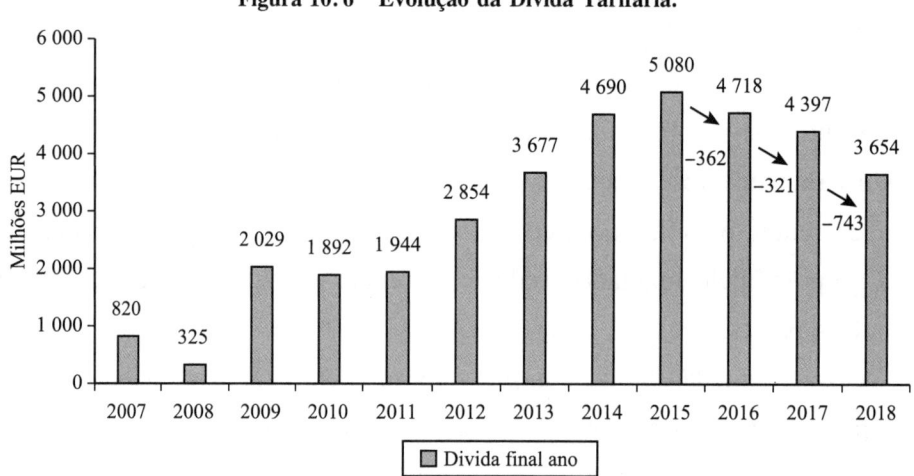

Figura 10.6　Evolução da Dívida Tarifária.

1.6　Últimos Desenvolvimentos Significativos (2014–2017)

1.6.1　Contribuição Extraordinária em Energia

Em 2014, foi criado o Contributo Extraordinário para a Energia (CESE); altura em que todos os setores da sociedade portuguesa estavam a reduzir custos. O CESE tinha como objetivo apoiar o Fundo para a Sustentabilidade Sistemática do Sector Energético (FSSSE) (PLMJ, 2014). O FSSSE visou assegurar a criação de mecanismos de sustentabilidade do sector energético, que incluíam a redução da dívida tarifária e o financiamento das políticas sociais e ambientais do sector energético, a implementação de medidas de eficiência, medidas de apoio às empresas e a minimização de custos para o Sistema Elétrico Nacional através dos CIEGs. O CESE foi calculado em 0,85% sobre os ativos líquidos das empresas. Entre 2014 e 2016, a EDP pagou 180M€ pelo CESE (uma média de 60M€ por ano) e estimando-se que pague cerca de 55M€ em 2017 e 2018 (devido à depreciação dos ativos).

No final de 2017, a EDP decidiu contestar o pagamento do CESE, levando o caso a tribunal; algo que a GALP fez a partir da instauração do CESE. Numa altura em que o Governo Português queria implementar um novo imposto a aplicar aos produtores de energias renováveis, este parecia ser um argumento a mais para uma grande luta (Observador, 2018).

1.6.2 Posição do Mexia na EDP a terminar?

António Mexia estava numa posição delicada na EDP, desde que a CTG (Chine Three Gorfes, a maior acionista da EDP, possuída totalmente pela República Popular da China) pretendia vê-lo substituído antes da assembleia geral de acionistas prevista para abril de 2018 (JN, 2017). Tal ficou a dever-se, sobretudo, ao facto de Mexia ter sido suspeito na investigação da negociação do CMEC, levada a cabo pela polícia judiciária, sob acusações de corrupção. O CTG estava preocupado que a posição de Mexia pudesse enfraquecer seriamente a relação entre a EDP e o Governo Português, especialmente numa altura em que os valores do CMEC estavam em discussão e havia forças significativas no Parlamento Português a querer baixar significativamente os valores do CMEC. Outro tópico especulado que poderia prejudicar Mexia era a possível fusão com o Gas Natural Fenosa, à qual o CTG se opôs.

1.6.3 Concorrentes de menor dimensão a enfrentar dificuldades

Em Novembro de 2017, os concorrentes de menor dimensão da EDP enfrentavam sérias dificuldades devido à seca que a Península Ibérica encarava, aumentando significativamente o preço de retalho da energia desde Outubro de 2016 (Expresso, 2017). A ERSE estava a transferir os clientes dos operadores energéticos falidos (que falharam no pagamento das taxas de acesso à rede) para a EDP – SU (Serviço Universal), que era obrigada a aceitar todos os clientes que o mercado não queria ou não podia fornecer, pelo menos até esses clientes encontrarem um novo fornecedor.

Para além da subida de preços da energia devido à seca, os fornecedores de menor dimensão tiveram também alguns problemas de tesouraria que dificultaram as suas operações; os fornecedores de energia tiveram de pagar as taxas de acesso à rede da EDP Distribuição em 17 dias, mas só seriam pagos pelos seus clientes após 30 a 60 dias. Para além disso, a EDP Distribuição exigiu ainda garantias financeiras equivalentes a 45 dias de tarifas de acesso à rede, exigindo que empresas de menor dimensão tivessem um elevado montante de fundo de maneio (que a maioria obteria através de linhas de crédito de curto prazo).

No final de 2017, o mercado livre de eletricidade em Portugal tinha 4,85 milhões de clientes (o mercado regulado tinha 1,3 milhões). Noventa e sete por cento dos clientes do mercado livre pertenciam às maiores empresas elétricas; a EDP tinha uma quota de 84,3%, a Galp 5,5%, a Endesa 4%, a Iberdrola 2,2% e a Gás Natural Fenosa 0,7%. Os restantes 4,2% estavam nas mãos de empresas fornecedoras do mercado energético; Goldenergy com 2%, Energia Simples com 0,4% e outras operadoras com 0,8%. Relativamente ao volume de energia fornecida (valores de Maio de 2017), a EDP tinha uma quota de 44,2%, a Endesa 18,1%, a Iberdrola 16,1% e a Galp 8,2% (apenas para citar os maiores fornecedores).

1.6.4 Imposto Especial sobre Energia Renovável – Quebras na Coligação Governamental para o Orçamento de Estado 2018

A negociação do Orçamento de Estado Português para 2018 teve um ponto crucial envolvendo um imposto a aplicar aos produtores de energias renováveis (a parte do PRE e do CIEG). O partido político BE (Bloco de Esquerda-partido de esquerda) defendeu a criação de um imposto para pagar a dívida da Dívida Pública Tarifária de Energia, a cobrar a todos os produtores de energia sob regime especial, nomeadamente com uma remuneração garantida a partir de 1 de Janeiro de 2018. Este imposto especial tinha sido acordado entre o BE e o PS (Partido Socialista que governava com o apoio parlamentar de outros partidos, sendo o BE um desses partidos), mas o PS voltou atrás com a sua palavra na hora da votação (na verdade, eles primeiro votaram favoravelmente e depois pediram uma revogação, mudando o seu voto para negativo), causando algumas fissuras e acusações sérias dos seus aliados governantes (Dinheiro, 2018). O Orçamento do Estado foi ainda aprovado pelas forças governamentais, mas foram criadas feridas graves, com acusações de lobismo (*lobbying*), corrupção e alegações de que o PS era governado por poderosos CEOs de algumas empresas, e não pelos seus ministros e políticos. O imposto (30% do sobrecusto em relação aos preços de mercado) deveria render uma receita anual de cerca de 250 milhões de euros, e a sua demissão foi vista pelos comentadores como o início do fim da coligação governamental. Cinco grandes empresas representavam 68% da capacidade eólica instalada no final de 2016 e, de acordo com as contas do jornal Expresso, estas cinco empresas tiveram um lucro de 167 milhões de euros no referido ano. A EDP Renováveis Portugal liderou (60 milhões €), seguida da Iberwind (43 milhões €), Generg (32 milhões €), Finerge (21 milhões €) e Trustwind (12 milhões €). A principal razão oficial para recuar nesta proposta foi um aviso de que os bancos que financiaram estes projetos poderiam ser afetados por eventuais falências das empresas eólicas, que poderiam passar de uma situação de lucro para uma situação de falência (Expresso, 2017b).

1.6.5 Resposta Negativa da EDP à Conscientização Pública Negativa

Em Dezembro de 2017, o presidente da EDP, Eduardo Catroga, escreveu um artigo com o objetivo de mitigar o atual estado de espírito e opiniões.

Segundo Catroga, o setor energético em Portugal recebeu menos subsídios em energias renováveis (eólica e solar, excluindo a energia hídrica) do que a média Europeia; países como a Itália, República Checa e Alemanha foram os que apresentaram maiores valores. Apesar da produção de energia eólica e solar ter vindo a reduzir custos ao longo dos anos devido aos avanços tecnológicos, o setor energético ainda exigia previsibilidade nos preços de venda dessas fontes de energia renováveis, uma vez que o mercado grossista na Península Ibérica era muito volátil e os preços variavam de hora a hora, principalmente ditados pelos custos variáveis das centrais de carvão e gás natural-algo sobre o qual as centrais de energias renováveis não têm controlo. Outro motivo de preocupação era que, à medida que o mix de energias renováveis aumentava, havia uma pressão contínua para afundar os preços grossistas, uma vez que os custos variáveis dessas tecnologias eram praticamente inexistentes-para controlar esta espiral recessiva, um grande número de países tinha vindo a predeterminar o valor das energias renováveis através de leilões, com preços acordados para os próximos 15–20 anos. Esta previsibilidade permitiu reduzir o custo de capital das empresas, beneficiando o consumidor final.

  A figura seguinte apresenta o resultado de uma análise do custo médio ponderado do capital para o investimento em energia eólica terrestre na Europa (2015). Os principais fatores que contribuíram para o WACC foram o risco[1] do país e o risco associado às políticas regulatórias de cada país. Também se observou neste estudo(incitado no artigo de Catroga)que o WACC em cada país poderia baixar até 15% se todos os países tivessem um nível de risco ótimo.

  Na questão das chamadas"rentas energéticas excessivas", Catroga explicou a origem dos CAE e dos CMECs. Explicou que a EDP apenas aceitou a conversão dos CAEs para CMECs devido à 5ª fase de privatização, tendo mencionado na perspetiva da altura que só aceitaria a transição CAE – CMEM se a solução fosse "economicamente neutra e equivalente" e, ao mesmo tempo, "certificada por entidades independentes". Outro aspeto que foi discutido no artigo foi a extensão da concessão das centrais hídricas em 2007 – segundo Catroga, os direitos de exploração das centrais hídricas foram atribuídos à EDP em troca do não pagamento à EDP dos direitos de compensação que teria se esta deixasse de operar nas referidas centrais. O valor residual das centrais que o Governo teria de pagar à EDP compensou as extensões das concessões-os cálculos foram efetuados com a ajuda de entidades financeiramente independentes.

  Para finalizar, o artigo ainda refere o facto de o Estado Português ter sido o principal acionista da EDP, tendo beneficiado fortemente em oito fases de

---

[1] Relembrar que Portugal passou por um período de grande crise financeira entre 2010–2014.

privatização da EDP entre 1997 e 2011, fazendo um total de 10.000 M€(sem juros ou mais-valias).

O total de ofertas públicas e os benefícios estimados das CAE/CMECs estão resumidos na Tabela 10.1. Como facto relevante, o Governo vendeu os seus direitos CAE – CMEC em todas as fases de privatização, tendo um lucro médio adicional de 37% nos mesmos.

Tabela 10.1   Oferta Pública da EDP e benefícios dos CAE e CMECs

Ano	Oferta (Bilhões €)	Benefícios (%)	CAE/CMEC
1997	2	48	CAE
1998	2,4	48	CAE
2000	1,9	48	CAE
2004	0,5	44	CAE
2012	2,7	14	CMEC
2013	0,4	14	CMEC

Para finalizar, o artigo ainda refere que as receitas extraordinárias recebidas pelo Governo do setor elétrico não foram todas utilizadas para beneficiar as tarifas do consumidor; apenas uma pequena parte dos direitos de extensão pagos pela EDP pelo uso das centrais hídricas foi utilizada para reduzir a fatura do défice energético; as receitas das concessões de novas centrais hídricas (em que o Governo ganhou várias centenas de milhões de euros) não beneficiaram o consumidor final; e apenas 1/3 do CESE estava a ser utilizado para reduzir o défice tarifário.

1.6.6 Classificação de Crédito de Portugal

O rating de crédito de Portugal foi considerado "lixo" (grau de não investimento) desde 2012 por todas as principais agências de crédito, exceto a Canadiana DBRS (uma agência de crédito reconhecida pelo Banco Central Europeu – BCE), facto que permitiu a Portugal contrair empréstimos junto dos mercados. Em 2017, a Standard Poor's foi a primeira agência de rating dos grandes 3 (S&P, Moody's e Fitch) a elevar o rating de Portugal para grau de investimento BBB–, com uma perspetiva estável (Observador, 2017e). As principais ideias da S&P no seu relatório foram:

• "A S&P estima um crescimento médio do PIB superior a 2% entre 2017 e 2020, em comparação com os 1,5% anteriormente previstos".

• "Para a S&P não há dúvidas de que a meta de défice de 1,5% será atingida este ano" (2017). "Se isso se confirmar, isso colocará a relação dívida/PIB em uma firme trajetória descendente."

• "Os riscos de uma deterioração significativa das condições de financiamento externo diminuíram", acrescentando que "o BCE assegurará uma transição suave para uma política monetária menos expansionista".

Em 2016, Portugal tinha um grau de não investimento com uma perspetiva positiva (o que significa que o seu grau poderia tornar-se positivo em breve) dado pela Fitch, mas a perspetiva foi reduzida para "estável" quando o Governo Português teve negociações orçamentais difíceis com a Comissão Europeia, o que também ameaçou a única classificação positiva de Portugal na altura, dada pela DBRS.

Em meados de Dezembro de 2017, a Fitch juntou-se à S&P na atribuição a Portugal de um rating semelhante a BBB − (no caso da Fitch, o rating de Portugal foi melhorado em duas posições) com uma perspetiva estável. No final de 2017, apenas a Moody's mantinha a subclasse de rating em Portugal (Ba1), mas com uma perspetiva positiva. A fatura energética elevada que foi cobrada aos clientes portugueses foi um dos fatores que contribuiu para o crescimento económico, tendo sido monitorizada de perto por estas agências.

1.7　Acionistas da EDP & Mindmap

É aqui traçado um mapa de participação acionista ajustado (tendo em conta a compra pela CTG de 1,91% da EDP em 2017). Note-se que a CTG era o maior acionista, seguida pelas Empresas do Grupo Capital, que detinham apenas cerca de metade das ações da CTG (Figura 10.7).

A figura seguinte (Figura 10.8) apresenta o mapa mental do caso, com os intervenientes e itens envolvidos.

Capítulo X | Estudo de Caso – EDP

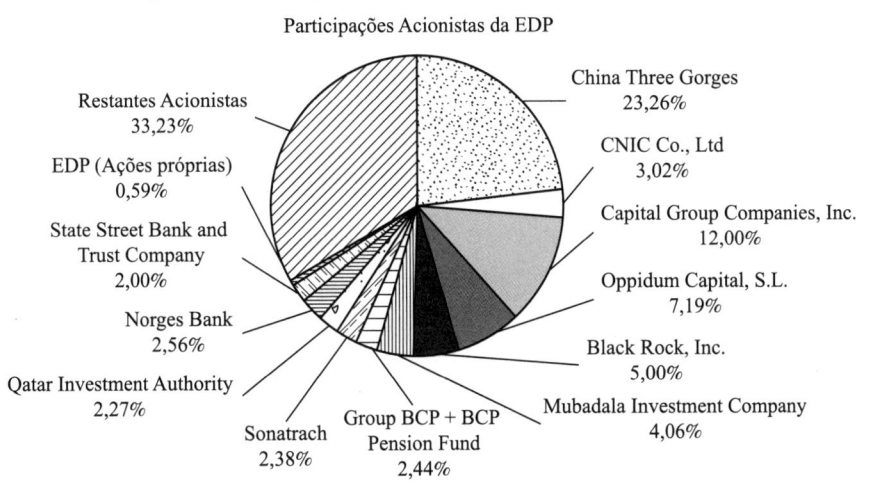

Figura 10.7 Posição do Acionista da EDP no final de 2017

Participações Acionistas da EDP

- China Three Gorges 23,26%
- CNIC Co., Ltd 3,02%
- Capital Group Companies, Inc. 12,00%
- Oppidum Capital, S.L. 7,19%
- Black Rock, Inc. 5,00%
- Mubadala Investment Company 4,06%
- Group BCP + BCP Pension Fund 2,44%
- Sonatrach 2,38%
- Qatar Investment Authority 2,27%
- Norges Bank 2,56%
- State Street Bank and Trust Company 2,00%
- EDP (Ações próprias) 0,59%
- Restantes Acionistas 33,23%

Figura 10.8 Mapa Mental do Caso dos intervenientes e itens envolvidos

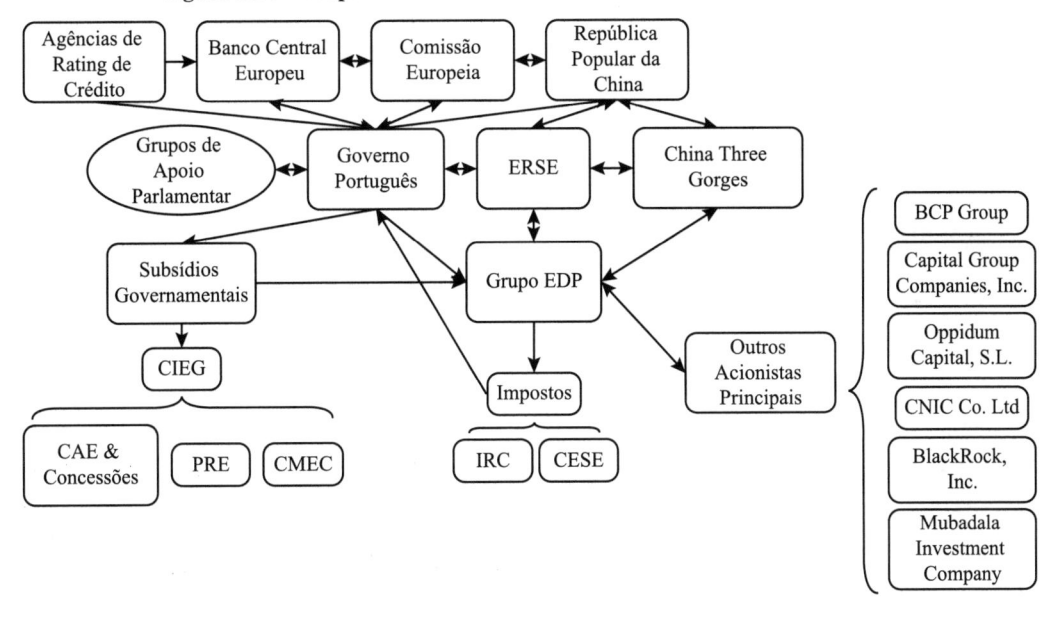

1.8 Considerações Finais

Com a Situação política portuguesa em mãos, a par das demonstrações financeiras da EDP (no Anexo B), seria sensato apresentar aos acionistas um cenário otimista e pessimista, no que respeita ao impacto financeiro que viria com a retirada dos subsídios/criação de novos impostos sobre a energia (embora todos estes aspetos pudessem e fossem certamente contestados em tribunal). As perspectivas da EDP em Portugal e nos mercados internacionais também devem ser discutidas, para compensar eventuais perdas com ganhos futuros.

2 Antecedentes

　　EDP 的前身是葡萄牙电力公司(Electricidade de Portugal)。葡萄牙政府通过 1976 年 6 月 30 日发布的 Decreto-lei n°502/76 号文件合并了 14 家在 1974 年政权更迭后于 1975 年被国有化的前能源公司,其中最重要的是曾是法国通用电气公司(CRGE)。从 1996 年到 2011 年,葡萄牙政府分多个阶段将公司私有化。EDP 集团的活动集中在电力的产生和分配以及信息技术领域。此外,该集团的业务还包括互补和相关领域,例如水,天然气,工程,实验室测试,职业培训和房地产管理。它曾经在 IT 咨询(Edinfor)和电信(ONI 电信)领域拥有业务,但这些业务分别出售给 Logica 和私募股权集团 The Riverside Company。

　　2007 年 3 月,该集团以 30 亿美元的价格收购了位于德克萨斯州的风能生产商 Horizon Wind Energy。当时,这是迄今为止最大的可再生能源交易,使 EDP 成为世界第四大风力发电商。该公司的可再生能源业务(包括 Horizon)现在包含在其多数股权子公司 EDP Renováveis 中,其中 25% 于 2008 年在里斯本证券交易所上市。

　　该公司在 2009 年《福布斯》全球 2000 强排行榜中排名第 239 位。

　　截至 2010 年底,葡萄牙电力公司总资产 404.9 亿欧元,净资产 107.8 亿欧元。2010 年实现营业收入 141.7 亿欧元,净利润 12.3 亿欧元。

　　该集团成为第一家在边境两边拥有重要发电和配电资产的伊比利亚公司,在西班牙 HCEnergía 公司中拥有控制权,并且在拉丁美洲的电力部门中也占有一席之地 – 美国,巴西,非洲和澳门,从事发电,分销和贸易业务。

　　2011 年 12 月 26 日,中国长江三峡集团成功中标葡萄牙电力公司(EDP)21.35%(约 7.8 亿股)股权,成为这家以经营清洁能源为主的跨国能源集团的第一大股东,这一交易金额约为 26.9 亿欧元。该次竞标竞争十分激烈,三峡集团是以比主要竞争对手报价高 5% 至 6% 的微弱优势夺标。除三峡集团外,还有来自德国、日本、巴西、印度的 5 家企业参与竞标。其中,主要竞争对手德国 E. ON 集团是欧洲最大的电力公司之一,巴西国家电力公司是巴西最大的国有企业,拥有全球第二大水电站伊泰普电站 50% 股权。

　　葡萄牙电力公司的业务包括葡萄牙本土的发电、配电业务,业务还覆盖美国、欧洲、巴西等十几个国家和地区,年收入约占葡萄牙全国 GDP 的 9%,其下属新能源公司的风电业务规模列全球第四。尤其葡萄牙电力公司是澳门电力的控股股东。

　　这是中国大型国有企业在竞标国际大型上市公司第一大股权中取得成功的第一例,也是三峡集团首次参与国际市场并购。

3 Terminologia de negócios

Subsídios	津贴/补贴
Nacionalizadas	国有
Sociedade Anónima	匿名协会
Restruturação	改制
Redes Energéticas Nacionais	国家能源网
Contratos de Aquisição de Energia	购电协议
Sistema Elétrico de Serviço Público	电力系统
Entidade Reguladora dos Serviços Energéticos	能源服务监管局
Mercado Ibérico de energia	伊比利亚能源市场
Comissão Europeia	欧盟委员会
Liberalização	自由化
Serviço Universal	普遍服务
Memorando de Políticas Económicas e Financeiras	经济金融政策备忘录
Energias renováveis	可再生能源
Centrais elétricas	发电站
Rendas excessivas	补贴过多
Autoridade da Concorrência	竞争管理局
Fundo para a Sustentabilidade Sistemática do Sector Energético	能源部门系统可持续发展基金
Sistema Elétrico Nacional	国家电力系统
Lobismo	游说
Alegações	指控
Coligação	联盟
Eólicas	风力
Hídrica	水
Rendas energéticas excessivas	能源租金过高
Acionistas	股东
Subsídios	津贴
Sobretaxa	附加费
Quadro de classificação da Industria	行业分类基准

Valor Económico Gerado	经济附加值
Valor Económico Distribuído	分布式经济价值
Valor Económico Acumulado	累计经济价值
Subvenções	赠款
Subjacente	底层
Cronograma	时间表
Fornecedor de Último Recurso	最后的提供者
Prorrogação	延期
Elegibilidade	合格

4　Exercícios

Este anexo separa, por tópico, as principais questões que devem ser abordadas na reunião proposta:

4.1　Estratégia

Quais deveriam ser os próximos passos da EDP no futuro? Que tipo de posição deve assumir perante o Governo Português?

4.2　Finanças

Qual é o peso do CIEG nos resultados da EDP? Como é que estes resultados seriam afetados por uma redução significativa destes subsídios? Os subsídios foram demasiado elevados para começar?

4.3　Ética

Deve a EDP apoiar o Governo Português na elaboração de leis sobre energia?

4.4　Política

O risco de regulação é um dos fatores utilizados para justificar os investimentos e projeções da EDP…existe o risco da EDP perder os seus subsídios?

4.5 Marketing

Deve a EDP fazer campanha para limpar o seu bom nome, ou seria melhor deixar o assunto cair com o passar do tempo?

4.6 Gestão de Negócios Internacionais

Discutir como a EDP e a CTG se relacionam em termos de estruturas de gestão das estruturas de Gestão de Negócios Internacionais.

5 Anexos

5.1 Anexo A: Crescimento Internacional da EDP

A EDP cresceu fora das fronteiras de Portugal e deu os seus primeiros passos internacionais em 1996, com grandes investimentos no Brasil. Em 2007, o grupo EDP, através da sua holding "Energias Renováveis", adquiriu uma das maiores produtoras de energia eólica do mundo, a Horizon Wind Energy, com geradores em Nova Iorque, Iowa, Pensilvânia, Washington e Oklahoma, e com projetos para Minnesota, Oregon, Texas e Illinois. Assim, no final de 2009, a EDP tornou-se o terceiro maior player na área da energia eólica.

Em 2017[1], a EDP foi o maior produtor, distribuidor e comercializador de eletricidade em Portugal, a terceira maior empresa de produção de eletricidade na Península Ibérica e uma das maiores distribuidoras de gás na Península Ibérica. A EDP foi também um dos maiores operadores mundiais de energia eólica com parques eólicos para a produção de energia na Península Ibérica, Estados Unidos, Canadá, Brasil, França, Bélgica, Itália, Polónia, Roménia e México e está a desenvolver projetos eólicos no Reino Unido. Adicionalmente, a EDP produziu energia solar fotovoltaica em Portugal, Roménia e nos Estados Unidos. No Brasil, a EDP foi o 5º maior operador privado de produção de eletricidade, teve duas concessões de distribuição de eletricidade e foi o 4º maior fornecedor privado no mercado liberalizado.

---

[1] Adaptado do Relatório Anual de 2016 da EDP.

A EDP teve uma presença relevante no panorama energético mundial, estando presente em 14 países, com 9,8 milhões de consumidores de eletricidade, 1,5 milhões de clientes de gás e mais de 12 mil colaboradores em todo o mundo. Em 31 de Dezembro de 2016, a EDP tinha uma capacidade instalada de 25 GW e gerou 70 TWh durante 2016, dos quais 65% de fontes renováveis.

5.2 Anexo B: Dados Financeiros e KPI's

Esta secção apresenta alguns dados de mercado indispensáveis para fins de avaliação e análise competitiva.

5.2.1 Demonstrações Financeiras da EDP

As seguintes declarações descrevem a saúde financeira da EDP entre 2015 e 2016. O gasto fiscal (excluindo ativos por impostos diferidos) foi de 29,5%, sendo constituído pela taxa estatuaria de IRC aplicável em Portugal (21%), sobretaxa municipal (1,5%) e sobretaxa estadual (7%). O CESE estava dependente da avaliação dos ativos.

Tabela 10.2 a Tabela 10.11 são as demnstrações financeiras da EDP.

Tabela 10.2　Demonstração dos resultados consolidados da EDP, em 31 de Dezembro de 2016 e 2015

Milhares de Euros	Notas	2016	2015
Receitas de vendas e serviços de energia e outros	6	14.595.164	15.516.799
Custo com vendas de energia e outros	6	-8.857.132	-10.062.093
		5.738.032	5.454.706
Outros proveitos	7	427.314	848.783
Fornecimentos e serviços extemos	8	-947.874	-920.608
Custos com o pessoal e benefícios aos empregados	9	-660.616	-652.979
Outros custos	10	-797.549	-805.944
		-1.978.725	-1.530.748
		3.759.307	3.923.958
Provisões	11	15.076	-16.056
Amortizações e imparidades	12	-1.510.304	-1.464.523
		2.264.079	2.443.379
Proveitos financeiros	13	899.323	936.221
Custos financeiros	13	-1.790.803	-1.768.736

Contínuo

Milhares de Euros	Notas	2016	2015
Equivalências patrimoniais em *joint ventures* e associadas	21	−22.062	−23.899
Resultado antes de impostos e CESE		1.350.537	1.586.965
Impostos sobre os lucros	14	−88.796	−277.769
Contribuição extraordinária para o sector energético (CESE)	15	−61.630	−62.054
		−150.426	−339.823
Resultado líquido do período		1.200.111	1.247.142
Atribuível a:			
Accionistas da EDP		960.561	912.703
Interesses não controláveis	33	239.550	334.439
Resultado líquido do período		1.200.111	1.247.142
Resultado por Acção (Básico e Diluído) – Euros	30	0,26	0,25

Tabela 10.3 Demonstração da Posição Financeira Consolidada em 31 de Dezembro de 2016 e 2015

Milhares de Euros	Notas	2016	2015
Activo			
Activos fixos tangíveis	16	24.193.736	22.773.716
Activos intangíveis	17	5.128.544	5.524.634
Goodwill	18	3.414.852	3.388.588
Investimentos financeiros em joint ventures e associadas	21	820.565	664.011
Activos financeiros disponíveis para venda	22	165.044	200.206
Propriedades de investimento	23	31.219	36.465
Activos por impostos diferidos	24	904.412	272.498
Devedores e outros activos de actividades comerciais	26	2.448.442	3.312.318
Outros devedores e outros activos	27	469.269	444.257
Depósitos colaterais associados à dívida financeira	35	31.936	66.855
Total dos Activos Não Correntes		37.608.019	36.683.548
Inventários	25	316.577	204.206
Devedores e outros activos de actividades comerciais	26	3.207.613	3.468.900
Outros devedores e outros activos	27	354.316	443.118
Impostos a receber	28	494.504	314.867
Activos financeiros ao justo valor através dos resultados	52	9.567	9.288
Depósitos colaterais associados à dívida financeira	35	20.095	13.060

Contínuo

Milhares de Euros	Notas	2016	2015
Caixa e equivalentes de caixa	29	1.521.253	1.245.449
Activos detidos para venda	42	551.802	154.529
Total dos Activos Correntes		6.475.727	5.853.417
Total do Activo		44.083.746	42.536.965
Capitais Próprios			
Capital	30	3.656.538	3.656.538
Acções próprias	31	-63.528	-62.691
Prémios de emissão de acções	30	503.923	503.923
Reservas e resultados acumulados	32	4.348.793	3.659.302
Resultado líquido atribuível aos accionistas da EDP		960.561	912.703
Capitais Próprios atribuíveis aos accionistas da EDP		9.406.287	8.669.775
Interesses não controláveis	33	4.330.085	3.451.718
Total dos Capitais Próprios		13.736.372	12.121.493
Passivo			
Dívida financeira	35	15.550.273	15.653.876
Benefícios aos empregados	36	1.410.136	1.647.730
Provisões para riscos e encargos	37	637.613	481.439
Passivos por impostos diferidos	24	722.401	794.983
Parcerias institucionais nos EUA	38	2.339.425	1.956.217
Credores e outros passivos de actividades comerciais	39	1.293.133	1.237.274
Outros credores e outros passivos	40	829.257	548.136
Total dos Passivos Não Correntes		22.782.238	22.319.655
Dívida financeira	35	2.476.403	3.616.664
Benefícios aos empregados	36	316.709	175.763
Provisões para riscos e encargos	37	33.879	24.633
Conta de hidraulicidade	34	1.574	11.417
Credores e outros passivos de actividades comerciais	39	3.362.421	3.380.358
Outros credores e outros passivos	40	345.032	311.574
Impostos a pagar	41	953.264	517.380
Passivos detidos para venda	42	75.854	58.028
Total dos Passivos Correntes		7.565.136	8.095.817
Total do Passivo		30.347.374	30.415.472
Total dos Capitais Próprios e Passivo		44.083.746	42.536.965

Tabela 10.4 Demonstração dos Fluxos de Caixa Consolidados e Individuais em 31 de Dezembro de 2016 e 2015

Milhares de Euros	Grupo		Individual	
	Dez 2016	Dez 2015	Dez 2016	Dez 2015
Actividades Operacionais				
Recebimentos de clientes	13.369.454	14.357.283	2.591.628	2.775.960
Recebimentos por venda dos ajustamentos tarifários	2.286.944	903.070	—	—
Pagamentos a fornecedores	-9.475.160	-10.512.735	-2.479.093	-2.846.916
Pagamentos ao pessoal	-902.430	-781.382	-62.872	-35.349
Pagamentos de rendas de concessão	-278.310	-277.627	—	—
Outros recebimentos/(pagamentos) relativos à actividade operacional	-330.525	-462.695	24.694	-47.976
Fluxo gerado pelas operações	4.669.973	3.225.914	74.357	-154.281
Recebimentos/(pagamentos) de imposto sobre o rendimento	-628.153	-141.780	-77.725	78.986
Fluxo das Actividades Operacionais	4.041.820	3.084.134	-3.368	-75.295
Actividades de Investimento				
Recebimentos:				
Venda de activos/filiais com perda de controlo (i)	95.434	242.985	—	—
Outros activos e investimentos financeiros (ii)	34.956	33.498	139	16.726
Variação de caixa por variações no perímetro de consolidação	—	101.389	—	—
Activos fixos tangíveis e intangíveis	18.058	11.596	3.436	19.772
Outros recebimentos relativos a activos fixos tangíveis	10.782	16.308	155	—
Juros e proveitos similares	89.240	84.922	415.836	434.541
Dividendos	19.888	34.359	800.207	762.260
Empréstimos a partes relacionadas	49.586	4.482	702.120	645.720
	317.944	529.539	1.921.893	1.879.019
Pagamentos:				
Aquisições de activos/filiais (iii)	-139.607	-207.971	-18.641	-936.822
Outros activos e investimentos financeiros (iv)	-140.531	-78.014	—	—
Investimentos financeiros detidos até à maturidade (v)	—	—	-500.624	—
Variação de caixa por variações no perímetro de consolidação (vi)	-7.051	—	—	—
Activos fixos tangíveis e intangíveis	-2.090.617	-1.835.636	-29.868	-57.900
Empréstimos a partes relacionadas	-74.605	-40.583	-891.593	-967.085

Contínuo

Milhares de Euros	Grupo		Individual	
	Dez 2016	Dez 2015	Dez 2016	Dez 2015
	-2.452.411	-2.162.204	-1.440.726	-1.961.807
Fluxo das Actividades de Investimento	-2.134.467	-1.632.665	481.167	-82.788
Actividades de Financiamento				
Recebimentos/(Pagamentos) de empréstimos obtidos	-1.183.196	-1.458.838	336.498	437.373
Juros e custos similares incluindo derivados de cobertura	-926.797	-920.577	-426.116	-399.474
Aumentos/(reduções) de capital subscritos por interesses não controláveis	86.229	-46.168	—	—
Recebimentos/(Pagamentos) de instrumentos financeiros derivados	-23.520	-22.808	59.850	-36.757
Dividendos pagos a accionistas da EDP(vii)	-672.537	-672.308	-672.817	-672.588
Dividendos pagos a interesses não controláveis	-175.355	-128.971	—	—
Venda/(aquisição) de acções próprias (vii)	-2.878	6.223	-1.588	7.724
Venda de activos/filiais sem perda de controlo (viii)	697.881	394.904	—	—
Recebimentos/(Pagamentos) antecipados de parcerias institucionais nos EUA (ix)	451.788	68.474	—	—
Fluxo das Actividades de Financiamento	-1.748.385	-2.780.069	-704.173	-663.722
Variação de caixa e seus equivalentes	158.968	-1.328.600	-226.374	-821.805
Efeito das diferenças de câmbio	116.836	-39.946	20.859	344
Caixa e seus equivalentes no início do período	1.245.449	2.613.995	523.270	1.344.731
Caixa e seus equivalentes no fim do período*	1.521.253	1.245.449	317.755	523.270

Tabela 10.5   Demonstração da posição financeira individual em 31 de Dezembro de 2016

Milhares de Euros	Notas	2016	2015
Activo			
Activos fixos tangíveis	16	191.959	206.054
Activos intangíveis		2.074	2.371
Investimentos financeiros em empresas filiais	19	11.190.176	10.965.580
Investimentos financeiros detidos até à maturidade	20	477.018	—
Investimentos financeiros em *joint ventures* e associadas	21	6.597	6.597
Activos financeiros disponíveis para venda	22	52.134	53.679
Propriedades de investimento	23	52.579	32.522
Activos por impostos diferidos	24	45.115	35.140

Capítulo X | Estudo de Caso – EDP

Contínuo

Milhares de Euros	Notas	2016	2015
Devedores e outros activos de actividades comerciais		748	1.659
Outros devedores e outros activos	27	6.863.324	7.799.328
Total dos Activos Não Correntes		18.881.724	19.102.930
Investimentos financeiros detidos até à maturidade	20	29.985	—
Devedores e outros activos de actividades comerciais	26	551.098	594.710
Outros devedores e outros activos	27	2.975.295	2.126.996
Impostos a receber	28	40.011	89.603
Caixa e equivalentes de caixa	29	317.755	523.270
Total dos Activos Correntes		3.914.144	3.334.579
Total do Activo		22.795.868	22.437.509
Capitais Próprios			
Capital	30	3.656.538	3.656.538
Acções próprias	31	-57.433	-56.596
Prémios de emissão de acções	30	503.923	503.923
Reservas e resultados acumulados	32	2.563.948	2.393.324
Resultado líquido do período		758.031	802.446
Total dos Capitais Próprios		7.425.007	7.299.635
Passivo			
Dívida financeira	35	9.426.907	9.540.894
Benefícios aos empregados	36	4.655	22.828
Provisões para riscos e encargos	37	7.599	12.207
Credores e outros passivos de actividades comerciais		2.578	4.037
Outros credores e outros passivos	40	2.761.843	2.739.715
Total dos Passivos Não Correntes		12.203.582	12.319.681
Dívida financeira	35	1.766.359	1.803.482
Benefícios aos empregados	36	291	346
Provisões para riscos e encargos	37	724	1.262
Conta de hidraulicidade	34	1.574	11.417
Credores e outros passivos de actividades comerciais	39	586.792	550.616
Outros credores e outros passivos	40	543.538	396.852
Impostos a pagar	41	268.001	54.218
Total dos Passivos Correntes		3.167.279	2.818.193

Contínuo

Milhares de Euros	Notas	2016	2015
Total do Passivo		15.370.861	15.137.874
Total dos Capitais Próprios e Passivo		22.795.868	22.437.509

Tabela 10.6　Devedores não correntes e outros ativos de actividades comerciais em 31 de Dezembro de 2016 e 2015

Milhares de Euros	Grupo		Individual	
	Dez 2016	Dez 2015	Dez 2016	Dez 2015
Clientes	1.503.590	1.442.477	182.424	177.046
Proveitos especializados na venda de energia	1.025.872	880.891	269.031	239.052
Valores a receber por encargos de tarifa – Electricidade – Espanha	4.489	1.000	—	—
Valores a receber por desvios tarifários – Electricidade – Portugal	538.948	791.662	—	—
Valores a receber por desvios tarifários – Electricidade – Brasil	17.100	154.095	—	—
Devedores por outros bens e serviços	25.656	94.537	36.662	47.445
Valores a receber no âmbito do CMEC	164.705	174.470	—	—
Valores a receber por Concessões – IFRIC 12	54.024	—	—	—
Outros devedores e operações diversas	223.851	258.093	73.916	142.063
	3.558.235	3.797.225	562.033	605.606
Imparidade para Clientes	−329.212	−307.195	−9.935	−9.957
Imparidade para Devedores	−21.410	−21.130	−1.000	−939
	−350.622	−328.325	−10.935	−10.896
	3.207.613	3.468.900	551.098	594.710

Tabela 10.7　Devedores correntes e outros ativos de actividades comerciais em 31 de Dezembro de 2016 e 2015

Milhares de Euros	Grupo	
	Dez 2016	Dez 2015
Clientes	139.398	132.071
Proveitos especializados na venda de energia	29.854	—
Valores a receber por desvios tarifários – Electricidade – Portugal	363.130	1.440.282
Valores a receber por desvios tarifários – Electricidade – Brasil	3.702	22.783
Valores a receber por desvios tarifários – Gás – Espanha	63.169	69.000

Contínuo

Milhares de Euros	Grupo	
	Dez 2016	Dez 2015
Valores a receber no âmbito do CMEC	658.197	653.359
Valores a receber por Concessões – IFRIC 12	1.114.941	949.914
Outros devedores e operações diversas	144.236	79.108
	2.516.627	3.346.517
Imparidade para Clientes	-64.956	-30.984
Imparidade para Devedores	-3.229	-3.215
	-68.185	-34.199
	2.448.442	3.312.318

5.2.2 Os KPI's Financeiros da EDP

Os principais KPIs Financeiros são apresentados nesta secção.

Figura 10.9   Evolução do lucro anual da EDP

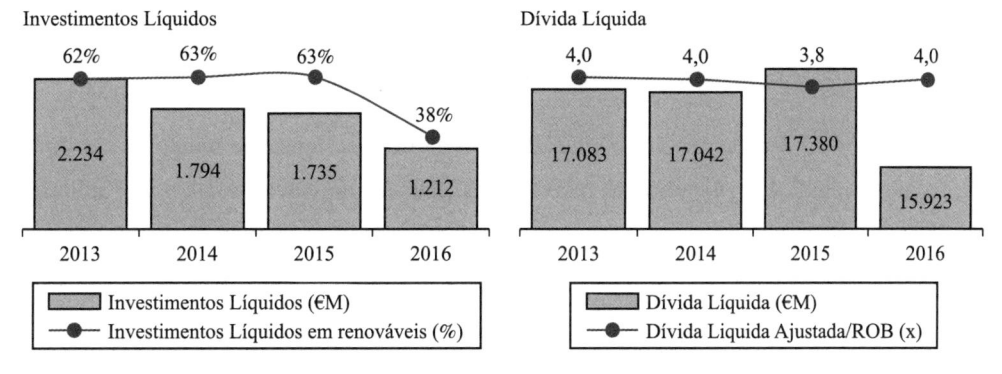

Resultados Operacionais Brutos
28% 28% 28% 27%
3.598 3.642 3.924 3.759
2013 2014 2015 2016

■ Resultados Operacionais Brutos (€M)
● OPEX/Margem Bruta (%)

Resultado Liquido
0,28 0,29 0,25 0,26
1.005 1.040 913 961
2013 2014 2015 2016

■ Lucro Liquido (€M)
● Resultado liquido por ação (euros)

Figura 10.10   Investimento e dívida líquida anual da EDP

Investimentos Líquidos
62% 63% 63% 38%
2.234 1.794 1.735 1.212
2013 2014 2015 2016

■ Investimentos Líquidos (€M)
● Investimentos Líquidos em renováveis (%)

Dívida Líquida
4,0 4,0 3,8 4,0
17.083 17.042 17.380 15.923
2013 2014 2015 2016

■ Dívida Líquida (€M)
● Dívida Liquida Ajustada/ROB (x)

Em seguida, retrataremos o índice de sustentabilidade da EDP, que se baseia na análise do desempenho económico, ambiental e social das empresas, avaliando temas como a gestão corporativa, gestão de riscos, gestão de marcas, mitigação das mudanças climáticas, padrões de cadeia de suprimentos e práticas trabalhistas. A tendência é rejeitar empresas que não atuam de forma sustentável e ética. Inclui critérios de sustentabilidade gerais e específicos da indústria para cada um dos 58 setores definidos de acordo com o Industry Classification Benchmark (ICB). A Dimensão Económica, Ambiental e Social representa 33% de cada um para o índice, onde observamos que a EDP está estável acima de 100 no geral em ambos os anos, apesar de uma ligeira queda entre 2015 e 2016.

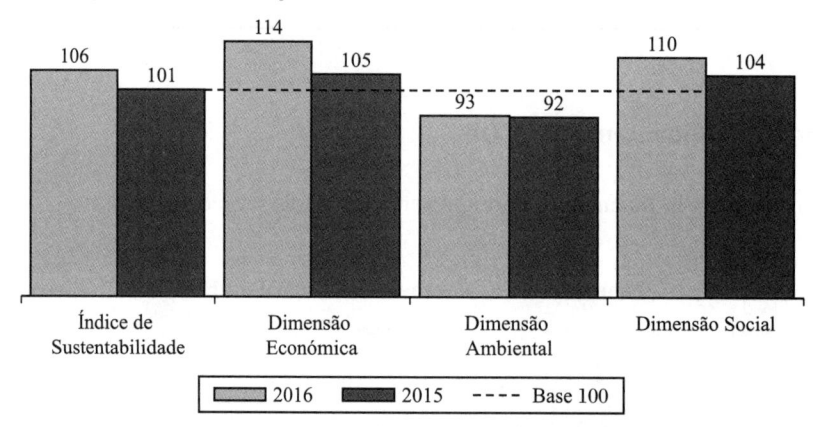

Figura 10.11 Evolução Anual do índice de sustentabilidade da EDP

	Índice de Sustentabilidade	Dimensão Económica	Dimensão Ambiental	Dimensão Social
2016	106	114	93	110
2015	101	105	92	104

Na Figura 10.12 vemos a evolução do Valor Económico Gerado (VEG). Note-se que VEG = Volume de Negócios + Outros proveitos operacionais + ganhos/perdas com a venda de ativos financeiros + resultados financeiros + participação no lucro de associadas. O VEG é retratado como a soma do Valor Económico Distribuído (VED) e do Valor Económico Acumulado (VEA). Temos que VED = Custo das Vendas + Despesas Operacionais + Outras Despesas Operacionais + Impostos Correntes + Despesas Financeiras + Pagamento de Dividendos.

5.2.3 Valor da Acção EDP ao longo do tempo

Na Figura 10.13 podemos ver o valor da ação da EDP ao longo do tempo, até ao final de 2017, fechando em 2,88€. O valor de mercado da EDP foi de cerca de 10,4 mil milhões de euros.

Capítulo X | Estudo de Caso – EDP

Figura 10.12 Evolução anual do valor económico gerado pela EDP (€ M)

Índice de Sustentabilidade	Dimensão Económica	Dimensão Ambiental	Dimensão Social
17.509	17.672	17.278	15.900
1.956	2.299	2.115	1.349
15.553	15.373	15.163	14.551
2013	2014	2015	2016
Valor Distribuído	Económico	Valor Acumulado	Económico

☐ Economic Value Distributed   ▨ Economic Value Accumulated

Figura 10.13 Valor da Acção EDP ao longo do tempo (em €)

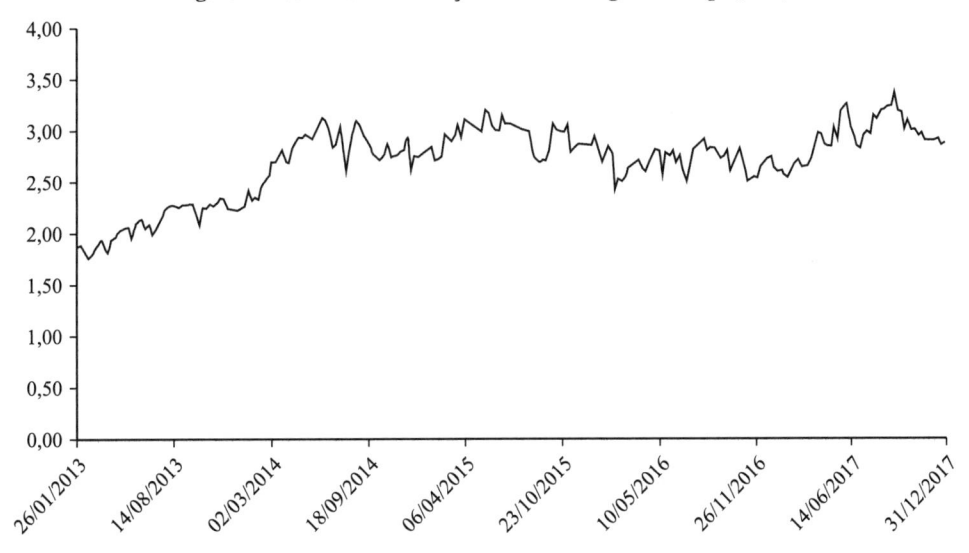

5.2.4 Taxas de Desconto de Mercado em 2007

Abaixo estão as taxas médias de desconto do mercado de referência na Europa, para todos os setores.

Tabela 10.8 Tarifas de desconto de referência europeias

From	To	AT	BE	BU	CY	CZ	DE	DK	EE	EL	ES	FI	FR	HU	IE	IT	LT	LU	LV	MT	NL	PL	PT	RO	SE	SI	SK	UK
01.06.08	30.06.08	5,19	5,19	8,97	5,19	4,89	5,19	5,36	5,50	5,19	5,19	5,19	5,19	8,72	5,19	5,19	6,49	5,19	6,64	5,19	5,19	6,42	5,19	8,67	5,46	5,19	5,23	6,29
01.01.08	31.05.08	5,19	5,19	8,97	5,19	4,89	5,19	5,36	5,50	5,19	5,19	5,19	5,19	7,58	5,19	5,19	6,49	5,19	6,64	5,19	5,19	6,42	5,19	8,67	5,46	5,19	5,23	6,29
01.10.07	31.12.07	5,42	5,42	8,30	5,74	4,90	5,42	5,58	5,50	5,42	5,42	5,42	5,42	8,54	5,42	5,42	6,49	5,42	6,64	7,00	5,42	5,94	5,42	9,10	5,49	5,42	5,20	6,83
01.09.07	30.09.07	5,42	5,42	8,30	5,74	4,24	5,42	5,58	5,50	5,42	5,42	5,42	5,42	8,54	5,42	5,42	6,49	5,42	6,64	7,00	5,42	5,94	5,42	9,10	5,49	5,42	5,20	5,90
01.07.07	31.08.07	4,62	4,62	8,30	5,74	4,24	4,62	4,76	5,50	4,62	4,62	4,62	4,62	8,54	4,62	4,62	6,49	4,62	6,64	7,00	4,62	5,94	4,62	9,10	4,68	4,62	5,20	5,90
01.06.07	30.06.07	4,62	4,62	8,30	5,74	4,24	4,62	4,76	5,50	4,62	4,62	4,62	4,62	8,54	4,62	4,62	6,49	4,62	6,64	7,00	4,62	5,94	4,62	10,17	4,68	4,62	5,20	5,90
01.01.07	31.05.07	4,62	4,62	8,30	5,49	4,24	4,62	4,76	5,50	4,62	4,62	4,62	4,62	8,54	4,62	4,62	6,49	4,62	6,64	7,00	4,62	5,94	4,62	10,17	4,68	4,62	5,20	5,90

5.2.4.1 Tarifas de Desconto para Utilidades de Eletricidade[1]

Os serviços públicos de eletricidade são geralmente monopólios regulados, particularmente nas economias em desenvolvimento. Elas têm mercados bem definidos e também tecnologias estabelecidas; consequentemente, têm uma taxa de desconto mais baixa, um beta mais baixo do que o património líquido médio. Os serviços públicos de eletricidade, por causa do seu mercado seguro e base de consumidores estabelecida, têm menos risco do que a média do mercado. Isto também lhes permitiu contrair empréstimos a taxas mais baixas, reduzindo assim os encargos para os seus consumidores. Para permitir a expansão, as suas necessidades de empréstimo são pelo menos o dobro da alocação de depreciação. Também é preciso perceber que a taxa de desconto para tais projetos pode ser reduzida pela estruturação de capital e alocação de risco. Embora o retorno sobre as ações flutue no mercado de ações, recentemente o risco de ações para concessionárias de eletricidade teve uma média de 5,75%, em mercados maduros (Damodaran, 2014).

No caso da produção nuclear (para estabelecer um limite máximo), o risco de investimento, os prazos de execução, os custos de financiamento e a regulamentação são consideráveis. Não seriam assumidos por um investidor de mercado na OCDE sem garantias e subvenções firmes, que se estão a tornar escassas. Um fator importante subjacente a estes elevados custos estimados para a construção de reatores nucleares é o atraso que estes projetos enfrentam frequentemente durante o licenciamento e a construção, o que aumenta a carga de capital, frequentemente a taxas de juro elevadas. Esta é também uma razão pela qual a economia da energia nuclear pode ser mais favorável em países como a Rússia, China, Emirados Árabes Unidos e Coreia do Sul, onde os projetos tendem a cumprir o cronograma. Um estudo recente do MIT recomendou que a taxa de desconto para novos projetos nucleares deveria ser de até 11,5% (MIT, 2003).

5.3 Anexo C: China Three Gorges Corporation (Companhia das Três Gargantas da China)

5.3.1 Perfil da Empresa[2]

A China Three Gorges Corporation (CTG), o maior acionista da EDP no final de 2017,

---

[1] Adaptado de Khatib (2014).
[2] Adaptado de www.ctgpc.com, perfil corporativo

era um grupo de energia limpa focado no desenvolvimento e operação de grandes centrais hidroelétricas, e acreditava ser o maior empreendimento hidroelétrico do mundo em termos de capacidade instalada. Complementando a sua liderança global em energia hidroelétrica, também se envolveram em negócios de energias renováveis, incluindo energia solar e eólica, e operaram um negócio de investimento internacional nos setores da energia hidroelétrica e das energias renováveis e na contratação internacional. Os seus ativos totais em 31 de Dezembro de 2014 eram de RMB475,5 bilhões(RMB é o yuan Renminbi chinês, que equivalia a 0,127€ no final de 2017), e sua receita em 2014 era de RMB63.0 bilhões.

A CTG foi mandatada pelo Governo da RPC para desenvolver os recursos hidroelétricos do rio Yangtze e seus afluentes. A CTG tem gerido o desenvolvimento e operação do Projeto das Três Gargantas, que é atualmente o maior projeto hidroelétrico do mundo em termos de capacidade instalada. A empresa também foi mandatada pelo Governo da RPC para desenvolver quatro grandes projetos hidroelétricos do Rio Jinsha: o Projeto Xiluodu, o Projeto Xiangjiaba, o Projeto Baihetan e o Projeto Wudongde. O projeto Xiluodo e o Projeto Xiangjiaba iniciaram a plena operação em 2014 e são atualmente o terceiro maior e o sétimo maior projetos hidroelétricos em operação no mundo em termos de capacidade instalada, respetivamente. A CTG também iniciou os trabalhos de preparação do Projeto Baihetan e do Projeto Wudongde que, uma vez concluídos, deverão figurar entre os 12 maiores projetos hidroelétricos em operação, em construção e em desenvolvimento no mundo em termos de capacidade instalada. Com base na sua experiência em energia limpa como o maior desenvolvedor e operador hidráulico do mundo, eles estão a diversificar os seus negócios de energia limpa através do desenvolvimento ativo de energia eólica, solar e outras energias renováveis. Coerentes com o papel de liderança da CTG na indústria hidroelétrica global, eles aceleraram a expansão dos seus negócios no exterior para países desenvolvidos na Europa e América do Norte, mercados emergentes com recursos abundantes como Brasil e África e países vizinhos, como o Paquistão. A CTG acreditava que os seus pontos fortes em gestão de marcas, tecnologia e financiamento e a sua expertise em toda a cadeia de valor da indústria, incluindo design, construção e operação, eram os principais facilitadores que impulsionariam o seu crescimento ao se tornar um grupo internacional de energia limpa de primeira linha.

5.3.2 Compra da EDP

A CTG comprou 21,35% da EDP(representando 780.633.782 ações) por 2,69 B€ (2 690M€), depois de apresentar a melhor proposta financeira para esta fatia, no final de 2011 (DN, 2011). O negócio contemplou ainda uma linha financeira de 4 B€ e a compra de participações minoritárias em parques eólicos no valor de 2 B€. Adicionalmente, em Outubro de 2017, a CTG adquiriu mais $1,91\%$ por 208 M€ $(2,96/\text{ação})$, elevando a sua participação na EDP para $23,26\%$.

5.4 Anexo D: Relações Portugal/China em 2017

As relações da China com Portugal estiveram "no melhor período da sua história" em Junho de 2017, de acordo com a intervenção do Embaixador Cai Run no Fórum de Oportunidades de Negócio entre Portugal, China e Macau, organizado pelo Instituto para o Comércio e Investimento de Macau (IPIM), pelo Conselho para a Promoção do Comércio Internacional da China (CCPIT) e pela Agência Portuguesa para o Investimento e Comércio Externo (AICEP).

Cai Run disse que o atual período histórico das relações bilaterais se baseou em contactos bilaterais de alto nível, confiança política mútua, cooperação "pragmática e frutuosa", "estreita comunicação e coordenação nos principais assuntos internacionais e regionais", bem como no contacto entre os povos dos dois países.

Os resultados fizeram-se sentir ao nível do comércio, com as trocas bilaterais a ascenderem a 5,8 mil milhões de euros, mais 29% do que no período homólogo de 2016, e com o investimento total da China em Portugal a ultrapassar os 6 mil milhões de euros no final de 2016, um fluxo que "cresceu progressivamente" e que beneficiaria da ligação área direta entre Pequim e Lisboa, iniciada no verão de 2017.

No recente Fórum sobre a iniciativa[1], Cai Run, "definiu orientações e identificou projetos a implementar" e, uma vez que Portugal foi responsável pela "página de grande era marítima", foi um "parceiro importante" na iniciativa. Kang Wen, diretor-geral do Ministério do Comércio da China para Taiwan, Hong Kong e Macau, falou a cerca de 200 empresários sobre o "entusiamos" sentido pela iniciativa que foi "aberta a todos", oferecendo "grande benefícios" através de interesses concertados e cooperação.

Zhang Wei, o vice-presidente do CCPIT, sublinhou a importância da iniciativa "Belt and Road" e as oportunidades que proporciona, particularmente no turismo para Portugal, dado que a China terá em breve 700 milhões de turistas a tirar férias no estrangeiro.

António Silva, membro da AICEP, disse querer "incentivar as empresas portuguesas a estabelecerem parcerias com empresas chinesas", apontando para potenciais setores como os transportes, nomeadamente o Porto de Sines, mas também as energias renováveis, a economia

---

[1] O Cinturão Económico da Rota da Seda e a Rota Marítima da Seda do Século 21, mais conhecida como One Belt and One Road Initiative (OBOR), The Belt and Road (B&R) e The Belt and Road Initiative (BRI) é uma estratégia de desenvolvimento proposta pelo presidente da China, Xi Jinping, que se concentra na conetividade e cooperação entre os países Eurasianos, principalmente a República Popular da China (RPC), a Silk Road Economic Belt (SREB) em terra e a Maritime Silk Road oceânica (MSR) (extraído de Wiki Road).

do mar e a inovação.

Segundo Jorge Costa Oliveira, o secretário de estado Português para a internacionalização, havia "um enorme potencial em termos de cooperação empresarial tripartida, sobretudo noutras geografias", nomeadamente na Europa, América Latina ou África, onde Portugal tinha relações políticas importantes.

Quanto a Macau, o presidente do IPIM, Jackson Chang, disse estar "a trabalhar ativamente na implementação de vários tipos de apoio", como a plataforma de serviços financeiros e a câmara de compensação do renminbi para os países de língua portuguesa, o que destacou o papel do território como plataforma (adaptado de Macauhub, 2017).

5.5　Anexo E: Componentes CIEG Explicados[①]

O regime especial (PRE) permite que os produtores entreguem eletricidade à rede, através de acordos bilaterais com o Fornecedor de Último Recurso (CUR), estando sujeito a legislação específica, nomeadamente para promover a utilização de recursos endógenos renováveis, cogeração ou microprodução. Com a publicação do Decreto – Lei n.° 215 – A/2012, de 8 de Outubro, o PRE passa a integrar, para além da produção sujeita a regime jurídico especial, toda a produção de eletricidade a partir de recursos indígenas, renováveis e não renováveis, ainda que não abrangida por regime jurídico especial, ou mesmo não tendo remuneração garantida, pode ser remunerada pelo mercado. O Grupo EDP está presente neste segmento através das suas subsidiárias EDP Gestão da Produção, S. A. e EDP Renováveis Portugal, S. A. , entre outras.

Na sequência da publicação do Decreto – Lei 240/2004, de 27 de Dezembro, que estabeleceu a criação de um mecanismo de compensação para manutenção do equilíbrio contratual (CMEC), em Janeiro de 2005 o Grupo EDP assinou a cessação antecipada dos contratos de aquisição de energia (CAE's) relativos aos centros electroprodutores vinculados do Grupo EDP, com efeitos a partir de 1 de Julho de 2007, data do lançamento do Mercado Ibérico de Eletricidade (MIBEL).

Com a publicação do Decreto – Lei 199/2007, de 18 de Maio, o Governo Português confirmou a sua decisão de cessar antecipadamente os CAE e implementar o mecanismo CMEC e definiu as regras de cálculo das compensações devidas aos produtores de eletricidade por essa cessação antecipada, que consistiram essencialmente num ajustamento do preço de mercado de referência da eletricidade utilizado no cálculo do montante de compensação inicial do CMEC. Em 15 de Junho de 2007, a EDP e a REN acordaram na cessação antecipada dos CAE, com

---

① Extraído do relatório consolidado da EDP de 2016

efeitos a partir de 1 de Julho de 2007. O regulamento do CMEC fixa a compensação devida em 833. 467 milhares de euros, que de acordo com a legislação pode ser objecto de securitização.

Em Junho de 2007, entrou em vigor o Decreto – Lei 226 – A/2007, de 31 de Maio, que aprova o novo regime jurídico de utilização dos recursos hídricos nos termos da nova Lei da Água. Este Decreto – Lei, no seu artigo 91°, prevê a transferência dos direitos de concessão de recursos hídricos públicos da RTN para as empresas detentoras dos direitos, ficando sujeitos ao pagamento de um valor de equilíbrio económico e financeiro. O artigo 92° define a fórmula de cálculo do valor de equilíbrio económico e financeiro, que foi determinado com base no valor identificado em duas avaliações efetuadas por entidades independentes de reconhecida reputação: Caixa – Banco de Investimento, S. A. e Credit Suisse First Boston. Nessa base, o Governo (INAG), a REN e a EDP Produção assinaram, em 8 de Março de 2008, diversos contratos de concessão de serviços relativos às antigas centrais do SEP, pelos quais a EDP Produção pagou cerca de 759 milhões de euros (correspondentes à compensação contratual decorrente da Portaria 16982/07) pela prorrogação do período de exploração do domínio público hídrico por um período médio adicional de 26 anos.

Em 20 de agosto de 2012, foi publicado o Despacho Administrativo 251/2012. Este regulamento substitui os mecanismos anteriores e estabelece um novo regime de incentivos aos produtores de energia. Os pagamentos de capacidade devem contribuir decisiva e racionalmente para manter a capacidade de produção de eletricidade (incentivo à disponibilidade) e realizar investimentos futuros em nova capacidade de produção (incentivo ao investimento) e, por conseguinte, garantir níveis de segurança de aprovisionamento que não sejam garantidos pelo funcionamento dos mecanismos normais de mercado. O incentivo à disponibilidade é aplicável às centrais termoelétricas até ao termo da licença de exploração, com início no ano civil seguinte à data de cessação do PAF ("Programa de Apoio Financeiro"). Este incentivo corresponde a uma compensação anual de 6. 000 Euros/MW/ano. O incentivo ao investimento é aplicável a novos aproveitamentos hidroelétricos e a projectos de valorização energética, durante os primeiros 10 anos após o reconhecimento formal da sua elegibilidade para receber o incentivo.

Em 27 de Fevereiro de 2013, foi publicada a Portaria n.° 85 – A/2013 que aprova a tarifa nominal aplicável à repercussão tarifária do montante fixo anual dos custos de manutenção da Compensação de Estabilidade Contratual (CMEC), fixando a taxa em 4, 72%. Esta taxa é aplicável entre 1 de Janeiro de 2013 e 31 de Dezembro de 2027 e reflete uma redução de custos para o sistema de aproximadamente 13 milhões de euros por ano, o que corresponde a um valor atual de 120 milhões de euros. Este ajustamento resulta da aplicação do mecanismo de cálculo da taxa de juro relacionada com a parte fixa do Decreto – Lei n.° 240/2004, de 27 de

Dezembro, alterado pelo Decreto – Lei n.º 32/2013, de 26 de Fevereiro (alínea iv) da alínea b) do n.º 4 do artigo 5.)

O Governo Português publicou, em 28 de fevereiro de 2013, o Decreto – Lei n.º 35/2013, que altera a remuneração aplicável à produção de eletricidade por mini-hídricas (PCH). Estabelece que as PCH enquadradas por um regime remuneratório anterior ao Decreto – Lei 33 – A/2005, de 16 de fevereiro, beneficiam desse regime remuneratório por um período de 25 anos a contar da data de concessão da licença de exploração ou até à data de expiração da sua licença de utilização de água, consoante o que ocorrer primeiro. Após este período de 25 anos e enquanto a referida licença se mantiver válida, a eletricidade produzida por estas centrais será vendida a preços de mercado.

Na sequência da publicação da Lei n.º 74/2013, de 4 de junho, que estabeleceu um regime regulamentar com vista a assegurar o equilíbrio da concorrência no mercado grossista de eletricidade, determinando que os custos de interesse económico geral (CIEG) da utilização global da tarifa do sistema (UGS) devem também ser suportados pelos produtores em regime ordinário e outros produtores não incluídos no sistema de retorno garantido, O Despacho 12955 – A/2013, de 10 de Outubro fixou o pagamento por MWh injetado na rede, por cada uma das centrais abrangidas, em 3€ por hora de ponta e 2€ por hora de vazio, no período de 11 de Outubro a 31 de Dezembro de 2013. A Diretiva 26/2013, de 27 de Dezembro, estabeleceu os termos e condições da relação comercial entre os produtores de eletricidade abrangidos pelo Decreto – Lei 74/2013 e o operador da rede de transporte.

Apêndice I Vocabulários

Abertura de conta via meio digital	开设数字账户
Acionista	股东
Acordo de Basileia	巴塞尔协议
Acordo de Capital da Basiléia	巴塞尔资本协议
Acordo de criação do Fed	美联储法案
Acordo de taxa a termo	远期汇率安排, FRA
Acordo nacional da Banca	国家银行法
Acordos Gerais para Empréstimos – AGE	借款总安排, GAB
activo subjacente	标的资产
agências de rating	评级机构
Alavancado	杠杆式
Alegações	指控
análise de sensibilidade da taxa de juros	利率敏感性分析
Anti-confiança	反托拉斯
Aprendizagem máquina	机器学习
Apto para investimento	投资等级
Armadilha de liquidez	流动性陷阱
ARP – Automação Robótica de Processos	机器人过程自动化, RPA
Atípico	非典型的
ativo financeiro	金融资产
ativos	资产业务
Ativos de elevado risco	次贷
Ativos em dinheiro	现金资产
ativos sensíveis à taxa de juros	利率敏感性资产, RSA
Atual	当前
Autoridade Bancária Europeia	欧洲银行管理局
Autoridade da Concorrência	竞争管理局

avaliação de risco	风险评估
balanço patrimonial	资产负债表
Balanço Patrimonial para Banco Comercial	商业银行资产负债表
Banca aberta	公开银行
banco	银行
Banco central	中央银行
Banco Central Europeu (BCE)	欧洲中央银行,ECB
Banco Comercial Português	葡萄牙商业银行
Banco de Compensações Internacionais	国际清算银行
banco de depósito	存款银行
Banco de estado	国家银行
Banco de Portugal	葡萄牙中央银行
Banco de reservas fracionárias	部分储备银行
Banco Espírito Santo de Investimento (BESI)	圣灵投资银行
Banco Espirito Santo (BES)	圣灵银行
Banco mau	坏银行
Banco Português de Investimento	葡萄牙投资银行
Banco Santander Totta	葡萄牙桑坦德银行
bancos puramente baseados na Internet	互联网银行,PIBB
Base monetária alavancada	高能货币
Basel Concordat	巴塞尔协定
BCE – Banco Central Europeu	欧洲央行—欧洲中央银行
Beta de mercado	市场测试版
Bits quanticos	量子位
Bolsa Mercantil de Chicago	芝加哥商品交易所,CME
Cadeia de blocos	区块链
Caixa Geral de Depósitos	葡萄牙储蓄信贷银行
Caixas multibanco	自动柜员机,ATM
camara de compensação	清算所
cambios	货币兑换
Campanhas apoiadas por análise de dados	数据驱动的广告系列
capital alheio	外资
Capital próprio	权益
Centrais elétricas	发电站
Certificados de depósito negociáveis	可转让存款证,NCDs
circulação de moeda	货币流通

Classificação	评分,评级
Coligação	联盟
Colocação interbancária	同业拆放
Comércio & indústria (C&I)	工商
Comércio eletrónico	电子商务
Comércio via dispositivos móveis	移动商务
Comissão Europeia	欧盟委员会
Comitê de Supervisão Bancária de Basileia – CSBB	巴塞尔银行监管委员会,BCBS
Componente da gestão que lida com o cliente	前台
Componente da gestão que não lida com o cliente	后台
compra de fatura de exportação	进口押汇
comprar	买
computação em nuvem	云计算
Comunidade Económica Europeia (CEE)	欧洲经济共同体,EEC
Comunidade Europeia (CE)	欧共体,EC
Comunidade Europeia da Energia Atómica (CEEA)	欧洲原子能共同体,EURATOM
Comunidade Europeia do Carvão e do Aço (CECA)	欧洲煤钢共同体,ECSC
Confidenciais	机密
Conselho de Supervisores	监事会
Conselho Europeu	欧洲理事会
Conselho Fiscal	监督委员会
Conselho único de Resolução (CUR)	单一决议委员会,SRB
Conta corrente	支票账户
Conta poupança	储蓄账户
Contas à ordem/de saque	提款账户
Contas a receber de contas a receber e a receber	应收进出口押汇
contas a receber e reservas para devedores duvidosos	应收账款和坏账准备
Contas de depósito do mercado monetário	货币市场存款账户,MMDAs
Conta – T	T 账户
Conteúdo da Gestão de Riscos Bancários Comerciais	商业银行风险管理内容
Contrato Futuro	期货合约

Contratos de Aquisição de Energia	购电协议
contratos de opção	期权合约
contratos de padronização	标准化合约
contratos de taxa a termo	远期利率协议
contratos futuros	期货合约
Contratos inteligentes	智能合约
Cravos	康乃馨
crédito	信用
Cronograma	时间表
cupão	优惠券
custo médio de capital ponderado	加权平均资本成本,WACC
custos "afundados"	沉没成本
Custos operacionais	营运成本
De uma ponta à outra	背对背
Declaração da Cimeira da Zona Euro	欧元区峰会声明
Deitar produtos "lixo" fora rapidamente	垃圾进垃圾出,GIGO
Deliberação	审议
Depósito a longo prazo	长期存款
Depósito de curto prazo	短期存款
Depósito de poupança a longo prazo	长期储蓄存款
Depósito de poupança de curto prazo	短期储蓄存款
Depósitos a prazo Europeus	欧洲信用违约互换
Depósitos de corretagem de clientes	应付代理证券款项
Depósitos e empréstimos em bancos	联行存放款项
Depósitos e empréstimos interbancários	同业存放款项
Depreciação	折旧
derivado/derivativo	衍生品
Derivativo financeiro de troca de risco	掉期,SWAP
Desnorteado	无计划
Desvantagem	差点
Detentores de ações da empresa	股东
diferencial da taxa de juro	利差
Dinheiro fiado	法定货币
Dinheiro helicóptero	直升机撒钱
Direito de emissão	发行权
diretor financeiro	首席财务官,CFO

disciplina de mercado	市场自律
Disponível	可用的
distinguir o trigo do joio	分辨善恶
diversificação	多样化
Divida sobre capital próprio	债务/权益
dividendos	红利
efeito de alavancagem	杠杆效应
Elegibilidade	合格
Empresa financeira apoiada em meios tecnológicos inovadores	金融科技
Empresa financeira já consolidada e com dimensão considerável, apoiada em meios tecnológicos inovadores	科技金融
Empresas financeiras com forte componente tecnológica	金融科技公司
Empresas iniciantes na sua atividade	初创企业
empresas multinacionais	跨国公司, MNC
Empréstimo de curto prazo	短期贷款
Empréstimo de longo prazo	长期贷款
Empréstimos do Banco Central	中央银行借款
empréstimos interbancários	同业拆入
Energias renováveis	可再生能源
Entidade Reguladora dos Serviços Energéticos	能源服务监管局
Eólicas	风力
Espinha dorsal/a parte que sustenta todo o mecanismo	骨干
estrutura a prazo das taxas de juros	利率期限结构
estrutura de ativos e passivos	资产负债结构
Exepção	例外
exercise price	行使价
Extrapatrimoniais	资产负债表外
Finanças	金融
Financiamento de contas	票据融资
Financiamento Internacional para Empréstimos	国际融资转贷款
Flexibilização quantitativa	量化宽松
Flexibilização quantitativa	量化宽松, QE

Fluxos monetários	现金流
Fundo Monetário Internacional (FMI)	国际货币基金组织, IMF
Fornecedor de Último Recurso	最后的提供者
Fundo Cooperativo Monetário Europeu	欧洲货币合作基金
Fundo de Resolução	解决基金
Fundo para a Sustentabilidade Sistemática do Sector Energético	能源部门系统可持续发展基金
Fundo único de Resolução (FUR)	单一决议基金, SRF
Fundos disponíveis	可用资金
Fundos negociados em bolsa	交易型开放式指数基金, 指数型证券投资信托基金, ETF
Futuros	期货
futuros financeiros	金融期货
Ganhos antes de Juros, Taxas, Depreciações e Amortizações	息税折旧及摊销前收益, EBITDA
Garantia de recompra	回购保证
garantias colaterais	抵押担保
gerenciamento de portfólio	资产组合管理
Gestão da relação com o cliente	客户关系管理, CRM
Gestão de Risco do Banco Comercial	商业银行风险管理
Grande quantidade de dados digitais	大数据
Haitong Securities	海通证券
Hídrica	水
híper-competição	过度竞争
IME – Instituto Monetário Europeu	欧洲货币研究所, EMI
Imparidade	减值
importação antecipada de faturas	出口押汇
Imposto Municipal sobre Imóveis (IMI)	房地产税
Imposto sobre o Rendimento das Pessoas Coletivas (IRC)	公司税
Imposto sobre o Rendimento das Pessoas Singulares	国税局, IRS
Imposto sobre o Valor Acrescentado (IVA)	增值税, VAT
Inadimplência	坏账
Inadimplência (bancarrota)	违约 (破产)
inflação	通货膨胀

Influências no exterior	溢出
inovação financeira	金融创新
Instituto Nacional de Estatística	国立统计研究所
Instrumento de troca de instrumentos financeiros	掉期工具
integração económica europeia	欧洲经济一体化
inteligência artificial	人工智能
Interface de programação de aplicativos	应用程序接口
intermediário	中间业务
Internet das Coisas	物联网
Investimento a curto prazo	短期投资
Imposto sobre o Rendimento de Pessoas Coletivas (IRC)	公司税
Judicial	司法
lacuna	差距
Lei Organica	组织法
letra de cambio	本票
Liberalização	自由化
Lobismo	游说
Lucros Operacionais Líquidos Após Impostos	税后净营业利润
margem	保证金
Margem de lucro	利润率
margem de manutenção	维持保证金
margem inicial	初始保证金
Mecanica quantica	量子力学
Mecanismo das Taxas de Cambio (MTC)	汇率机制, ERM
Mecanismo de Taxas de Cambio do Sistema Monetário Europeu	欧洲货币体系汇率机制
Mecanismo único de Resolução (MUR)	单一解决机制, SRM
Mecanismo único de Supervisão (MUS)	单一监督机制, SSM
megadados	大数据
Memorando de entendimento sobre a condicionalidade da política económica	谅解备忘录, MoU
Memorando de políticas económicas e financeiras	经济和金融政策备忘录, MEFP
Memorando técnico de entendimento	技术谅解备忘录, TMU
Mensuração	测量值
Mercado de alto risco	次级市场

Mercado de balcão	柜台交易
mercado de fronteira	前沿市场, 边境市场
Mercado Ibérico de energia	伊比利亚能源市场
Mercado interbancário	银行间市场
Mercado Monetário Internacional	国际货币市场, IMM
Mistura/combinação	混合
modelo de duração de lacunas	d-差距模型
Modelo de Precificação de Ativos de Capital	资本资产定价模型, CAPM
moeda	货币
moeda em crédito	信用货币
Moeda fiduciária	法定货币
moeda grátis	自由铸币
Montante da reserva a reter	储备要求
Montante Total Imputado ao Consumidor (MTIC)	向消费者收取的总金额
Multiplicador de depósitos	存款倍数
Multiplicador de moeda	货币乘数
mutuário	借款人
Nacionalizadas	国有
negociação de margem	保证金交易
Negócio em que ambas as partes ficam a ganhar	双赢
Novo Acordo de Capital da Basiléia	新巴塞尔协议
o derivados	金融衍生产品
o especulador	投机者
obrigação de cupão zero	零息债券
Obrigacionistas	债券持有人
obrigações de dívida garantidas	债务抵押债券
Oferta direta ao público	直接公开发行, DPO
Oferta inicial ao público (aquando da entrada em bolsa)	首次公开募股, IPO
Opção	期权
opções de ações	股票期权
opções de chamada	看涨期权
opções de venda	看跌期权
opções relacionadas a swaps	掉期期权
ordem financeira	金融秩序

Ordens negociáveis de contas à ordem	可转让支付命令账户, NOW
órgão que rege as normas contabilísticas internacionais	国际会计准则委员会
Orientação de janela	窗口指导
Orientação para o futuro	前瞻性指导
Outros créditos	其他应收款
Padrão	标准
Padrão-ouro	金本位
Parceria	合资企业
Parcerias Público-privadas (PPPs)	公私伙伴关系, PPP
Parte principal	核心
Partes interessadas	利益相关者
Partido Comunista Português	葡萄牙共产党
Partido Socialista	社会主义党
passivos sensíveis à taxa de juros	利率敏感性负债, RSL
Pé de igualdade	平等
Percentagem do montante do empréstimo para a garantia prestada	贷款增值, LTV
Período de graça	宽限期
Período de recuperação do investimento	回收期
Pessoa a Pessoa	个人对个人, P2P
Política monetária	货币政策
preço da opção/opção premium	期权价格/期权溢价
Prémio de desconto (Taxa que bancos pagam ao banco central)	折扣率
Prémio de desconto (Taxa que bancos pagam ao banco central)	折现率
Prémio de Risco do País	国家风险溢价, CRP
Prémio sem risco (Taxa para empréstimos sem risco)	最优惠利率
Prescrita	订明的
Prestamista de última instancia	最终贷款人
primeiro a entrar é o primeiro a sair	先进先出, FIFO
principal notional	名义本金
processo de revisão de supervisão	监察审理程序
Produto Interno Bruto	国内生产总值

produtos financeiros com garantia de ativos	资产支持证券
Programa de Assistência Económica e Financeira	经济和财政援助计划
Programa de compra de títulos soberanos	证券市场计划
Prorrogação	延期
Provisão para devedores duvidosos	贷款呆账准备
Prudencial	谨慎的
Quadro de classificação da Industria	行业分类基准
Quadro monetário	货币局
Que funciona sozinho	单机
rácio de adequação de capital	资本充足比率
rácio de reserva	准备金率
Realidade Aumentada	增强现实, AR
Realidade Misturada	混合现实, MR
Realidade Virtual	虚拟现实, VR
Recompensas de campanha	活动奖励
recompra reversa	反向回购
Redes Energéticas Nacionais	国家能源网
Reembolso descontado	贴现投资回报
Referências	推荐人
Registos	日志
regulador financeiro	金融监管机构
Regulamento Bancário	银行业监
Relatório da Banca Digital	数字银行报告
relatórios de crédito	信用报告
Remessa para fora	汇出汇款
Remessas pendentes	应解汇款
Renascimento	重生
Rendas energéticas excessivas	能源租金过高
Rendas excessivas	补贴过多
rendimento mínimo	最低收益率
Repercussões dessas influências no território doméstico	溢回
Requisito de margem	保证金要求
requisitos mínimos de capital	最低资本要求
Reserva Federal	美国联邦储备
Reservas fracionárias	部分准备金制度

residual	残余
responsabilidade	负债业务
Restruturação	改制
risco da taxa de juros	利率风险
risco de crédito	信贷风险
risco de crédito sistemático	系统信用风险
risco de flutuações de preços	价格波动风险
risco de mercado/exposição no Mercado	市场风险
risco padrão	违约风险
Robôs de escrita interativos	聊天机器人
Seguro de dívida creditária	信用违约掉期
Senhoriagem	铸币税
Serviço Nacional de Saúde (SNS)	国家卫生局, NHS
Serviço Universal	普遍服务
Sistema da Reserva Federal	联邦储备体系
sistema de classificação de crédito do cliente	客户信用评级体系
Sistema Elétrico de Serviço Público	电力系统
Sistema Elétrico Nacional	国家电力系统
Sistema Europeu de Bancos Centrais	欧洲中央银行体系, ESCB
Sistema Europeu de Garantia de Depósitos	欧洲存款保险计划, EDIS
Sistema Monetário Europeu	欧洲货币体系
Sistemas para originar empréstimos	贷款发放系统, LOS
Sobretaxa	附加费
Sociedade Anónima	匿名协会
Subjacente	底层
Subsídios	津贴, 补贴
Subvenções	赠款
swap de ações	股权互换
swap de taxa de juros	利率互换
Taxa Anual de Encargos Efetiva Global (TAEG)	全球有效年度收费率
Taxa Anual Nominal (TAN)	名义年费
Taxa de desconto	折扣率
taxa de juro nominal	名义利率
taxa de juro real	实际利率
Taxa de juro total do empréstimo, incluindo comissões, taxas, etc	年百分比, APR

taxa de mercado	市场利率
Taxa de Oferta Interbancária de Londres	伦敦银行同业拆放利率，LIBOR
Taxa de Oferta Interbancária do Euro	欧元同业拆借利率，Euribor
taxa flutuante/variável	浮动/可变利率
Taxa interbancária	银行间利率
Taxa interbancária nos EUA	联邦基金利率
Taxa Interna de Rentabilidade	内部收益率
Taxa noturna	隔夜利率，Overnight rate
Taxas de pagamento em atraso	滞纳金
Taxas de serviço	服务费
Tecnologia	技术
TI – Tecnologias de Informação	信息技术，IT
titularização	证券化
Título hipotecário	抵押支持证券，MBS
Títulos da agência	代理证券
Títulos Financeiros	有价证券
Trade-off/Troca ponderada	权衡，交易
Transações de mercado secundário	二级市场交易
Tratado de Maastricht	马斯特里赫特条约
tratamento de risco	风险处理
Tribunal Constitucional	立宪法院
Troca de dívida por capital próprio	债务/股权掉期
troca de mercadorias	商品交易所
troca de moeda	货币互换
Trocas	掉期
Troika	三驾马车
União bancária uropeia	欧洲银行联盟
União Económica e Monetária	经济货币联盟
União Europeia (EU)	欧盟，EU
usura	高利贷
Valor Económico Acumulado	累计经济价值
Valor Económico Adicionado	经济附加值
Valor Económico Distribuído	分布式经济价值
Valor Económico Gerado	经济附加值
Vanguarda	前沿
vender	卖

volatilidade	波动性
Zona de Países pertencentes à União Europeia/ Zona do euro	欧元区

Apêndice II Respostas dos Exercícios Quantitativos

Capítulo II O Negócio Bancário

Os passivos iriam aumentar em 3000€ através dos depósitos, e as reservas do ativo iriam também aumentar no mesmo valor.

Banco X	
Ativos	Passivos
Reservas +3000€	Depósitos +3000€

Capítulo IV Gestão de Risco Bancário

Neste caso, podemos desde logo deduzir que as reservas do banco são de 80M€(um rácio de reserva de 80% é muito elevado, e desde logo podemos ver que os gestores não estão a colocar o dinheiro a render mais dinheiro; razão que talvez possa estar na base da notícia negativa sobre o banco).

Assim sendo, se os 60M€ forem levantados, os depósitos transacionáveis desceriam para 40M€ e as reservas para 20M€, sendo que o rácio de reserva seria de 50% >40%.

Se, ao invés de 60 M€, fossem levantados 70M€, os depósitos transacionáveis desceriam para 30M€ e as reservas para 10M€, sendo que o rácio de reserva seria de 33,3% <40%. Dessa forma, o banco deveria vender parte dos seus títulos(tem 50M€). Para ficar com um rácio de reserva de 40%, teria de ter 12M€ de reservas; pelo que para obter este valor, terá de vender 2M€ em títulos. Se o banco optar por vender mais do que 2M€ em títulos, ficará com um rácio de reserva >40%.

Capítulo V Instrumentos Bancários Secundários

1) Neste caso temos a seguinte situação:

	Empresa A	Empresa B	Diferença(%)
Rating	Aa	Bb	
Taxa Fixa	7%	8%	1
Taxa Variável	Euribor + 0,2%	Euribor + 0,5%	0,3

O diferencial na taxa de juros é de $0,7\%$ ($1\% - 0,3\%$), pelo que existe $0,7\%$ de "lucro" a distribuir pelas duas empresas

2) Ambas as empresas ficarão com um ganho semelhante se dividirem os $0,7\%$ de lucro de equitativa, ou seja, $0,35\%$ para cada uma. Dessa forma, a empresa A deverá ter um pagamento de juros líquidos de:

Euribor $-0,15\%$

E a empresa B deverá ter um pagamento de juros líquidos de:

$8\% - 0,35\% = 7,65\%$

Para conseguir isto, a empresa A vai pedir empréstimos no mercado de taxa fixa a 7% e concorda em pagar à Empresa B EURIBOR + x% pelo swap, enquanto que a empresa B vai pedir empréstimos no mercado de taxa variável a EURIBOR + 0,5% e concorda em pagar uma taxa fixa de y% à empresa A.

Arranjamos o seguinte sistema de equações:

Para a empresa A: $\text{EURIBOR} - 0,15\% = \text{EURIBOR} + x\% - y\% + 7\%$

Para a empresa B: $7,65\% = y\% + \text{EURIBOR} + 0,5\% - (\text{EURIBOR} + x\%)$

Resolvendo temos, por exemplo, $x = 0,1\%$ e $y = 7,25\%$.

Referências

Accenture, "A new era-open platform banking", June 2018, https://www.accenture.com/_acnmedia/pdf-79/accenture-open-platform-banking-new-era.pdf#zoom=50.

Banco de Portugal(2018). Boletim Económico, dezembro 2018. Consultado em https://www.bportugal.pt/sites/default/files/anexos/pdf-boletim/be_dez2018_p.pdf.

Banco de Portugal(s/d). História do Banco de Portugal. Consultado em https://www.bportugal.pt/page/historia.

Bank of Canada(2016). *Bank of Canada backgrounders: Target for the Overnight Rate*. Consultado em https://www.bankofcanada.ca/wp-content/uploads/2010/11/target_overnight_rate_jan2016.pdf.pdf.

Bank Portugal 2015, acedido a 8 Novembro 2017, < http://expresso.sapo.pt/economia/2015-12-29-Investidores-do-BES-perdem-mais-2-mil-milhoes >.

Bank Portugal 2017, acedido a 8 Novembro 2017, https://zap.aeiou.pt/banco-portugal-sabia-da-falencia-do-bes-17-meses-da-derrocada-150977.

Barclays 2016, acedido a 8 Novembro 2017, < http://www.businessinsider.com/barclays-analysis-on-portugal-economy-and-banking-crisis-2016-7 >.

Bento 2014, acedido a 8 Novembro 2017, < http://www.jn.pt/economia/interior/equipa-de-vitor-bento-confirma-saida-do-novo-banco-4122928.html >.

BES 2014A, acedido a 8 Novembro 2017, < http://www.dn.pt/economia/interior/bes-ultrapassa-bcp-como-maior-banco-privado-portugues-3866303.html >.

BES 2014B, acedido a 8 Novembro 2017, < http://expresso.sapo.pt/economia/aumento-de-capital-do-bes-totalmente-subscrito=f875118 >.

Brexit 2016, acedido a 8 Novembro 2017, < https://www.thebalance.com/brexit-consequences-4062999 >.

Buiter, W. H. (2016). The Simple Analytics of Helicopter Money: Why It Works—Always. *Economics: The Open-Access, Open-Assessment E-Journal*, 8(28), 1—45 (Version 3). http://dx.doi.org/10.5018/economics-ejournal.ja.2014-28.

Carousel 2014, acedido a 8 Novembro 2017, < https://www.dinheirovivo.pt/invalidos/

bes-injetou-dinheiro-na-esi-atraves-do-bank-of-panama-durante-dois-anos/ >.

CGD 2016, acedido a 8 Novembro 2017, < http://www.jn.pt/economia/interior/caixa-fecha – 300 – balcoes-e-corta – 2500 – postos-de-trabalho – 5241709.html >.

China 2015, acedido a 8 Novembro 2017, < https://www.idealista.pt/news/financas/fiscalidade/2015/08/26/28601 – crash-na-bolsa-chinesa-afeta-novos-donos-do-besi-e-da-fidelidade-e-candidatos-ao >.

Cordeiro, A. D. (2017). *Portugal é o segundo país europeu com maior taxa de emigrantes*. Consultado em https://www.publico.pt/2017/02/24/sociedade/noticia/emigracao-mantem-os-niveis-altos-da-crise-e-isso-e-devastador-para-o-pais – 1763125.

Cornerstone Advisors-https://hs.crnrstone.com/whats-going-on-in-banking – 2019.

Costa, Carlos Baptista e Alves, Gabriel. (2014). "Contabilidade Financeira, 9ª edição" Editora Rei dos Livros, ISBN 9789898305848.

Damodaran, A. (2001). *Corporate Finance. Theory and Practice* (2nd Ed.). New York: John Wiley and Sons.

Damodaran, A. (2019). Riskfree Rates and Default Spreads. Disponível em http://people.stern.nyu.edu/adamodar/pdfiles/cfovhds/Riskfree&spread.pdf.

Damodaran, Aswath: "The Global Landscape in Jan. 2015", http//aswathdamodaran.blog.com., 2014.

DBRS 2017, acedido a 8 Novembro 2017, < http://observador.pt/2017/01/12/dbrs-nacionalizacao-do-novo-banco-ameaca-o-rating-de-portugal/ >.

Dinheiro 2016, acedido a 8 Novembro 2017, https://www.dinheirovivo.pt/bolsa/edp-novas-metas-levam-analistas-subir-targets-das-acoes/.

Dinheiro 2018, acedido a 2 Março 2019, http://www.sabado.pt/dinheiro/oe2018/detalhe/oe2018 – aprovado-geringonca-lado-a-lado-apesar-dos-ataques.

DN 2011, acedido a 8 Novembro 2017, https://www.dn.pt/economia/interior/edp-vendida-aos-chineses-por – 27 – mil-milhoes-de-euros – 2201894.html.

Drama 2015A, acedido a 8 Novembro 2017, < http://observador.pt/2015/06/04/clientes-lesados-acusam-funcionarios-do-novo-banco-burla-qualificada/ >.

Drama 2015B, acedido a 8 Novembro 2017, < https://sol.sapo.pt/artigo/409268/funcionarios-do-novo-banco-resistir-as-ameacas-atras-do-balcao >.

EC 2014, acedido a 8 Novembro 2017, < https://www.dinheirovivo.pt/banca/comissao-europeia-aprova-solucao-do-banco-de-portugal-para-o-bes/ >.

EDC. (2016). European Debt Crisis < https://en.wikipedia.org/wiki/European_debt_crisis >.

Eduardo Catroga, Revista da Ordem dos Economistas, "Questões e Mitos no sector eléctrico", December 2017.

End Sale 2015, acedido a 8 Novembro, 2017, < http://expresso. sapo. pt/economia/2015-09-15 - Venda-do - Novo - Banco-so-depois-das-eleicoes >.

Equity 2017, acedido a 8 Novembro 2017, < http://pages. stern. nyu. edu/ ~ adamodar/New_Home_Page/datafile/wacc. htm >.

Esquerda 2016, acedido a 8 Novembro 2017, http://www. esquerda. net/artigo/quem-se-atreve-tocar-nas-rendas-da-energia/44295.

Expresso 2017A, acedido a 2 Março 2019, http://expresso. sapo. pt/economia/2017-10-03 - China - Three - Gorges-reforca-posicao-na - EDP-pela-primeira-vez.

Expresso 2017B, acedido a 2 Março 2019, http://expresso. sapo. pt/economia/2017-12-10 - Taxa-do - BE—para-as-eolicas—ameaca-bancos.

Expresso 2017C, acedido a 2 Março 2019, http://expresso. sapo. pt/economia/2017-11-15 - Concorrentes-da - EDP-comecaram-a-colapsar.

Fecho 2016, acedido a 8 Novembro 2017, < http://observador. pt/2016/10/19/novo-banco-um-em-cada-quatro-balcoes-fecham-em-ano-e-meio/ >.

Fiserv, The Financial Brand, https://thefinancialbrand. com/74044/mobile-banking-features-digital-security/? internal-link, July 2018.

Fundo Resolucao, acedido a 8 Novembro 2017, < www. fundoderesolucao. pt/ >.

Fung, H. G., W. Lee, and D. R. Mehta (1996) "Business Conditions, Expected Returns and Volatility of Bonds," Working Paper, Georgia State University.

Fung, H. G., W. Lee, and D. R. Mehta (2004). "International Bank Management", Blackwell Publishing.

Hartmut Schneider, "Microfinance for the Poor?" Development Centre Seminars. Paris: OECD and IFAD, 1997.

Hillier, D., Ross, S. A., Westerfield, R., W. & Jaffee, J. F. (2013). *Corporate Finance: European Edition* (2nd Ed). Singapore: McGrawHill, Book Co.

https://2012books. lardbucket. org/books/finance-banking-and-money-v2. 0/index. html.

https://atos. net/content/mini-sites/look-out -2020/banking/, verificado em Julho 2019.

https://www. ibm. com/blogs/insights-on-business/banking/banks-rely-hybrid-cloud/, verificado em Julho 2019.

Institute of Technology (2003). "The Future of Nuclear Power", 2013.

Instituto Nacional de Estatística (INE) (2012). Despesa pública portuguesa. Consultado em www. ine. pt.

Investopedia (2019). *Central Bank*. Consultado em https://www. investopedia. com/terms/c/centralbank. asp.

JN 2017, acedido a 2 Março 2019, http://www. jornaldenegocios. pt/empresas/detalhe/

chineses-da-edp-procuram-sucessor-de-mexia.

Johnson, Paul: A History of the Jews (New York: HarperCollins Publishers, 1987) ISBN 0-06-091533-1.

Keynes, J. M. (1936). *The General Theory of Employment, Interest and Money*. London: Macmillan.

Khatib H. "The Discount Rate – A Tool for Managing Risk in Energy Investments", International Association for Energy Economies, 2014.

Liu, H. C. K. (2005). *How the US Money Market Really Works* (Part III of "Greenspan-the Wizard of Bubbleland"). Consultado em http://henryckliu.com/page16.html.

Llewellyn, D. T. (2009). Financial Innovation and the Economics of Banking and the Financial System. In: L. Anderloni, D. T. Llewellyn, R. H. Schmidt, Financial Innovation in Retail and Corporate Banking. Cheltenham: Edward Elgar.

Macauhub 2017, acedido a 2 Março 2019, https://macauhub.com.mo/2017/06/20/pt-china-considera-portugal-parceiro-importante-na-iniciativa-faixa-e-rota-embaixador/.

Marianne Crowe, Elisa Tavilla and Breffni McGuire, "Mobile Banking and Payment Practices of U. S. Financial Institutions – 2016.

Mkt NB 2014, acedido a 8 Novembro 2017, < http://www.jornaldenegocios.pt/empresas/banca—financas/detalhe/novo_banco_muda_de_simbolo_e_fica_apenas_com_as_asas_da_borboleta >.

Mobile Financial Services Survey Results from FIs in Seven Federal Reserve Districts", Federal Reserve Bank of Boston, December 2017.

Negócios 2013, acedido a 2 Março 2019, http://www.jornaldenegocios.pt/empresas/energia/detalhe/dez_perguntas_e_respostas_sobre_um_palavrao_chamado_cmec.

Neves, J. C. (2012). *Análise e Relato Financeiro, uma visão integrada de gestão*. Lisboa: Texto Editores.

Novo Banco "Relatório e contas intercalar, consolidade e individual, 1º semestre de 2016".

Novo Banco 2017A, acedido a 8 Novembro 2017, < http://www.jornaldenegocios.pt/empresas/banca—financas/detalhe/venda-do-novo-banco-gera-100-questoes-so-em-2017 >.

Novo Banco 2017B, acedido a 8 Novembro 2017, < http://www.jornaldenegocios.pt/empresas/banca—financas/detalhe/obrigacoes-novo-banco-grandes-investidores-avisam-que-portugal-ganharia-com-um-acordo >.

Nunes, P. (2019). Fundo de Resolução Bancária. Consultado em http://knoow.net/cienceconempr/financas/fundo-de-resolucao/.

Observador 2016, acedido a 2 Março 2019, http://observador.pt/2016/03/21/auditoria-confirma-subida-anormal-das-margens-centrais-da-edp-2012-2013/.

Observador 2016, acedido a 8 Novembro 2017, < http://observador. pt/2016/03/29/presindete-do-novo-banco-diz-despedimento-coletivo-ira-abranger – 150 – trabalhadores/ >.

Observador 2017A, acedido a 2 Março 2019, http://observador. pt/2017/06/02/contratos-de-venda-de-energia-o-que-querem-dizer-os-palavroes-cae-e-cmec/.

Observador 2017B, acedido a 2 Março 2019, http://observador. pt/2017/06/06/rendas-barragens-e-suspeitas-as-explicacoes-dadas-por-mexia/.

Observador 2017C, acedido a 2 Março 2019, http://observador. pt/2017/11/17/edp-leva-reguladora-energetica-a-tribunal-para-ter-acesso-ao-estudo-sobre-os-cmec/.

Observador 2017D, acedido a 2 Março 2019, http://observador. pt/2017/11/04/edp-tera-feito-legislacao-dos-cmec-aprovada-pelo-governo-de-jose-socrates/.

Observador 2017E, acedido a 2 Março 2019, http://observador. pt/2017/09/15/sp-tira-rating-de-portugal-de-lixo/.

Observador 2018, acedido a 2 Março 2019, http://observador. pt/2018/01/05/edp-junta-se-a-galp-e-deixa-de-pagar-a-contribuicao-extraordinaria-sobre-a-energia/.

Parker, W N. Europe, America and the Wider World: Essays on the Economic History of Western Capitalism. Cambridge University Press, 26 Apr 1991. ISBN 0521274796.

PEO. (2015). "Portugal Economic Outlook", Focus Economics. 17 August 2015.

PFC. (2016). Portuguese Financial Crisis < https://en. wikipedia. org/wiki/2010%E2%80%9314_Portuguese_financial_crisis >.

PLMJ 2014, acedido a 2 Março 2019, https://www. plmj. com/xms/files/newsletters/2014/Janeiro/CONTRIBUICAO_ – EXTRAORDINARIA – _SOBRE_O_SECTOR_ENERGETICO. pdf.

Viana, J. C. (2011). *História de Portugal muito resumida*. Consultado em https://www. dn. pt/opiniao/opiniao-dn/convidados/interior/historia-de-portugal-muito-resumida – 2125907. html.

Wiki Road, acedido a 2 Março 2019, https://en. wikipedia. org/wiki/One_Belt_One_Road_Initiative.

Wikipédia(s/d). Banco de Lisboa. Consultado em https://pt. wikipedia. org/wiki/Banco_de_Lisboa.

Zap 2015, acedido a 8 Novembro 2017, < https://zap. aeiou. pt/banco-de-portugal-elimina – 2 – dos – 17 – candidatos-a-compra-do-novo-banco – 58868 >.